引爆孩子的创造力

姚远方 著

百花洲文艺出版社
BAIHUAZHOU LITERATURE AND ART PRESS

图书在版编目（CIP）数据

引爆孩子的创造力 / 姚远方 著. ——南昌：百花洲文艺出版社, 2015.12

ISBN 978-7-5500-0998-1

Ⅰ.①引… Ⅱ.①姚… Ⅲ.①儿童－创造能力－能力培养 Ⅳ.①G61

中国版本图书馆 CIP 数据核字(2014)第 129871 号

引爆孩子的创造力

姚远方 著

出 版 人　姚雪雪

责任编辑　郑　骏

美术编辑　大红花

制　　作　董　运

出版发行　百花洲文艺出版社

社　　址　江西省南昌市红谷滩世贸路 898 号博能中心 A 座 20 楼

邮　　编　330038

经　　销　全国新华书店

印　　刷　北京兴湘印务有限公司

开　　本　787mm×1092mm　1/16　　印张　13.5

版　　次　2016 年 4 月第 1 版第 1 次印刷

字　　数　280 千字

书　　号　ISBN 978-7-5500-0998-1

定　　价　22.95 元

赣版权登字 05-2014-161
邮购联系　0791-86895108

网　　址　http://www.bhzwy.com

前　言

陶行知先生有言:"处处是创造之地,天天是创造之时,人人是创造之人。"纵观人类历史,其中最耀眼的明珠就是创造力。尤其是在新世纪的今天,创造力已成为国家兴旺发达的不竭动力,也是知识不断进步的原动力,更是人类生存与文明持续发展的重要保证。因此,各国早已把培养孩子的创新精神和创造能力,提高到了异常突出的地位。

爱因斯坦曾说:"想象力比知识重要,因为知识是有限的,而想象力概括着世界上一切进步的东西,并且是知识进步的源泉。"但不得不说想象力的最终目的是,通过实践活动转化为创造力,再通过创造力将生活变得更美好。总之,让人成为幸福的创造者。并且在任何社会发展阶段,创新型人才都是永恒的需求。所以,让孩子摆脱平庸,成为一个富有创造精神的人,他们的人生才会有一个灿烂的未来。

每个孩子都是天生的创造家,他们有着惊人的丰富想象力,用好奇的眼睛打量、发现、探索世界,思维又不受外界纷扰的限制。所以,他们往往比成年人求知欲更强烈,思维更灵活,更有可能爆发创造力。

从小培养孩子的创造力,对他们未来的发展极为重要。但在这个过程中,我们会遇到各种各样的具体问题:对孩子的顽皮淘气束手无策;对孩子千奇百怪的提问不知所措;对标准答案式的应试教育,茫然不知何去何从;对孩子的任性毫无耐心……

不过教育者在通往创造力的漫漫长路上,只要用心坚持不懈,相信孩子和自己,再找到一些实用的方法指导,定能收获满满。

本书即通过全面观察创造力的一切,让您掌握解决日常教育问题的必要门道,给您一条点燃孩子创造力的捷径。

从家庭、学校、社会等外界环境因素,以及孩子个性差异的内在原因方面,横向解说怎样积极培养孩子的创造力;纵向上从想象力、好奇心、孩子性格等创造力的重要构成元素方面,以独特视角对孩子与创造力的关系进行案例解读。说法令人耳目一新,唤起人们挖掘孩子创造天赋的意识。

作者在叙述的过程中,旁征博引相关故事事例,深入浅出,寓教于乐,让人在享受阅读乐趣中,重新认识孩子的创造力。

目　录

第一章　发现孩子创造力的萌芽

第二章　保护孩子的创造意识

第三章　想象力是创造力的基础

第四章 拓展孩子接触新事物的空间

第五章 别轻易对孩子说不

第六章 好奇心是创造力的开始

第七章 彰扬孩子个性化性格

第八章 开发左右脑智力有诀窍

第九章 卡尔·威特的奇迹

第十章 影响孩子创造力的因素

第十一章 走出培养创造力的误区

第十二章 益智游戏助推孩子的成长发展

第一章 发现孩子创造力的萌芽

天下没有不聪明的孩子,只有无知的家长。每个孩子都是美丽的精灵,他们有着天然、丰富的想象力,只要大人留心观察,用心发现,孩子们就都能散发出非凡的创造力之光。

你是家长中的好老师吗

生活是每个人的舞台,其中最伟大的角色就是父母,但是初为父母,这个第一次可不简单。

家长是孩子的第一任老师,满心希望用自己的智慧和力量,收获桃丰梨满。可孩子往往是家长的第一届,也是唯一一届学生,而这些毫无实战经验的老师们,却显得很是笨拙。不知道怎么让自己的孩子,学起东西来好又快;不知道怎样对待孩子,才是最聪明的做法;不知道怎么教孩子认识生活,他们才能充满创造力。

其实,这些奥秘就在大人跟孩子的朝夕相处中。尤其是想要成为家长中的好老师,让精灵一般的孩子,发挥出他们无尽的创造力,大人就需要通过在生活中用心学习、发现,练就一种能力,让孩子相信并勇于、乐于去创造。

观察中发现创造天赋

孩子就像是一张白纸,但是他们有自己的独特材质。在相处的日子里,只有用心观察,你才会发现他们的过人之处。

音乐天才莫扎特三岁开始弹钢琴,四岁创作协奏曲,五岁拉小提琴,七岁时创作的两首钢琴奏鸣曲已在萨尔茨堡出版。

这位音乐天才在音乐界取得了非同凡响的成就,这其中离不开他的父亲奥波德的留心发现。

莫扎特的父亲利奥波德，是当时的萨尔茨堡宫廷副指挥兼作曲家。

有一天下午，四岁的莫扎特坐正在地板上，专心致志地用鹅毛笔在五线谱上涂写，这时，父亲走进门来。

他惊奇地看着儿子问："孩子，你在干什么？"

"爸爸，我在作曲！"

"好了吗？"

"快好了。"

当利奥波德看到那份看上去有点像胡乱涂鸦的五线谱时，神情瞬时从严肃转变为吃惊。最后，他热泪盈眶地自言自语："天哪！这孩子不仅会作曲，而且写得那么精妙，那么地道！"

发现儿子的这一举动后，利奥波德辞掉萨尔茨堡宫廷的一切音乐职务，带着小莫扎特搬迁到了"世界音乐之都"维也纳。因为他知道，在偏僻闭塞的萨尔茨堡小城市里，音乐是不可能搞出名堂的。要想进一步发掘孩子的音乐天赋，就必须自己主动做出改变，引导孩子去深造。

后来，在音乐大师海顿的开蒙调教下，莫扎特的音乐天赋瞬间变得心开目明、颖悟绝伦。从此就音乐创作来说，无论是哪种曲类、题材和风格，莫扎特都得心应手、驾熟就轻。

当时，莫扎特还用八个星期的时间，创作出了三部传世的交响曲：《降E大调交响曲》、《G小调交响曲》、《米疵特交响曲》。

就像天才莫扎特一样，每一个突发奇想以及对外界的无限好奇与渴望，都可能包含着孩子的伟大天赋。用心去观察、了解，父母便能发现在那一片空白上，原来有着动人心魄的风景。

另外，大人和孩子一起玩游戏，也是发现他们创造天赋，不可多得的好机会。通常当看到孩子不吵不闹，一个人静静地"闷玩"时，家长都会认为那是孩子乖巧的好表现，不用大人操心费力地去打扰。殊不知，这样就错过了在游戏活动中进一步了解孩子的机会。

其实，孩子在玩游戏的过程中，最容易展现出某些天赋，而家长参与其中，则可以更好地引导他们，发挥自己的先天创造力。

例如，孩子在玩积木的时候，开始都是无规律、无目的，家长和孩子一起玩游戏,则可以给孩子一个学习的榜样。

孩子最初的学习就是从模仿开始的,他们从家长那里学会辨认图形,将不同的积木构建堆叠,并从积木游戏中,对立体几何产生一种系统的概念。

所以对于大人而言,寓教于乐,在游戏中也可以做好孩子的"第一任老师"。

适当地让孩子作出选择

从某种程度上来说,非凡的创造力是每个孩子都具有的天赋,只不过它会表现在很多方面,如绘画、音乐、设计等,而且有时候不是很明显。

傅雷是我国著名的文学翻译家,他在家中会定时举办一些文化沙龙,和朋友们聚在一起谈文学艺术,论人生哲理。同时,他在教育孩子方面,也有许多值得人们借鉴之处。

起初,傅雷认为自己的两个孩子年纪小、不懂事,所以聚会的时候,从不让他们在场,更不允许他们出来插嘴。可是小孩子天生好奇,大人越是不让听,他们就越是想听。

直到有一次,画家刘海粟到傅家做客。他们在书房内鉴赏藏画时,开始了慷慨激昂的谈论。说话间,傅雷忽然要去外间取东西。

他走出房门后,竟发现自己的两个孩子,傅聪和傅敏正偷听得入神。孩子的好奇心让他意识到,允许孩子参与大人谈话和讨论,尊重、接纳他们的主动选择,也许对孩子才更有好处。这样可以让他们早涉人生,促使他们早慧。

于是,等孩子们稍稍长大一些,傅雷就允许他们旁听并参与大人的谈话了。这样的"旁听"也着实给孩子们的人生带来了积极影响。

傅雷的儿子傅聪19岁时参加第四届"世界青年与学生和平友谊联欢节"国际艺术比赛,获钢琴三等奖;21岁时,又参加第五届肖邦国际钢琴比赛,获三等奖。傅聪成名后,当被问及他的艺术成长之路时,他总是把父亲称做他学音乐的第一位老师。其实,傅雷对儿子学习音乐的引导在于让他在儿提时代,与大人的对话中,学到了许许多多在书本上学不到的东西,并开拓了思维。

最重要的是,发现了孩子们的选择,还远远不够。要想让孩子成为一个优秀的人,仍然任重道远。其中必不可少的就是,自己有一个正确的教育理念,来尊重、帮助孩子们坚持自己的选择。

　　傅雷对教育子女有自己独到的见解。他认为，每一个人都有自己的某一方面的创造力，在孩提时期，父母要善于发现孩子的天赋，并进行正确引导，如果逆天赋而行，那是无法取得成功的。

　　傅雷在给周宗荷的信中写道："天生吾人，才之大小不一，方向各殊；长于理工者未必长于文史，反之亦然；选择不当，遗憾一生。爱好文艺者未必真有文艺之能力，从事文艺者又未必真有对文艺之热爱；故真正成功之艺术家，往往较他种学者为尤少。凡此种种，皆宜平心静气，长期反省，终期用吾所长，舍吾所短。若蔽于热情，以为既然热爱，必然成功，即难免误人歧途。"

　　基于这样的想法，当傅聪还在三四岁时，傅雷就在他稚嫩的心灵活动中寻找他天赋的闪光点，开始为博聪铺筑人生之路了。

　　最初，傅雷曾让傅聪学习美术，因为傅雷觉得自己精通美术理论，又有许多朋友是中国画坛巨匠，如果傅聪能拜他们为师，博采百家之长，定会在绘画上大有作为。

　　谁知傅聪不是学画的材料，他在学画时心不在焉，那些习作几乎都是鬼画桃符，乱笔涂鸦，丝毫没有显露出预期的那种美术天赋。而与此同时，傅聪的一些细微爱好则引起了傅雷的注意。

　　他发现儿子钟情于家里的那架手摇留声机，每当这部留声机在放音乐唱片时，儿子总是安安静静地依靠在它旁边静静地听，而每当此时小男孩那固有的调皮好动的天性即一扫而光。

　　于是傅雷果断地让傅聪放弃学画而改学钢琴，此时傅聪已 7 岁半了。但傅聪的每一个细胞好像都是为音乐而生的，傅聪学琴仅几个月，就能背对钢琴听出每个琴键的绝对音高。启蒙老师雷垣教授肯定傅聪 "有一对音乐的耳朵"。之后，傅雷最终认定，自己确实发现了孩子的音乐天赋。

　　自此以后，傅雷为傅聪买回一架钢琴，傅聪在父亲的监督下每天坚持练琴。在规定的弹琴时间里，傅聪在楼下弹琴，不能自由活动，傅雷在楼上工作，琴声只要一停，傅雷就用准备好的木棍敲击地板，有时还免不了痛打傅聪一顿。傅聪学琴也十分刻苦，就是酷暑天气，衣裤湿透，也不休息；最后成就了傅聪在音乐之路上的成就。

　　傅雷立身处世的原则就是要做一个"高尚的人"。他也用这一原则教育儿子。他时时嘱告儿子,你要永远记住这四句话:"第一,做人;第二,做艺术家;第三,做音乐家;最后才是钢琴家。"

在父亲的教育下,傅聪脱颖而出。1953年夏天,经过选拔,傅聪前往罗马尼亚,参加第四届国际青年学生和平友好联欢节钢琴比赛。在联欢节上,傅聪演奏了斯克里亚宾,效果极佳。联欢会后,国家又派遣傅聪到波兰学习钢琴,导师是"肖邦权威"杰维茨基教授。半年后,傅聪经过一个月的紧张角逐,摘取了第五届国际肖邦钢琴比赛的"玛祖卡"奖,震惊了中外乐坛。

在现实生活中,人们经常挂在嘴边的教育之言,便是"让孩子自主选择"、"尊重孩子的个人意愿"。实际行动上却恰恰相反,人们常常根据自己的观念、经验,为孩子选择学习方向,几乎全然不顾他们自己的想法。

对于尚且年幼的孩子而言,完全放任其自由发展是不恰当的。但完全从家长自己的思维出发,规划孩子未来的兴趣爱好也不甚可取。如果家长发现自己的孩子在音乐方面有天赋,但孩子自己却更爱好美术的话,可以适当培养他在美术方面的能力。毕竟兴趣才是最好的老师,也是最大的动力。只有做到真正尊重孩子们的选择,才能激发伟大的创造力。

创造力与兴趣不能画等号

大人们通常认为,找到孩子的天赋,就能发现他们的创造力,而他们的天赋就藏在他们的兴趣爱好里。所以将一味顺从孩子对于兴趣爱好的选择,视为发掘他们创造力的途径。

的确,有时候尊重孩子的意愿,适当地让孩子自主选择,能更好地激发他们的创造力。但是要想做到真正支持、尊重孩子们的选择,我们首先应该懂得辨别,他们的选择是否"适当"。

孩子毕竟是孩子,他们有好奇的天性,也有看问题不成熟、不善于判断、耐心不足的特点。有时候,他们的兴趣爱好只是一时即兴,三分钟热度过后就荡然无存了。

所以,天赋藏在一个人的兴趣爱好中,但兴趣爱好还不能等同于天赋。作为父母对于孩子的选择要做到宽松但不放任,引导但不盲从,进而让他们找到真正属于自己的创造天赋。

有这样一个故事，话说有一只小公鸡从小跟着妈妈在田里捉虫子，它觉得自己的工作趣味无穷，还可以填饱肚子。于是，小公鸡立志要一直在田里捉虫子。

后来小公鸡如愿以偿，可它慢慢发现，无论自己多么努力，在捉虫子的大部队中，它都不是最好的。它永远赶不上青蛙，甚至也比不上蜻蜓这些小昆虫。

最后，小公鸡失业了。小公鸡不知道自己的兴趣爱好是不是错了，也不知道自己的天赋是什么，它感觉自己的人生将毫无创造力。但为了生活，它不得不另谋出路。

从此小公鸡开始了，哪里有招工，就到哪里去的生活。它像马一样拉过车，像牛一样耕过田，像狗一样看过门。可是无论它怎么努力，最终都惨遭失败，落魄不已。

有时候，它的嗓子痒痒的，想仰头啼鸣，可是它不敢放肆，因为那不是它的工作。最后，小公鸡变成了老公鸡，直到临死前，它都不知道自己最初选择的兴趣爱好错在哪儿，为什么会连遭打击，更不知道自己的天赋是报晓。

每位家长都渴求能早日发现孩子的创造力，但是求之有道，这个发现之旅包含着很多规律。只有经过细心观察、理性尊重他们的选择，才不至于缘木求鱼，埋没那本来光芒万丈的创造力。

从现在开始，学习做一个家长中的好老师，在生活中用心发现，孩子们在哪方面有创造天赋。

培养创造力的摇篮——家庭

成长环境决定孩子的一生

一个猎人在绝壁处发现了一个鹰巢，里面有一只幼鹰。于是，猎人把它带回了家。

猎人把幼鹰养在鸡笼里，每天这只幼鹰与鸡一起啄食、嬉闹和休息。慢慢的，这只鹰长大了，它羽翼丰满，爪牙锋利，可是由于终日与鸡为伍，它习性已经变得和鸡完全一样，并且认为自己就是一只鸡。

在鸡窝里长大的这只鹰，展开双翅，只是为了舒展，也不知道自己有飞的能力，更没了高飞的欲望。但是与其他鸡相比，它不会打鸣，也不会下蛋，最后却成了猎人桌上的一道菜。

本应展翅高飞的雄鹰，终因不适合自己的成长环境，埋没天赋，一无是处，成为别人的盘中餐，可见成长环境对其影响多么重大。

其实，人也一样，最初的成长环境对人有着不容忽视的巨大影响。比如家庭的经济条件、家庭氛围、教养观念和方式，以及父母的遗传等方面因素，都深刻地影响着孩子的创造力发展。

一个良好的成长环境，不仅有利于孩子的身心健康，也有利于创造力的培养，以至于影响到孩子未来的人生发展。但是环境的影响是潜移默化的，是不容易被发现的，所以人们通常只注重孩子学到了多少知识，取得了什么分数这些结果，却忽视了成长环境对孩子创造力的隐性影响。

巴特尔说过："现实中，一点创造力都没有的孩子是根本不存在的。"所以孩子都有着天生的想象力和创造力，关键在于家长有没有给他们提供一片合适的土壤，让他们的创造力生根发芽。

在家里，孩子更需要民主自由

教育专家认为，有创新、实践能力的孩子往往更能引领时代，而高智商的孩子在未来的发展道路上，并没有人们想象得那么顺畅。高智商儿童的父母，更重视孩子的礼貌修养、好学、上进等社会外部特征；而高创造性儿童的家庭，更重视引导孩子，在亲身体验生活中，充分发挥他们的创新思维。

所以，要想激发孩子的创造力，让他们有一个光明的前途，首先要给他们一个良好的成长环境。一个适合孩子成长的良好家庭环境，应该是氛围宽松的，非专制性的，也就是给孩子一定的民主自由度。

家庭环境里的民主自由，不是一种制度，而是一种氛围。孩子虽小，思维简单，需要成人的照顾，但孩子不是大人的依附品，不能处处受成人支配。孩子都是一个完整、独立的个体，父母如果将自己的想法和价值观强行灌输给孩子，将使得他们在生活和学习中束手束脚，进而束缚他们的思想、心灵和创造力。

民主自由的家庭环境气氛，更能激发孩子的创造灵感。一般在相对民主、自由、和谐的家庭氛围中，成人之间也相互尊重、感情较融洽，这往往能影响到孩子。这样的成长环境会使孩子感到自由、放松，思维也较灵活，并且乐于享受一些有创新性的活动。尤其对孩子独特个性的形成、创新意识的启发会起到至关重要的作用。总之，一个相对宽松、自由的家庭环境，能让孩子的思想不受束缚，想象力更有驰骋空间，创造力也会因此而得以发挥。

民主自由的家庭氛围能让孩子更有活力。让孩子有自己的发言权，让他们勇于表达自己的想法，有利于孩子解放天性、敢于发表自己的意见、养成独立自主的性格，从而促进孩子积极地发挥创造力。

所以，从孩子小时候起，就给他们一个宽松的成长环境，允许他们有自己的空间和想法，说不定你的支持和鼓励，就能让那些看似不着边际的想法，成为有创新性的奇思妙想。例如，家长面对一张孩子随手涂鸦的图画，一句幼稚又充满想象的话语，一个异想天开又不失新奇的想法，一场自导自演又不亦乐乎的游戏，给予肯定的掌声，会让孩子变得更自信，并强化他们继续探索尝试的积极性，从而锻炼孩子的创造力。

独立，是给孩子最好的财富

著名剧作家易卜生曾说过："世界上最坚强的人就是懂得独立的人。"同样，创造力的发挥也与独立品质息息相关。独立自主是激发创造力的前提，如果一个人不懂得独立，无法立足于社会，那么任何创新精神都将成为妄谈。

教育家陶行知曾说过："滴自己的汗，吃自己的饭，靠人、靠天、靠祖上，不算好汉。"孩子只有从小学会独立，养成独立思考的习惯和生活的态度，才能获得更好的发展，也才更有机会，发挥自己某方面的创造力。所以，一个独立的成长环境，是孩子们受用一生的宝贵财富。

海克脱·倍里奥是19世纪法国著名音乐家，他从小在父亲的严厉管教之下，养成了自己独立的性格。

倍里奥从小就喜欢音乐，他立志长大后要当一名音乐家。倍里奥听了不少音乐家的故事，他坚信自己有这样的天赋，也坚信有一天，自己会取得像故事中的那些大音乐家一样的成就。但是，倍里奥的运气并不好，他的音乐理想违背了父亲的愿望。

父亲把他送进一所军医学校学医，但是倍里奥对学医毫无兴趣，还写了封信向父亲表明自己的意愿。结果父亲一怒之下，竟把儿子赶出家门。

离开家后，倍里奥除了一双手，什么都没有，但他并不害怕。为了生存，更为了坚持理想，他到处做苦工，屠宰场、面包房、商店和工厂，都留下了他的足迹。无论活儿多么脏、多么累，他都从不言弃。

除了白天工作之外，倍里奥还利用晚上的时间，刻苦学习音乐，而且每天都坚持到深夜。就这样，凭着这股坚毅的自立精神，他终于成为了一流的音乐家。

多年以后，倍里奥总结自己的一生时说道："在最艰苦的岁月里，我只当自己运气不好，但从来没有怀疑过自己的能力。而父亲给了我自强自立的机会，我在自己的独立自主中，获得了永不妥协的勇气。"

自己的音乐梦想不被支持，不得不在恶劣的社会环境中艰苦奋斗，倍里奥是不幸；但是他面对生活的苦难，没有妥协，而是用独立自主实现了自己梦想，倍里奥又是幸运的。如果他无法独立自主、坚持不懈，那么也将是徒有才华，荒废了自己的音乐天赋和创造力。

顾名思义，创造力既需要前所未有的创新性，也要有真抓实干的造就能力。没有独立和坚持作为支撑的高智商和创新，只能算是耍小聪明的空想主义，终将一无所获。而只有懂得独立自主的人，才能在人生的道路上克服一切艰难困苦，忍受住孤独寂寞，自强不息地实现创造价值。

国家独立自主才能实现繁荣富强，人独立自主才会有所作为，才能真正实现自己的创造力。独立自主的成长环境，让孩子懂得只有坚持、自强不息，路才能走得更稳更长。因为独立，所以自主，因为自主，所以不盲从，因为不盲从，所以创新，世界便有了新方向。

每个孩子都是天生的创造家

20世纪初，德国的著名化学家奥斯瓦尔德在读中学时，父母为他选择了文学之路，没有想到的是，老师却评价他说："孩子非常用功，但过分拘泥，这样的人即便有着很完美的品德，在文学道路上也没有什么希望，前景甚微。"

面对性格拘谨、老实的奥斯瓦尔德，家人几经考虑，让他改学了绘画。但是奥斯瓦尔德既不善于构思,亦不会润色,缺乏艺术的理解力和想象力。最后成绩在全班排倒数第一。这次老师的评价更为简短而严厉:"你在绘画艺术上是无法造就之才。"

面对如此状况,父母并未气馁,并鼓励奥斯瓦尔德不要放弃,相信他肯定能找到属于自己的天地。于是,父母主动到学校去向各位老师征求意见。

化学老师认为,奥斯瓦尔德做事一丝不苟,这是化学实验中最需要的品质之一。父母接受了这一建议,让他改学化学。

从此,奥斯瓦尔德发生了巨大的改变,在主攻化学六个月后,他智慧的火炬一下被点燃了。最终凭借在电化学、化学平衡条件和化学反应速度等方面的卓越成就,荣获了诺贝尔化学奖,一举成为举世瞩目的科学家。

这个在文学和绘画艺术上被判为"无法造就之才"的孩子,终因找到了适合自己的路,发挥出了自己独特的创造力,实现了自己的价值。

奥斯瓦尔德的成长之路启示我们:"天生我才必有用",每个孩子都是天生的创造家,只要找到适合自己发展的方向,他们就能发挥出自己独特的创造潜能。

了解孩子是教育孩子的前提,但是孩子身上潜藏的创造力,却并非那么容易被发现。并且一些明显的过人之处,通常会模糊大人的视线。

5岁的妞妞能将九九表倒背如流,父母喜出望外,认为孩子在数学方面有特殊的天分。但是当幼儿园的考试成绩出来后,他们却失望地发现,女儿的数学水平非常一般。

原来妞妞的外婆经常教她背九九口诀表,孩子喜欢上了这种自言自语的游戏,一再重复,便牢记住了九九表。但是死记硬背只是掌握计算所必须的技巧之一,这种记忆只是暂时的,如果一段时间不强化,孩子就会很快忘记。

所以,这并不是妞妞真正的潜能表现,熟读成诵还远算不上是创造天赋。

其实,要想发现孩子的创造潜能,并不意味着花巨资报名各种各样的辅导班,或者带孩子奔走于各类比赛,去获取各式奖励。只要大人在日常生活中,仔细观察孩子,就能从他们的活动中发现蛛丝马迹。譬如有的孩子不经过任何训练,只是因为偶然听过,便能弹出一些简单的曲子,这说明孩子的听觉特别敏锐；又如有的孩子很会讲故事，形象生动，有时还能自己编一些小故事，这说明孩子在语言创作上很有天赋。

对于孩子在无意中表露出来的才能，父母可以通过深入的了解，发现孩子最擅长什么，从而理性定位孩子的发展方向，给他创造有利的条件，鼓励他发挥自己的创造力。

给孩子提供机会

要想让孩子乐于发挥自己的创造力，就少不了父母给他们提供主动创造的机会。例如，我们可以在家中的一个房间，或是一个角落，放上各种乐器、画板、彩笔、纸张等。乐器是灵活多变的，不需要多么昂贵的投入，几个牛奶瓶就可以成为一套敲击乐器。

在有天分的"小艺术家"手中，旧报纸、瓶盖、包装纸，甚至旧的电话黄页都能成为不错的原料。所以给孩子提供积极创造的机会，让他们在安全的自由活动中，锻炼创造技巧和才能，尝试各种新鲜事物，变不可能为可能，让孩子的兴趣模式和特长逐渐显现出来。

让孩子学着欣赏

如果孩子的潜能一直处于休眠状态，那是非常可惜的一件事。有关人类关系学家认为，如果6岁前，孩子的潜能被发现并得到培养，那么他未来更容易突破平庸，得到更多的自我满足。而善于欣赏、评论别人才能的过程也是展现潜能的方法之一。

经常带孩子观看电影、舞台剧、欣赏音乐会，或是参观画展、博物馆、科技馆等，让孩子通过对经典艺术作品的感受、想象、体验、理解和鉴别等一系列视觉思维活动，开阔自己的视野、扩大认知领域，提高艺术素养和审美能力，从而激发创造天赋。

让孩子享受学习

此外，在让孩子参与或学习某项活动同时，父母要注意与孩子进行沟通，问问孩子，还想不想学，喜欢不喜欢学，为什么讨厌，讨厌什么。不要低估一个学龄前孩子的感受，因为只有激发了孩子的兴趣，其潜能才能显现出来，并要尽可能多地找机会表扬孩子的特长。

在家中把孩子的作品展现在最显眼的地方。从具体的艺术品到积分卡上的评分，都意味着对孩子学习成果的重视。

但是父母只有在孩子的行为的确值得肯定时才予以赞赏，否则反而会降低孩子对自己的期待。

发现孩子身上创造力之光

有创造力的孩子之各样表现

有创造力的孩子大多喜欢恶作剧、调皮捣蛋。他们不喜欢安分守己，大多时候都会用淘气的举动，故意引起大人的关注。但有时他们也看似很听话，不用大人费太多心思，可那只不过是因为，他们正沉浸在自己的世界里玩得不亦乐乎。

他们看事物的眼光，不受那些刻板印象的限制。他们会质疑、挑战人们的常规看法，甚至有时会很激进地表达自己的不同意见和看法。他们总是一方面会不停地问为什么；一方面顽强、固执，甚至叛逆地坚持着自己的目标或观点。这也是富有创造力的重要特点之一。

有创造力的孩子还往往行事比较独立。他们的自我意识很强，不太在意别人的看法。

虽然有创造力的孩子身上有着一些不被人称道的个性，但是孩子的好坏很难以个性划分。调皮捣蛋不一定就是坏孩子，老实听话也不一定是好孩子。他们的成败取决于日后所创造的价值，以及对社会的贡献。

有一道著名的测试题，让人从三个人物描述中，选出谁是能造福人类的那一位。

第一个人，他信巫医和占卜，有两个情妇，有多年的吸烟史，而且嗜酒如命；第二个人，曾经两次被赶出办公室，每天要到中午才肯起床，读大学时曾经吸过毒，每晚都要喝许多白兰地；第三个人，曾是国家的战斗英雄，保持着素食习惯，从不吸烟，也不喝酒，年轻时没做过什么违法的事情。

看完三种描述，大多数人都会毫不犹豫地选择第三位，但历史的答案，却不这样认为。有史料记载：第一个是富兰克林·罗斯福，第二个是丘吉尔，第三个是希特勒。

这让人们不禁开始思索，罗斯福和丘吉尔这样的伟人，会有如此的过去；而希特勒，这个杀人的魔鬼，他的身上竟有如此多的好品质。

由此我们想到了孩子，如果我们相信每一个孩子都是未来的成功者，如后来的罗斯福和丘吉尔，那么在他们身上，所谓的一些缺点，怎么也比不过早先的罗丘二人吧。所以孩子一时错误，并不能代表什么，我们对孩子要充满信任和期待，教育孩子的全部秘密，就在于相信他们。

著名政治家拿破仑是法国大革命中的巨人。他从小就被认定是一个坏孩子。人们都认为母亲去世，没有人管教是拿破仑变成坏孩子的主要原因。

那时，母牛走失了，大树莫名其妙地被砍倒了，人们便都会认定是他做的。甚至连他的父亲和哥哥都认为他很坏，对他很失望。因此，拿破仑也就破罐破摔，对什么都无所谓了。

后来，父亲决定再婚，拿破仑便打定主意，决不把新妈妈放在眼里。

陌生的女人进入家门，她走到每个房间，愉快地向每个人打招呼。当走到拿破仑面前时，看他双手交叉在胸前，像枪杆一样站得笔直，一丝欢迎的意思也没有，而是正冷漠地瞪着自己。

"这就是拿破仑，"父亲介绍说，"全家最坏的孩子。"

"最坏的孩子？"她问，"一点也不，他是全家最聪明的孩子，我们要把他的本性诱导出来。"继母把手放在拿破仑肩上，用闪烁着光芒的眼睛看着他说。

拿破仑对继母的话终身难忘，正是这份难得的信任，帮助他走出了"坏孩子"的阴影。

家长对待孩子的态度，足以决定孩子不同的命运。但是在日常生活中，当孩子表现不好时，经常会受到大人随意的指责和抱怨。当我们终于让孩子静下来的时候，可能孩子身上那种最宝贵的东西也就随之而去了。结果，很多父母把原本活泼可爱、朝气蓬勃的孩子，变成了没有志气、没有理想、自暴自弃、平平庸庸地度过一生的人。

作为父母要学会欣赏自己的孩子，调皮好动的孩子通常敢想敢为，敢作敢当,只要加以正确的引导,就能发现他们的过人之处,让他们的创造力大放异彩。

激发孩子丰富的想象力

想象力丰富的孩子,经常赋予无生命的事物以生命、感情和意志。比如孩子有时会幻想自己有超能力,还对玩具说话,认为帽子可以变成飞碟,乃至编各种各样的剧情,对着空气打打杀杀。

他们是最好的编剧,也是最好的演员。因为演员的第一堂课就是解放天性,放开手脚,重新做回充满想象力的孩子。

不少家长认为孩子的异想天开不可取,但是想象力是孩子身上最宝贵的东西,而且在所有成功的人士当中,大多数人都有着丰富的想象力。

美国的莱特兄弟是人类历史上第一架动力飞机的设计师,他们为开创现代航空事业做出了不巧的贡献。他们的故事也在全世界广为传颂。

年幼时,这对兄弟就已经显露出在机械设计、维修上的特殊能力。他们善于思考,富于幻想,每当闲暇时,兄弟俩要么讨论某一个机械的结构,要么就去看工匠们修理机器。他们手艺精巧,还经常做出好些有创新意义的小玩具,比如会自由转弯的雪橇等等。

一天,出差回来的父亲给莱特兄弟带来一件礼物:一个会飞的玩具蝴蝶。看着小东西在空中飞舞,小兄弟俩高兴得不得了,但是他们觉得蝴蝶飞得不够远,于是仿造玩具的样子又做了几个更大一些的飞行物。

这些仿制品有的能够飞越树梢,有的飞了几十米远,但兄弟俩的一个尺寸很大的仿制品却遭到了失败。他们没有为此难过,而是生发了制造飞机的念头。

1894年,莱特兄弟在代顿市开了一家自行车店。由于他们工作认真、手艺好,再加上价格公道,店铺的生意兴隆。富于创新精神的莱特兄弟当然不会满足于此,他们不愿终生与这些自行车零件打交道,于是,他们决定开始去实现童年时的梦想。

莱特兄弟造飞机的想法得到了斯密森学会的赞赏。他们收到了一封副会长热情洋溢的信,以及很多参考书籍。兄弟俩大受鼓舞,一有时间,就钻入书堆内,如饥似渴地饱读着航空基本知识。很快,他们具备了制造飞机的能力。

1900年10月,他们的第一架滑翔机试飞了,但是,试飞的结果不尽人意。飞机只能勉强升空而且很不稳定。问题出在哪儿呢?经过认真地分析得知,原来他们所沿用的前人数据有理论上的错误。于是，他们制造了一个风洞，以便通过实验修正数据，设计飞机。

这个风洞仅仅是一个 6 尺长，每边 12 寸宽的木箱。箱子的一端，鼓风机以一定的速度向里吹气。与现代的高速风洞相比，它真是简陋至极，然而就是这个小小的辅助工具，却帮了兄弟俩的大忙。

他们通过风洞，得出了许多新的结论。最终成功设计出了第三架滑翔机，使它无论在强风还是微风的情况下，都可以安全而平稳地飞行。

滑翔机的留空时间毕竟有限，但假如给飞机加装动力并带上足够的燃料，那么它就可以自由地飞翔、起降。于是，兄弟俩又开始了动力飞机的研制。兄弟俩废寝忘食、孜孜不倦。不久，他们便设计出一种性能优良的发动机和高效率的螺旋桨，然后将各个部件组装，成功创造了世界上第一架动力飞机。

适当的冒险有助于发掘创造力

常言道"无知者无畏"，孩子对世界充满未知和好奇，敬畏也就少了几分。所以他们更乐于探索冒险活动，而这些活动不仅可以锻炼孩子的胆量，也是激发孩子创造力的重要一环。勇于探索才能求新求变，能拼能冲，更能适应将来社会的变化。所以，在家长陪同，确保安全的前提下，应该让孩子进行一些冒险活动。

但是很多家长尚未认识到冒险活动对孩子成长的重要性。大多数父母都是像保护壳一样，紧紧包在孩子的外面，以致于让他们经不起风雨，最后连阳光也过敏。

当孩子在探索陌生事物，特别是接触一些看上去有些危险的东西时，家长往往语带恐吓地警告孩子："那里不能去，太危险了；这个地方不能呆，不安全。"长此以往，便使得孩子做事畏首畏尾，瞻前顾后，没有尝试新事物的勇气，以及能激发创造力的冒险精神了。

有创造力的孩子都爱问"为什么"

1847 年 2 月 11 日，在美国俄亥俄州的一个叫米兰的小镇上，一个长着蓝眼睛、圆脸蛋、淡色的头发的小男孩降生了。男孩长得很秀气，跟妈妈像极了。但男孩的身体却很单薄，一副弱不经风的样子。男孩体质虽然很差，可他的脑袋出奇地大，总让人觉得，有一天脑袋会把身子压垮。

这个小男孩就是后来闻名世界的"发明大王"托马斯·阿尔伐·爱迪生。爱迪生祖居荷兰，父亲山墨尔是个勤劳耕作的农民，母亲当过乡村教师。他在家中排行第七，是最小的一个孩子，因此备受妈妈的宠爱。

爱迪生从小体质比较弱，三岁以前的一千多个日子，他不知得过多少次病，不知哇哇大哭过多少回。妈妈又是担心，又是着急，整天坐立不安。后来在妈妈耐心、周到的照料下，爱迪生的身体一天天壮实起来。

爱迪生体质虽弱，却爱动脑筋。他的好奇心特别强，老爱问为什么，看见想不明的事情就问，问了就转着眼珠想。

"为什么锅上冒蒸气？""为什么凳子四条腿？""金子是什么？"父亲常常被儿子的问题弄得张口结舌。

小爱迪生喜欢"打破砂锅问到底"的习惯，得到了妈妈的充分肯定。妈妈当过小学的教师，她知道，好奇是打开神秘知识宝库的一把万能钥匙，没有好奇心的孩子成不了大器。

所以每当爱迪生问她为什么时，妈妈总是微笑着，细心地开导他，把其中的道理讲给他听。这个时候，爱迪生总是歪着大脑袋，睁大眼睛听着。听完后，还会有一大堆新的"为什么"从他的头脑中冒出来。

爱迪生不仅爱问为什么，而且啥事都想亲自试一试，还因此闹过不少笑话。

四岁的时候，有一次，他和小伙伴们一起在大树下玩儿，不知是谁发现了树杈上有一个马蜂窝。

"窝里到底是什么样子的？"大家都摇摇头。

"不如我们把它捅下来瞧一瞧，好不好？"爱迪生向小伙伴们建议说。

"大马蜂会蜇人的，要捅你去捅！"小伙伴们都躲得远远的。

爱迪生一心想弄清楚其中的奥秘，于是找来一很长树枝，硬是把马蜂窝给捅了下来。顿时，一群大马蜂都向爱迪生涌来。片刻之间，爱迪生被马蜂蜇得满脸红肿，几乎连眼睛都睁不开了，即使这样，他还要把蜂巢的构造看清楚。

还有一次，那是六岁的时候。一天早饭后，妈妈正在做针线活儿，爱迪生"咚"一下撞开了门，连跳带蹦跑进来了，吓得妈妈把手都扎了。

爱迪生气喘吁吁地问："妈妈，大母鸡趴在鸡蛋上做什么呀？"

妈妈笑着说："在孵小鸡呀。鸡妈妈就是用自己的体温、自己的身体，一天天将鸡娃娃孵出来的。"

"噢，原来是这样，太有趣了。"爱迪生拍拍大脑袋，一脸恍然大悟的表情，推开门出去了。

到了中午吃饭的时候，也不见爱迪生的踪影。妈妈很着急，一家人四下寻找。一直到傍晚时分，大家才发现这个小家伙竟然在院鸡舍旁边做了个"窝"，里面放了几个鸡蛋，他正小心翼翼地趴在鸡蛋上，一动也不动。

妈妈看他专心致志的样子问："孩子，你在做什么呢？"

"我在孵小鸡呢！"他一本正经地回答。

一家人听后笑得前仰后合，想不到他居然饿着肚子，从早到晚趴在鸡蛋上，整整"孵"了一天。就是如此浓厚的兴趣以及超人的耐心，成就了爱迪生一生的发明事业。

没有好问与思考，或许爱迪生就不会发明电灯、电话、留声机；蔡伦就不会发明造纸术；牛顿也就不会发现万有引力。人的成长就是不断提出问题、解决问题的过程。

好问说明勤思，将积极提问的钥匙交到孩子手上，就会在他们幼小的心灵里，埋下渴求知识的种子。

有时候，孩子的问题确实稀奇古怪、五花八门，让家长手足无措、无言以对。在这样的情况下，对孩子的"为什么"都不应该加以斥责。这是他们有创新潜质的表现，也是激发他们创造力好机会。

有时候，孩子问"为什么"之前，已经有了自己的思法，他们只不过是通过提问的方式，将之表达出来。这种情况下，他们并不需要父母精确地给予以答复，只想从中获得一种满足感，希望父母重视自己的提问。

孩子的好奇心总是和创造力联系在一起的，如果父母想拥有一个兴趣广泛、乐于求知、的孩子，那么就鼓励孩子凡事多问几个"为什么"吧。

敢于实践的孩子

著名数学家、天文学家伽利略，出生于意大利古城比萨，父亲是破落的贵族，擅长音乐和数学。

童年时代的伽利略，可以自己动手制成会动的玩具和机器，已显示非凡的制作和观察能力。长大后，伽利略不得不顺从父亲的意愿去学医。但是，伽利略对医学毫无兴趣。一个偶然的机会，把他的兴趣和注意力引向了数学和物理。

那一年，托斯卡纳公国的大公爵来比萨过冬，满腹才学的宫廷教授里奇，便是其中随行人员。后来,里奇的一次数学演讲,使旁听的伽利略深深着迷,从此伽利略对数学的兴趣剧增。并且伽利略凭借自己对数学,非凡的理解能力和过人的逻辑思维能力,成为了里奇收的门生。

在里奇的指导下,伽利略阅读了不少数学著作,特别是阿基米德和欧几里德的作品。这使得伽利略在数学上取得相当深的造诣,对他以后创立实验自然科学,并获得成功有着深远影响。

在伽利略之前,古希腊的亚里士多德认为,物体下落的快慢是不一样的。它的下落速度和它的重量成正比,物体越重,下落的速度越快。比如说,10千克重的物体,下落的速度要比1千克重的物体快10倍。

1700多年前以来,人们一直把这个违背自然规律的学说当成不可怀疑的真理。年轻的伽利略根据自己的经验推理,大胆地对亚里士多德的学说提出了疑问。经过深思熟虑,他决定亲自动手做一次实验。他选择了比萨斜塔做实验场。

这一天,他带了两个大小一样但重量不等的铁球,一个重100磅,是实心的;另一个重1磅,是空心的。伽利略站在比萨斜塔上面,望着塔下。

塔下面站满了前来观看的人,大家议论纷纷。有人讽刺说:"这个小伙子的神经一定是有病了!亚里士多德的理论不会有错的!"实验开始了,伽利略两手各拿一个铁球,大声喊道:"下面的人们,你们看清楚,铁球就要落下去了。"说完,他把两手同时张开。

人们看到,两个铁球平行下落,几乎同时落到了地面上。所有的人都目瞪口呆了。伽利略的实验,揭开了落体运动的秘密,推翻了亚里士多德的学说。这个实验在物理学的发展史上具有划时代的重要意义。

创新只有付诸实践,才能实现价值。通过实际行动证明自己的想法,是富创造力的人最重要的品质。

第二章 保护孩子的创造意识

孩子们有着惊人的丰富想象力,他们用好奇的眼睛打量、发现、探索世界,思维不受已有知识的局限。所以,孩子往往比成年人思维更灵活,求知欲更强烈,也更有创造意识。

创造意识是上天给孩子的宝藏,而寻宝的地图就在大人手中,面对孩子千奇百怪的想象力和创造力,你对应的行为是保护,还是伤害?

为什么中国孩子缺乏创造力

国际相关教育部门,曾对全球 21 个国家的儿童教育情况进行调查研究。结果显示,中国孩子的计算能力排名世界第一,而创造力却屈居倒数第五名。这使人们不禁思索,中国的孩子为什么缺乏创造力?

每个孩子都有着丰富的想象力,虽然他们先天禀赋各不相同,但是这毫不影响孩子成为天生的创造家。其实,深深影响孩子创造力发挥的,是他们后天所处的环境,以及所接受的教育方式。因此,从某种意义上说,是"中国式"教育决定了"中国式"的创造力。

我们身边的中国式教育

众所周知,在中国教育的大环境下,应试教育占有绝对地位。它主张以分取仕,优则胜,劣则汰。这种定式标准是统一的,从来不问孩子喜欢什么、擅长什么。为了提高考试成绩,教育者们都走上了,满堂灌式授课、填鸭式教育、统一标准答案的不归路。从不顾及孩子的独立思考,以及多向思维的发展,对动手实践能力更是轻视。即便有些家长的教育理念与之不同,但在整个教育的大形势下,不想"落后"于人,最终还是不知不觉地妥协。只求让孩子取得一个高分,忽视孩子其他方面的多样发展,尤其是创造意识的呵护、创造能力的培养方面。

其实，掌握知识与培养创造力并不相悖，孩子快乐成长，创造力得到充分发挥，分数也会相应提高，而过于强调分数，单单要求高分，会阻碍孩子各方面能力的发展。中国式教育过分强调知识，轻视对知识的运用能力。这样的教育让天生爱想象的孩子消化不良，长此以往使其思想僵化，只懂得被动接受，不知道主动思考。这就像是一个人全身武装戒备，可枪法却并不尽如人意。

教育环境分为家庭环境和学校环境，学校的教育大环境暂成定式，家庭教育环境相对来说，灵活多变，在变化中蕴含着不可估量的潜能。那么看清中国式教育，在我们家庭教育环境中，所呈现的面貌，就更能及时作出调整，保护孩子的创造意识。

9岁上高三，10岁考上大学，16岁读博士。正当大家在盛传赞叹×××的奇才，为他的父母感到骄傲时，这位天才孩子竟做出了大家无法想象的叛逆行为——要求父母在京买房，作为他参加硕士论文答辩和参加博士生考试的交换条件。这一×××现象正是"功利教育"下的畸形表现。

而今在中考、高考学生的家庭里，舍去所有娱乐应酬在家陪孩子读书的父母比比皆是。该生的父母一路陪读的结果是：儿子创造出全国三个"年龄第一小"——第一个全国年龄最小的大学生；第一个全国年龄最小的硕士研究生；第一个全国年龄最小的博士生。

单从学业层面来看，其父母是成功的，但近日该生在接受媒体采访时却爆料称，他以参加硕士论文答辩和参加博士生考试为交换条件，要求父母在北京全款买房。他认为"不买房还在北京工作，就属'北漂'"，而他不……选择自己以后挣钱买房，因为他是理科生，工作后收入低，买不起房。

该生的父亲是普通公务员，母亲是普通老师，根本没有能力在北京买房，为了"应急"，他们在忻炀学校硕士论文答辩的最后一天，在北京租下房子，对儿子谎称是买的。孩子硕士顺利毕业并考上博士后，发现了房子的"骗局"，并了解到父母无力在北京买房的现实，但仍然认定父母该为"在北京买房"负责，因为"最希望我留在北京的就是你们，你们应该为此努力"。同时还称"我的梦想基本上继承了我父母的梦想"。他解释他之所以小小年纪就考虑功利问题，原因"是为了让我今后不用考虑它，可以放开手脚实现我自己的理想——做数学"。

该生的这番表白,立刻把他和他的父母推到了舆论的风口,有网友指责他是"智商的巨人,情商的侏儒";有人指责他父母的教育方式出了大错;有人则称该生是"功利教育的受害者"。

该生被网友看成是一个功利教育的典型。翻开该生的教育成长史,主要是围绕着考试、跳级、升学展开的。其父亲有一个明确的教育观:应试教育是一个现实,只能面对现实让孩子达到目标。

金女士女儿小小中考就尝到了"应试训练"的甜头,以高分考上省一级著名高中。金女士传授经验说:"一定要把孩子放到重视应试训练的学校。"金女士说女儿的学校教学思路非常应试,老师上课时总会提醒哪些内容是中考考点,要求学生多加训练。有学生不认真上政治课,老师便说"政治科在'中考'时与物理化学占的分数都是100分,只要重视就可能拿到高分",短短一句话,对孩子们起到醍醐灌顶的作用,从此没有孩子敢放松对政治课的学习。

中考体育满分是60分,学校从初一开始便加强中考必考的跑步项目训练,所以女儿中考体育拿了满分。节假日,金女士还要送女儿去上补习班,因为成绩好的同学大都有上补习班,有些补习班老师中考猜题能力超强。

现在,金女士又在到处了解应试力强的高中补习老师,有人不理解地问她:"你女儿在重点中学上课还要请补习老师?"金女士答:"是想给女儿高考上'双保险',如果一边老师的应试思路出了问题,也许另一边就给补上了。"

"功利教育"让大多数父母和孩子无奈接受。从一定意义上看,"功利教育"就是应试教育,虽然这种教育方式在短期内满足了受教育者的愿望,或者说虚荣心,但在根本上这种教育无法使受教育者获得牢固的基础和长久的力量,因此它所带来的儿童发展是片面的和不稳定的,甚至是极端的和危险的。

究其本质,中国式教育是社会发展决定的,是整个社会发展进程中,出现的教育方向性失误。随着社会经济的发展,物质越来越丰富,但是人们的精神发展,并没有达到与之同步的阶段,也没有做好承受这一变化的准备,这仅使人们对物质的需求越来越庞杂,顺而产生了一种集体无意识性的教育理念:学习就是为了成功、成功就是挣钱。社会环境的变化,潜移默化地影响了人们的教育观,使得主流价值观趋向功利化。

我们现在教育孩子们,小时候要苦读,也通常是以长大了,找到好工作赚大钱作为"诱饵"。人们的教育思想不知不觉偏向功利,要想挽救这种无意中的改变,"解铃还须系铃人",最主要的还是社会环境的要求作出改善。只有无情的社会法则,对教育者培养出的"人才",进行优胜劣汰,同生物进化论一样,在激烈的竞争中,决定谁去谁留,直到有一天明确宣誓:高分低能者会无立足之地,创造能力优先者会将之打得溃不成军,人们的整个教育观念才会彻底改变,教育方向也会随之发生转变。

在这个过程中,有的人只是一味地坐等变化,后知后觉,有的人却能主动改变,先发制人,不再紧紧盯着并不能说明什么的分数,而是积极保护孩子的创造意识、鼓励孩子创新。后者肯定将引领前潮,远远超过前者,也会为整个教育的发展做出一份贡献。因为教育的本质是引导孩子的天性自由发展。在客观教育环境的改变进程中,人并不是无力的,只有大多数人的观念改观了,才能成其进步的环境。

远离中国式"标准答案"

世界上没有完全相同的两片树叶,同样,对于任何知识,都应是仁者见仁,智者见智,没有唯一的标准答案。但是为了让孩子取得高分,家长已经在无意中用自己的权威,要求孩子必须按照标准答案。这种"标准"式思维势必会让孩子沦陷于,缺乏想象力、思维固化的怪圈。

记得有一个小故事,说是小学试卷上有这样一道题目:弯弯的月亮像什么?有一个小朋友回答说:"像香蕉!"

结果妈妈看过答案后,毫不留情地打了一个红红的"大差",还解释说:"怎么会是香蕉呢?应该像'弯弯的小船',这才是标准答案。"

还有一次,法国某教育代表团到北京的一所小学考察,他们看到这样一件事:考试卷中的一个题目问"雪化了以后是什么?"有学生答为"雪化了以后是美丽的春天",但却被老师判了一个红红的"×"。

代表团成员大惑不解,就这件事询问中国的老师,老师答曰:"标准答案是水。"来访者表示异议:"学生答的'雪化了以后是春天',虽然不符合标准答案,但他们的这个回答更有创意,更富想象力,要是在我们学校,肯定会受到更多的表扬。"

孩子题做错了,只是因为和标准答案不符,日后便限制了他们的独特个性发展,使他们一心只想揣测出题人的意图,什么都往统一的标准答案上思考。深究以下到底错在哪儿,我们就可以知道到底是谁的错了。

有一位知名的作家,亦是大学中文系教授、博士,他的一篇文章被选做了中学现代文阅读题的材料。恰当儿子在做阅读题目的时候,遇到了那篇文章,并且还被其中的题目难住了。

儿子拿着试卷题目找到爸爸,让他帮着做,结果爸爸全做错了!

这些现象听似很荒唐,但实际上却无处不在。它就真实地发生在每个孩子身上:家长从来都是要求孩子得高分,从不看孩子为什么做错题,答题只需和标准答案一样就可以了。这样的标准答案观念,只会慢慢吞没孩子的创造力。

所以,作为父母一定要学会独立自主,不要向"应试教育"趋炎附势。一定要先了解孩子,培养和引导他们的想象力、创造力,这是上天给我们最好的礼物。

从前看到过一个有关德国教育方法的例子,深有感触。在德国的校园里,把培养未来人才的创造性视为最重要的事。

在一堂小学二年级的美术课上,老师并没有让同学们照着范本临摹,而是先用语言描述了一个环境范围,让所有学生根据描述加上自己的创造和想象来作画。没有标准答案,每个人都可以天马行空、自由发挥。结果每个孩子的画作都很精彩,且没有一个重样。

在德国大学的课堂上,学生与教授之间的自由讨论更为热烈,常常是几种针对性很强的意见相互碰撞,启发同学们的思路。而教授也会不失时机地提醒大家,多试着从相对立的角度思考问题,如果能把两种对立的观点结合在一起,思想水平会得到一个新的提升。

德国的科技先进、工业发达，举世闻名，如果探究其深层原因，富有创造力的教育方法应该立下了汗马功劳。

德国人欣赏孩子的个性发展，他们认为创造力是生命的源泉。如果家长碰见孩子，最常问的是：你在学校过得快乐吗？而中国家长脱口而出的却是：你在学校考了多少分？第几名？

其结果不仅打击了成绩差的学生的自尊心和自信心，而且还助长了成绩好的学生的骄傲感和自满感。

有人作了这样一个比喻，说中国的教育是在建图书馆，德国的教育是在建实验室，中国的家长见面喜欢问："图书馆建得怎么样？"德国家长喜欢问孩子："实验室好不好玩。"从这样的比喻中，我们不难理解为什么中国的孩子缺乏创造力。

孩子的大脑可以是图书馆，教育也不反对把知识装订成册，再死记硬背地送进图书馆，但人的大脑功能不仅仅是"知识的储存库"，它更应该是一个"知识的喷泉"。如果只是让大脑做图书馆，那么它永远都不会像最好的图书馆那样，包罗万象、囊括古今，顶多成为一个普通的书屋。

然而社会更需要的是实验室，所以创造力才是人大脑最宝贵的功能，人脑不是知识最好的载体，但却可以成为最好的实验场。要想培养孩子的创造力，就需在教育过程中，完成大脑由知识宝库向知识喷泉的转变。一个人吸收的知识再多，如果不能在实践中应用，那也是枉费心力。所以创造力远远超越标准答案，在教育孩子时切忌唯标准是图，应该锻炼孩子的发散思维，鼓励他们给出富有创新灵感的答案。

这是一个古老的故事，也是一个并不新鲜的话题，网上流传的"美国和中国老师讲灰姑娘的故事"，读来令人深思。

美国课堂上，老师先请孩子讲了灰姑娘的故事，讲她如何得到仙女和朋友帮助，历尽继母和姐姐的阻挠，终于和王子快乐地生活在一起，然后向全班发散性提问。

热火朝天的课堂气氛中，孩子们自己得出一连串答案：做事要守时；后妈阻挠灰姑娘是为了给自己女儿机会，她不是坏人……孩子们也找出了故事的不合理之处——"午夜12点后，所有东西都变回原样，但水晶鞋没变回去"等等。老师称赞道："天哪，你们太棒了！瞧，伟大的作家也有出错的时候。"

中国课堂上，一切似乎让大家更加熟悉：了解作者生平，分析故事意义，给课文分段并归纳段落大意，概括主题，分析这个词为什么用得好，那段话为什么要那样表达……

两种讲授方式，反映出的是两种不同的教育理念。缺少创新思维和批判性思维的教育体制，已经成为制约中国培养创新型人才的"瓶颈"。

"为什么我们的学校总是培养不出大师呢？"钱学森的"大师"之问振聋发聩。课堂授课方式已然"模式化"、"古板化"，在致力于引导学生遣词造句、思维方式迎合作者时，谁能想到，伟大的作者犯了"水晶鞋没变回去"的错误？在考卷上，从小见惯了"冰化了是水"正确，而"冰化了是春天"错误之类的"标准答案"，谁还能绽放出创新思维和批判性思维？

"标准答案"故然能为孩子拿到满分，"创造力"却可以让孩子获得比分数更重要的东西。随着时代的发展，社会需要的是能创造多样答案的人，而不是会搬弄标准答案的人。传统的教育过分注意知识的教育，忽视甚至压制了孩子的创新能力培养。我们不得不反思，我们的教育，在培养孩子创造力上，满是问题。

中国的老师、家长，为何对"标准答案"如此地毕恭毕敬、诚惶诚恐？实际上，这是中国应试教育所造成的必然结果。如果孩子的答案迎合了"标准答案"，就是万无一失地正确，就能得高分，就能考入重点高中、知名大学，老师的教学业绩提升了，家长望子成龙的愿望也实现了。

考学是为了升迁，升迁是为了出人头地，出人头地则成功富贵不远矣，这是大多数父母的想法。但是，这是以牺牲孩子的灵性和创造力为代价的，并且得不偿失。标准答案的横行，只会造就循规蹈矩、墨守成规、缺乏创造力的高分低能庸才，这样的惨重代价换来的只会是社会的淘汰，孩子的心理失衡！

孩子就像是一棵嫩绿的幼苗，标准答案却是贫瘠的土壤，只会让绿芽可怜地长出粗枝大叶，却无法张扬创新的绿意和生机。走出标准答案，保护孩子的创造意识，才能培养出具有良好创新能力的人才。

孩子的时间都去哪儿了

让孩子去玩是一场学习

六一儿童节时，看见孩子们在绿地上玩耍奔跑，不少家长会有这样的感慨：一年大概就这么几天，孩子们才是快乐的天使。儿童节以后，幼儿园的孩子就要做上小学的准备。因为，不少孩子在上小学的前一年，已经在学习小学的知识了。

当你看见口齿不清的孩子学说英语时，当你看见他们双手背在身后口算100以内加减法时，当周末家长带着孩子奔波在各个幼教班时，当你听见家长说"我的孩子不能输在起跑线"时，我们发现"起跑线"已经不断前移，属于孩子们的快乐童年被缩短了。

允许孩子少学习一会儿，不会有什么影响，他们的未来更不会因此，而变得多么糟糕。但是本应放飞心情去玩耍、探索、接触新事物的时间错过了，就真得一去不复返了。

不给孩子玩的时间，先不说这么做累着大人、苦着孩子；等他们长大后会意识到，这是何等的遗憾；而且不会玩也影响孩子的心智发展。玩是发展孩子想象力、满足他们好奇心、探索欲的重要途径，限制孩子玩耍，说不定就会与孩子的创造力失之交臂。

小强最近表现不错，"六一"儿童节到了，家长准备给他放个假，不用去上补习班了。结果，他想了半天也没想出来玩什么，现在的孩子怎么都不会玩了？本想让孩子从学习中松松绑的金女士，最后却惹出了一个"烦恼"。

现在的孩子们热衷于玩什么？是不会玩还是没得玩？金女士通过进一步的观察，确认发现孩子们是越来越不会玩了。

在学校，下课铃声响起，孩子们除了上厕所，大多是呆在教室里，坐在位子上，或埋头补写作业，或和前后桌聊天。而最像是在玩耍的几个孩子们，却只是在走廊里追逐打闹。

并且大多数校园里的操场上，课间都是静悄悄的，只有下一节要上体育课的学生在做准备。"课间就几分钟，我们从4楼跑到操场上，就要打上课铃了，谁还会出去玩儿。"5年级学生小强说。

"玩什么？"小强想了半天道，"没玩什么，就是说说游戏打到哪一关了，随便玩玩。"小强说的"随便玩玩"，就是学生之间大声呼喊着追逐，互相扯着衣服打闹，玩得起劲了难免推推搡搡。

放学后、双休日、寒暑假这些课余时间，孩子们到底在玩什么？"看电视、上网、打游戏，还有写作业。"很多孩子对传统游戏没有概念，但是对网络游戏了如指掌。下课时间，放学的公交车上，网络游戏里的过关秘笈、宝物、人物装备等，是孩子们聊得最多的。

"电子一代"的课余时间沉浸在网络里，而另一些小学生的时间，则被各种各样的补习占据。

"周末要上写作、奥数、新概念英语班，要学跆拳道、游泳、围棋，暑假除了这些课，还要去少年宫上课。"金女士数列着给儿子小强的日程安排，直言他已经在为"小升初"，甚至今后的中考、高考做准备。

减负这么多年，部分家长们却热衷于为孩子报补习班"增负"。从儿子上小学一年级开始，金女士就给孩子报了奥数和英语补习班，最近又增加了航模培训。"中高考要的是分数，不报班怎么办。"金女士说，报的补习班和兴趣班都是为了增加儿子参加中高考的"砝码"，至于兴趣可以在上大学后培养。

所以，平常说起"玩"，小强根本没想过，只希望周末能睡个懒觉，完成作业后能读读课外书。和金女士抱同样想法的家长不在少数，每逢周末、寒暑假，各类补习班、辅导学校几乎人满为患。虽然报名参加钢琴、围棋等兴趣班的学生很多，但多数家长不是为了培养孩子的兴趣，而是出于中考加分的考虑。

其实，合理安排孩子的"闲暇时光"也是功课。专家介绍，只有当学生拥有了足够的时间，他们才能消化知识，潜心体验，静思默想，放飞想象，培养兴趣，发展爱好。长时间的紧张忙碌已直接导致了学生的厌学，也损害了他们的身心健康和长远发展。

对于孩子来说，怎么安排好闲暇时间也是门功课。由于学生处在身心成长时期，可能需要闲暇和拥有闲暇的时间较之成人更多，如寒暑假、法定节假日等。因此，要让学生学会自己安排闲暇时间，让他们在自由的玩耍中学到更多东西。

善待孩子的提问

人的一生就是不断发现问题、解决问题的过程,随着年龄的增长,问题也会越来越少。那不是因为我们了解得多了,见识代替了无知,而是因为我们丢失了最宝贵的好奇心。当我们不再发问的时候,只能说明我们更加无知了。

然而孩子不一样,他们对周围的环境充满好奇,正尝试着以各种方式来认识世界,发现问题便是他们最重要的方法和能力。比如幼儿期的孩子喜欢问:"那是什么";再大一点的孩子会问"为什么";到少儿期的孩子则常常问:"如果怎样怎样,又会怎样怎样"。这是一种进步,当他们得到的信息越多,他们的问题也就越复杂。

简单地说,孩子的提问,是一个积累知识和发散思维的过程。信息积累的越多,孩子成长的就越快。但是在日常生活中,我们对待孩子的提问,却往往不是那么友善。

有的家长认为孩子的提问大多荒唐可笑,本质上不能算作知识范畴,顶多是无理取闹的表现。实际上,有时候可能孩子明明知道答案,但还是要问,这是孩子希望和人交流、受人关注、想表达自己想法的表现。

另外,孩子看事物往往眼光独特,能看到人们未发现的一面,这是大人做不到的。因为大人在长期的社会经验积累中,把很多事物都看作是习以为常的,所以当孩子问到:"为什么是这样,而不是那样"的时候,实际上是在发挥他们的想象力,并希望得到成人的认可。但往往大人却不能理解,认为是恶作剧、是调皮、是作怪,给予否定、冷漠的回答。这样的做法不仅打压了孩子的探索、发问热情,而且也会影响到孩子与父母的勾通。

妈妈正在包饺子,5岁的贝贝坐在小凳子上,紧盯着妈妈手里的面团。他看得很认真,妈妈发现后,以为小贝贝想学怎么包饺子。可孩子忽然提了一个问题:"妈妈,你知道星星是从哪里来的?"

妈妈被孩子的问题弄得不知所措,但没有直截给出回答,而是让贝贝自己想想看。贝贝看着妈妈揉面的动作:揉面、揪面团、擀面皮、包饺子……

过了好一会儿,贝贝突然说:"妈妈,我知道星星是怎样做出来的啦!是用做月亮剩下的东西做的。"妈妈听了贝贝的话先是愣了一下,然后特别激动地抱着贝贝说："宝贝，你是怎么想到的，妈妈可想不出来。"

还有一些家长，不愿回答孩子的问题是因为没有耐心。其实对于孩子提出的问题，不要求父母"知无不言，言无不尽"，但万万不可"知而不言，欲语还休"。父母不要由于孩子的问题幼稚、简单而不屑回答，也不要感到厌烦，要耐心去听。提问是孩子有求知欲、善于思考的表现，不要动不动就说"你怎么这样？"、"现在别说话，一会再告诉你！"、"整天问一些无聊的问题，你烦不烦呀？"、"能不能不说话"、"哪来好么多如果啊"，这些回复都容易伤害孩子的自尊心。

老师发现南南最近变了，以前活泼开朗、上课积极发言的他，现在变得沉默寡言，总是一个人发呆，学习成绩也下降了。老师经过细心的了解，才知道了南南不爱说话的原因。

南南以前每天放学回家后，都会把学校里发生的趣事说给父母听，又会提很多在父亲看来无关紧要的问题。南南的爸爸是个对孩子要求非常严格的人，他把全部希望都寄托在南南身上，希望南南将来能考上好大学、出人头地。

因此，他对南南的学习抓得特别紧，他觉得南南说这些话都没用，简直是浪费时间，便每当孩子兴高采烈地说话时，直接打断他："整天只会说这些废话，一点用也没有，你把这心思放在学习上多好，快去做作业！"

一次南南说班里发生的一件事，正说得兴高采烈时，爸爸说："说了你多少次了，让你别说这些废话，你还说，再记不住，看我不打你！"吓得南南一个字也不敢说，赶紧回到自己房间里去了。

慢慢地，南南在家里话越来越少了，而爸爸也不让他出去玩，每天放学后他就只好闷在自己的房间里。久而久之，他的性格也就变了。

南南父亲望子成龙却又不得其法，最重要的原因是没有耐心，也不懂得交流。认为小孩子什么都不懂，问什么都是多余的，家长没有更好的答案却刚愎自用，最后耽误的还是孩子。

由此可见，如果父母忽视了与孩子的交流，不重视孩子的倾诉和问题，时间久了，就会产生很不良的影响。因为对于一个已经有自我主张的孩子来说，让他乖乖地"听话"是一种痛苦,对创造能力也是一种抑制。

其实,仔细倾听孩子的诉说并回答孩子的问题,对加深亲子关系大有裨益,还可以加强孩子的自信心和安全感。所以,请善待孩子的提问。

善待孩子的提问,绝不是在积极回答孩子的问题时,以自己的价值观先入为主,进而左右孩子的思想,把成人的是非观念,与价值观强加于孩子的思想之上。回答得不留余地,也不留想象的空间。

这种回答问题的方法就像是,每当孩子抬头望向天空的时候,父母都会伸出一双大手挡住他们的视线,然后告诉他们走路要往前看不要向上看,因为你只会走,不会飞。因此这种做法虽然无损孩子提问的精神,但却是在一步步扼杀想象力的种子。甚至会让孩子在以后的成长中,对成人的意见和答案产生依赖性,不会怀疑,也不会独立思考。

许多时候,孩子的问题背后往往隐藏着一个独特的想法。而这些想法又是大人一时无法理解的,又或是让大人们感叹不已的。所以善待孩子的提问,就要用心去倾听,学着去欣赏孩子的奇思妙想,尊重孩子的问题,从而引导他们思考更有创意的事情。

转变旧观念,淡化成人权威

中国的传统教育很有其可取之处,比如"诲人不倦"、"循循善诱"、"因材施教",但是不能否认精华与糟粕并存,其中也有不足之处。"家长制"便毫无疑问是最不可取的一方面。

中国的家长制教育,有着悠远的历史基础。很多人坚信"养不教,父之过;教不严,师之惰",并且将之与自己必须履行的人生责任结合起来。在尊卑有别、长幼有序的不容置疑的"天经地义"之下,倡导标举"首孝悌"、"教者,孝之文也"、"自古忠臣出孝子,没有不是孝子的忠臣"。落实到日常教学行为则是"棍棒底下出孝子","教者"处于不可挑战的上位,进而展露自己粗暴、专横,让孩子感到压抑的一面。

传统已在人们的思想中根深蒂固,在它潜移默化的影响下,父母经常摆脱不了旧观念的束缚,对孩子进专制教育。规范孩子的举止言行,以成人的标准来衡量孩子。让人一听到中国教育，就感到严厉、不近人情、没有民主。

一切因子都是变化发展的，尤其是教育方法，更要与时俱进、因时而宜。家长要解放自己的育人思想，才有可能让孩子展开创造力的翅膀。

小章的父母都是工厂的工人。这孩子长相好，脑子接受能力也不错，常常让初次接触他的人喜欢上。然而时间接触长了之后，你会发现每当打上课铃后，他常常是头发湿漉漉地进教室，不是水，全是汗。

老师起先以为是男孩子调皮，就多次劝告，然而收效不大。随着年级的升高，他活动时的危险动作也就越来越多。

有一次，他突然在楼梯上将另一男同学推到，导致那位同学后脑有淤血。当老师到他家家访时发现，他家住厂公房，很小。与家长和邻居的交谈中知道，这是一个在家非常听话的孩子，不高声说话，甚至说话还有些结巴。与他奶奶的交谈中得知，孩子的父母对生活现状不太满意，巴望孩子能通过学习改变一切，于是孩子到家后学习完不可以出门玩，不可以看电视。

孩子的妈妈性格急躁，孩子一旦出现不能符合父母要求的行为就会遭到训斥和打骂，有时暴躁的母亲甚至手边有什么，就抄起什么家伙向孩子扔去，也不管那扔去的东西是否会带来危险后果。长此以往，在父母的严厉看管下，孩子在家很文静，很乖巧，到了学校却是另一种极端表现。

严厉型的父母常以强制的方式，较多地限制孩子的行为，使得孩子在家没有心理放松的时间。小章到了学校，逃离了父母的监管，他觉得自己自由了，可以痛痛快快地放松自己了，玩得满头大汗，可以说是他的一种心理宣泄。因为父母对孩子不计后果的打骂，使得孩子觉得这是一种正常的事情。因此，当他推楼梯上的同学，当时也一定不会考虑到什么后果。

教育孩子，不能总是一副家长制武装、严厉权威做派，这样的做法只能让孩子行动上失去自由，同样也是在束缚孩子的创造力，阻碍其能力的发展。放下旧观念，友善交流，走进孩子的内心，才不至于给他们造成不可原谅的无意伤害。

当然，孩子毕竟不是成年人，还需要管教和一定的惩戒。如果孩子骂不得、说不得、批评不得，一点挫折就接受不了，也是教育问题。必须让孩子知道教育绝不仅仅是快乐，学习绝不仅仅是快乐。

通过赞扬鼓励孩子的自信心,是必要的但不能过度。在一片赞扬声中成长起来的孩子,将来到社会,他面临的反差足以把他摧毁。用智慧理智地管教,让孩子知道犯了错误要付出代价,这个社会是残酷的,要准备受到很多委屈。

在这个微雨的日子,孩子们一路上有说有笑,大家手拉着手,在班主任张丽的带领下,开始了一日秋游。

张丽的眼睛每时每刻都在学生的身上,小打小闹是不可避免的,但让她难以想象的事情还是发生了。原本,她正带领一队孩子在看模拟火箭升空,忽然听见一阵争吵声,学生竟和老师在争吵,一年级的学生居然这样,着实让人震惊。走近一看,原来是小平在和本班的另一位老师争吵。

她知道小平的个性倔强,也知道她特立独行,可却没想到,这孩子竟然敢与老师争吵,甚至抢夺雨伞。她走上前去问小平:"怎么回事?"小平指着本班的一名男孩子小超说:"他抢我的伞,我就用伞捣了他一下!"

"他抢你的伞,你也不能用伞去捣他呀,你看,伞头那么锋利,要是把他弄伤该怎么办?""是他先动手的,我为什么不能打他,他打我就可以吗?"此时,孩子们已经准备去影院看科幻电影了。小平见小朋友们都往影院里涌,便掉头就走。

张丽有点生气,于是她喊住小平,可孩子根本对她置之不理。她站上前去,拉住了孩子的雨伞,阻止她进入影院。更令人意想不到的是,小平竟然跟她抢夺雨伞而且满脸不满,甚至还想用对付同学的方式来摆脱老师,表现得很是霸气野蛮。

"你觉得自己做得对吗?先不谈你和同学之间的矛盾,就说你能不能动手伤害同学。"此时此刻,小平眼中闪烁着一丝泪光,她摇了摇头。"虽然是他先抢了你的伞,但是你也不能用伞戳他,万一你把他戳伤了怎么办呢,很多意外都是在不经意间就会发生的,这样,以后小朋友就不敢再和你做朋友了,对不对?"她点了点头。

"那等同学们出来,你跟小超道歉,然后,我再让他跟你道歉,好吗?"她想了一会,点了点头。过了一会儿,孩子们从影院里出来了。张丽叫住了那个男孩子,小平迟疑了一下,低声地说:"对不起,我不应该用伞捣你,我以后不会了。"小超也低下头说:"小平,对不起,我是和你闹着玩儿的,我不该抢你的伞,对不起。"

孩子终归是孩子,不能太宠溺,也不能太严厉。只要把道理讲给他听,相信即使他表面上不服气,但是心中迟早还是会接受的。不管什么样的教育,都应该首先让孩子们学会做人、学会对自己负责。

亲子互动是孩子成长的桥梁

在传统教育观念的影响下,现今的很多父母都把孩子当成是自己的私有财产,自己的价值观就是家庭的道德标准,自己的话对于孩子就是权威,不允许孩子有半点的质疑、违背,也从不尊重孩子个人的想法。它束缚孩子的思想,打压孩子的个性,这种教育观念和时代潮流相悖。

其实,历史上有很多名人,小时候在家里并不是安分守己、言听计从的孩子。只有能够平等对话、友善沟通、理解互动的"亲子教育",孩子们才能在体验美好生活的良性循环中,更好地爆发创造力。

孩子是独立完整的个体,平等互动、接受孩子的个性,给孩子的成长营造一个宽松的环境,让他更自由,更有活力。

在一节英语口语课上,老师叫孩子们用英语说出自己将来的理想。有的孩子说,想当护士;有的说,想当演员;有的说,想当医生;有一个叫宋毅的孩子大声说道,他想做比尔·盖茨第二。

有人在下面小声议论:能做到吗?每当宋毅跟父亲谈到自己的理想时,总是神采奕奕、信心十足。这个时候,父亲也非常乐意做个忠实的听众,跟孩子一起分享他对未来的憧憬。听着听着,父亲最后也会被孩子感动。

有一次宋毅的英语考试只得了69.5分,以致他不敢把试卷拿出来。父亲知道后并没有责备他。但是,宋毅在很长一段时间里,对英语不再有兴趣。于是,每天睡觉前,父亲跟孩子一起躺在床上谈彼此的梦想。

父亲告诉儿子,爸爸妈妈都为他拥有伟大的梦想而自豪,也相信他一定会实现自己的梦想。有一天,孩子说,我一定要把英语学好,比尔·盖茨的英语可不是蒙人的。

后来,父亲给他买来英语课外读物《书虫》,经常跟他一起阅读,并鼓励他每天用英语写一篇短小的作文。坚持了一段时间后,他的英语水平提高了,期末英语考试还得了满分。经历过这件事,鲍勃对自己充满了信心。

其实,孩子的梦想实现与否并不重要,重要的是有了梦想,孩子才会有所期望,从而增强自信心。即使最终没有成就自己的梦想,但至少孩子有一个良好的心态和发展空间。这些都是建立在父母与孩子的良好沟通基础上的。

在互动沟通中,允许孩子发出不一样的声音。怀疑精神和批判性思维,是发展创造力的必要条件,而我们的教育出发点,从某种意义上说,是要求顺从而不鼓励创新。这会使孩子思想变得懒惰、思维变得狭窄,对未知的事物,他们懒得去思考、探索,乃至最后放弃了想象力和创造力。

一方面家长想要自己的孩子成为人才,甚至功成名就,另一方面又想孩子顺从听话。孩子失去了自己的定位,也失去了个人的生存价值和人生理想,听话而盲从,会背信条但不会思考,创造力也会随之丧失。

第三章　想象力是创造力的基础

想象力是创造力的源泉,是思维的翅膀,能带你飞到一片如诗如画的天地。拥有想象力的人是快乐的,能分享别人丰富想象力的人是幸运的。

其实,想象力不分高低贵贱,每个人都平等地拥有想象力。只不过随着时间的流逝,年龄的增长,思维的发展,人们已给想象力缠上了一层厚厚的纱布,掩盖了它的五彩光芒。

但是想象力的小主人——孩子,依旧完好如初地拥有着想象的魔力。只待人们发现、认识、引导,孩子的想象力便能像魔法师一样神奇。

你真的懂孩子的想象力吗

在新的世纪里,将自己的孩子培养成具有创造能力的人才,是家长们的共同心愿。对于孩子来讲,充分发挥他们的想象力,便是为日后的创造性奠定良好基础。

大多数的父母都知道,瓦特发明蒸气机,牛顿发现万有引力,以及飞机、飞船的发明都是基于想象。如果没有想象,创造就无从谈起。

由此可见,想象和创造是密切相关的。那么,是否具有丰富的想象力,也就成为衡量孩子智力发展水平的重要标志。要想让孩子丰富的想象力,转化为足以改变人生的创造力,我们首先应该正确认识想象力。

波兰儿童心理学家加林娜·菲利普立克,对孩子的想象力论述道:"想象力的发育是与思维和记忆的开发,以及孩子的情绪和心境,紧密联系在一起的,它在孩子认识世界的过程中起着重要作用。"

从心理学角度而言,想象是对头脑中已有的形象进行加工,重新组合成为新形象的过程。人一般是在1岁半至2岁的时候才开始有想象力。当孩子把日常生活里的行动,迁移到游戏中时,这就说明他具备了想象力。

例如，孩子把饼干塞到玩具娃娃嘴里时，很可能是在他的头脑里，出现了妈妈喂自己吃东西的情景，也可以说是他想起了妈妈怎样喂自己吃东西。这种大脑里的记忆重现，通过孩子的想象，就与他自己喂娃娃的新情景联系起来了。

想象力是一种快乐的智慧

想象不是凭空臆想，它需要一定的知识积累，所以说想象力丰富也是智慧的一种表现。孩子只有在广泛接触事物之后，大脑中储备了一定量的形象，再通过发散思维的联想，才可能妙想生花，生发出丰富的想象。

1984年的美国里根正时任总统。有一天，在学校里读书的小学生，读烦了，老师便带他们到户外玩耍。孩子们来到树丛中，发现了一个蛋。

孩子们全部都惊奇地围上去，高兴地猜测那是什么蛋。有的说是麻雀蛋，有的说是恐龙蛋，还有的说是鸭蛋、鸡蛋。

后来孩子们决定把那个蛋抱回家，放在孵化箱里面孵化、加温，看看孵出来是什么就是什么。

孩子们把蛋放进孵化箱后，眼睛一直盯着它看，急切地想知道到底孵出来是什么。挨过一段时间的煎熬等待后，蛋壳里面终于有了躁动的声音。

最后蛋壳破了，里面的东西出来了，全部惊呆了。哇！什么？里根总统，这个蛋壳里面出了个里根总统。

这个故事是那一年美国全国推荐的一篇优秀小学生作文。其获奖理由便是赞赏孩子异想天开、丰富的想像力，以及开放式的思维。

但是，却并非所有大人都能够发现其中智慧，积极回应孩子的珍贵想象。他们总是会将其视为稀奇古怪的东西，甚至有时候认为，孩子口中那些"不可能发生的事"，是在胡说八道。

有一次，公交车里一对母子在对话。

妈妈拿着一幅儿子刚画好的蜡笔画批评道，"你的树怎么画成红色的？树应该是绿色的，花可以是红色的、黄色的、紫色的，你画错了，上课为什么不好好听？……"

听罢这位妈妈的训斥，孩子也真得认为自己的画作不好。但坐在旁边的某位画家,看到画说,孩子的画作,形象生动,用色大胆,而妈妈所批评的"红色的"树也自然地融入了整幅图画。

其实,这位妈妈如此教导儿子画画,实际上是遏制了孩子的想象力。

"人家那脑袋是怎么长的?"很多家长都会惊叹于发明家的想象力。其实,每个孩子都有丰富的想象力,只不过,有的被家长注意到了,更多地却被忽视了,被嘲笑了,甚至被斥责了。

其实,孩子的一些想象力和创造力,就是在大人的茫然不知中,被不知不觉地消除掉了。小孩子有时会说一些不切实际的话,有些对于大人而言,那听来就是谎话,所以孩子经常被大人训斥。

殊不知,那正是孩子发挥想象力的思维过程。再者,孩子还不能很好地区分虚与实,有时会把想象中的东西当作真实的来表述,不能清楚地区分,因而会把童话当成真的,也会肯定地叙述自己已经拥有了某种根本没有的东西。

例如,红红没有到过的地方,她会津津有味地告诉别人自己去过,里面都有些什么,是多么好玩!可这时候旁边的大人往往会指出孩子在说谎话骗人。还有一个4岁的男孩,非常喜欢同班小朋友的奥特曼,妈妈答应过生日时也送他一个。于是,他就告诉别人说:"我有了一个最大的奥特曼,是谁都没有的。"这并非男孩在说谎,而是体现了幼儿的想象特点——现实与想象无法区分。

作为父母,遇到这种情况,不要过分斥责孩子,适当加以纠正即可,逐步使孩子的想象符合客观实际。

幼儿期是想象最为活跃的阶段,想象几乎贯穿于孩子们的各种活动中。游戏时,他们不断靠想象来变换物体的功能,如一根木棍,先是当枪使,后又当马骑。吃饼干时,他们会把饼干看成是月亮。洗手时,孩子还会想象成那是在下雨。

孩子的想象力是无处不在的,作为父母不必刻意限制或是多加管教,让孩子自由发挥想象力,让他们在享受快乐的同时,走进智慧天地,可能会有意想不到的效果。

想象就是力量

有人说知识就是力量,其实它的背后还有想象这个中流砥柱。比如要盖一座高楼,知识是要解决怎么盖楼的问题,而想象力是要解决盖什么样的楼的问题。显而易见,后者比前者更重要。

　　没有想象力的人就像是没有翅膀的鸟儿,只能白白看着其他同伴在翱翔天空翔。想象力转化为创造力,在使人获得丰厚物质的同时,还能让人享受精神的自由和乐趣。所以,发展孩子身上的想象力,能给人带来意想不到的收获。

　　想象力是人类实现欲望和追求的重要凭借,因为想象转化为创造发明,使得人类世界大不同。

　　如果人类没有想象力,就发明不出飞机,更不能登上月球;如果没有想象力,人世间就不会出现电灯,世界也就少了几分光明;如果没有想象力,千里眼、顺风耳、腾云驾雾等想法将永远是神话传说。正是人们的丰富想象,将其变为现实,使人们能够通过望远镜、电话、飞机、互联网等高科技产品,目测千里耳听八方,甚至穿梭云间、遨游太空。

　　戴尔在少年时期就想象力丰富,奇思妙想迭出。

　　读高三时,戴尔经常听到同学们谈论想买电脑,但由于售价太高,许多人买不起。戴尔心想:经销商的经营成本并不高,为什么要让他们赚那么丰厚的利润?一般人想到这儿,大都会停留在诅咒经销商上,而不再深入下去了,但戴尔继续想到:为什么不由制造商把电脑直接卖给用户呢?我如果把制造商的电脑比以商场上便宜的价格直接卖给用户,肯定会受欢迎。

　　戴尔知道:IBM 公司规定,经销商每月必须提取一定数额的个人电脑,而多数经销商都无法把这些货全部卖掉;而如果存货积压太多,经销商会损失很大。于是他找到经销商,他们为了周转资金,当然是求之不得,于是按成本价把积压的电脑卖给了戴尔。

　　戴尔把电脑拉回宿舍,加装配件,改进性能。这些经过改装的电脑,价格便宜,性能先进,很受欢迎。戴尔见到市场需求巨大,于是在当地刊登广告,以市场零售价的八五折推出他那些改装过的电脑。不久,许多商业机构,医生诊所和律师事务所都成了他的顾客。

　　由于市场需求量大,戴尔每月已能赚 5 万美元。在学业与创业之间,戴尔陷入了两难境地。戴尔不愿错过这千载难逢的机遇,他决定退学。经过和父母协商,父母同意戴尔在暑假试办一家电脑公司,如果办得不成功,到 9 月就要继续回学校读书。

　　得到父亲的应允后,戴尔拿出全部积蓄创办了戴尔电脑公司。戴尔仍然专门直销经他改装的 IBM 个人电脑,第一个月营业额便达 18 万美元。高中毕业的时候,戴尔公司每年营业额已达 7000 万美元。后来,戴尔停止出售改装电脑,转为自行设计、生产和销售自己的电脑。

创造力始于想象力,正是戴尔的敢于想象,才能用知识创造出属于自己的价值。其实,想象力本质上是一种思维,它与经历过的事物和所掌握的知识有关。随着个人体验和知识的与日俱增,大脑中储备的记忆,只要遇到合适的契机,就能通过想象思维发酵成创造力。

一天,英国发明家维利·约翰逊同一位鞋厂老板聊天,老板正在为产品滞销发愁,希望能发明出更畅销的鞋。

当晚,约翰逊躺在床上,琢磨怎样帮鞋厂老板出奇制胜。在不经意间,他回忆起幼年的一件往事:上小学时,为了计算从家到学校的路程,他常常边走边数,看从家到学校一共要走多少步,然后再量出一步的距离,便可大概算出路程。想到这里,约翰逊的脑海突然冒出一个想法,如果发明一种可以测量距离的"计步鞋",肯定能够畅销。

深思熟虑后,约翰逊便动手干起来。他在一双特别加工的鞋垫内设置了微电脑,鞋面则装有显示器。穿鞋的人每走一步,所走距离的数据便会在鞋面上显示出来。

后来,他又对"计步鞋"做了进一步改进,开发出穿上后可以计算时间,测量距离,显示一个人跑步速度快慢的"测速鞋"。"测速鞋"投放市场后,深受中小学生和运动员的喜爱,被誉为"魔鞋"。在欧美上市的第一年就销售了 10 万多双。

现在,鞋厂已经积累了数十亿的资产。他感慨道:"商机离不开发明,发明得益于想象。"

黑格尔说过:想象是艺术创造中最杰出的艺术本领。对于想象力的重要,科学巨匠们有着强烈的共鸣。

杨振宁是当今一位著名的科学家,诺贝尔物理学奖获得者,而他同时作为经受过中西方教育浸染、有着"读书教书四十年"经历的学者,他有关教育的一些观点,可谓真知灼见,对我们跨世纪的教育,无疑具有重要的启发意义。

杨振宁认为,从事文艺创作需要丰富的想象力,从事科技工作同样需要丰富的想象力。他以他的老师,被誉为美国氢弹之父的物理学家泰勒为例,说泰勒的头脑中每天都会产生很多古怪的念头,无论碰到什么人,他都跟人家谈,希望能讨论。正是这种"胡思乱想",使他对20世纪的物理学作出了不可磨灭的贡献。

钱学森认为:"形象思维是我们当前研究思维科学的一项最重要的任务,而我们现在对它却不怎么了解。"研究人员曾围绕"影响人自主创新能力的原因分析",进行了一次问卷调查,最后发现"想象力"排在了诸要素之首。

长大后,想象力去哪儿了

创造力离不开想象力。想象力是创造能力的源泉,如果一个人连想象力都没有,只知道一味地模仿别人,每天画地为牢、闭门造车,重复同一件工作。那么在这个快速发展的社会里,他必将会被时代的洪流遗弃,最终一无所获。

所以培养孩子的想象力、创造力势在必行。科学研究证明,培养想象力的黄金时期便是在孩子幼儿阶段。但是想象力的培养却并非易事,它有着自己不为人所重视的特点。

曾经有人做过这样一个测验,给幼儿、小学生、中学生分别看"O"这个图形,问他们:"这是什么?"

结果大多数中学生说是"零"或英文字母"O";小学生中也有相当一部分人这么回答,另一部分小学生则回答是个"面包圈"、"眼镜片";而幼儿园的小朋友却说了许多成人、中学生、小学生根本没有想到的东西——"是眼泪"、"是肚脐眼"、"是围棋"、"是手表""是月亮""是鸡蛋"等等。

我们不得不惊叹于幼儿的想象力。这个测验让人不由地发出疑问:难道想象力会随着年龄递减吗?为什么年龄越大的孩子,想象力越贫乏呢?这是成长的必然结果,还是教育的失误呢?

首先,我们从生理方面看想象力的发展与退化。有关科学结论得出,人的想象力主要受到右半脑的影响。人的左手等左半身机体的活动,能够促进人右半脑的开发。但是,人们在日常生活中,通常习惯使用右手,正所谓大多数人都是右撇子。

所以人们控制想象力的右半脑，很少得到开发，而随着时间的流逝，人年龄的增长，它正在变得越来越像是一片荒地，想象力也就慢慢被掩藏起来了。

要想让想象力重见天日，我们不妨尝试一些开发右脑的小方法。比如做事多用左手，利用音乐、绘画和书法锻炼右脑。天才物理学家爱因斯坦，便通过经常演奏小提琴，来积极开发右脑，丰富想象力，提高创造力；天才发明家爱迪生也是弹钢琴的高手。他们的一生取得无数伟大成就，在各领域都不断有新创举，这不得不说和他们善于开发右脑，有着密切关系。

其次，想象力大多是感性的产物，而孩子随着年龄的增长，生活经验日益积累，再加上更广范地与社会接触，他们会变得更加理性。对现实生活更多的了解，也会使得他们抛弃一些宝贵，却自认为不切实际的想象，以迎合现实生活。

最后，影响孩子想象力退化的主要原因，便是长年累月的教育方式所致。不恰当的教育理念，可以说是一种人为束缚，或者人为忽视。家长不正确认识、引导孩子的想象力；学校只用知识灌输，套牢、固化孩子的思维；社会只要求孩子有创新成果，而罔顾其想象体验、创新机会。整个教育的大环境在无形中，定位了孩子的成长目标：学习知识只是为了让自己有知识，而不是化用所学认知自我，更不会理解创新。这最终必将是缘木求鱼、因噎废食、饮鸩止渴，让孩子丧失了最宝贵的想象力和创造力。

人们用"知识"绑架了孩子的想象力，顾此失彼。的确，想象力的发挥离不开知识的积累，但是要用正确的态度获取知识。比如那些知识渊博而又想象力丰富的伟人，他们无论学习什么，都保持着独立思考和怀疑精神。他们相信知识之外一定有更广阔的空间，他们更多的事想去超越，而不是满足于此。于是想象力因为知识而变得更有力量、有方向。所以伟大与凡人之间的差别就在于，他们运用知识来创造更多价值，而平凡的人记住知识，用来考试抑或显示。

长此以往在不知不觉中，功利性的应试教育理念，会给孩子造成潜移默化的影响。尤其是大人的态度和要求，会让孩子过于迷信知识，无视自己的想象和创造力。所谓"用进废退"，想象力就是在"无用中"退化了，得不偿失。

想象的翅膀让创造力高飞

想象力是创造性的力量,但是它又不同于创造力。孩子的想象力都是停留在思维层面,而想象成熟后,加上创新的行动,孩子就能突破自己,爆发出神奇的创造力。因为激发丰富的想象,有助于孩子思维灵活,看待事物较独特。有了一定的思维基础,想象力与创新行动即将是,"金风玉露一相逢,便胜却人间无数"。

所以,如果创造力是一场飞行神游的话,那么想象力就是一双翅膀,它给孩子的创造力提供能量转化,让一切梦想都有成真的可能。

美国青年罗尔斯大学毕业后,开始为工作四处奔波。但很长一段时间后,他都没有找到自己喜欢的职位。

有一天,罗尔斯的朋友邀请他一起去夏威夷旅行。沐浴在海滩阳光下的罗尔斯注意到,很多游玩休闲的人在用手机聊天。但是,他发现这些人不一会儿,就不得不顶着太阳跑回停车场。这是为什么呢?"该死的手机又没电了!"罗尔斯从游客的抱怨中找到了答案。

手机突然断电,竟破坏了游玩休闲者的开心之旅。这引起了罗尔斯的思考,如果有一种能在海滩上充电的充电器,这个问题不就解决了吗?

罗尔斯极度痴迷于太阳能,他曾在大学里设计制造过一辆太阳能自行车。此时,夏威夷海滨的阳光让他忽有所悟。为何不去利用这取之不尽的太阳能呢?他突然有设计一款太阳能充电器的冲动。

接下来,罗尔斯在网上购买了一款太阳能充电器,并把它缝到了背包上。当他把这种太阳能背包,拿到一个旅行网站上出售后,竟吸引了许多购买者。

后来,罗尔斯创立了自己的公司,专门生产销售"瑞特"牌太阳能背包。半年后,罗尔斯公司的产品,竟在世界各地的沙滩上占有一席之地,公司也因此盈利数万美元。

紧接着,罗尔斯又设计了一种能为笔记本电脑充电的背包。结果,这种产品面世后更受欢迎,来自世界各地的定单,雪花般飞向罗尔斯公司。

谁也不敢相信，一个为找工作而发愁的大学生，两年后竟成为一个拥有自己公司的老板。罗尔斯接受一个电视节目采访时说：从开始到现在，我的所行没有什么特别之处，我只不过是把触手可及的阳光加入了想象。

想象力丰富的人，一般思维灵活，看问题比较多面，他们解决问题的方法也多种多样。从某种程度上说，想象力是创造力的源泉，只要懂得正确运用，它就能转化为创造力，给人带来意想不到的财富。

有一个年轻人独自在北京闯荡，他生活很贫困，但他有着丰富的想象力。

有一天，他将自己穿破的一只皮鞋，顺手丢在地板上，谁料想这只皮鞋鞋尖"开了口子"，好像在咧嘴嘲笑他。当他恼怒之余要将鞋抛到楼下去时，突然发现皮鞋面很像一张脸谱，便萌发了一个想法。

他马上收集了多种多样的旧皮鞋，并对这些皮鞋进行艺术加工，使之变成各种外形奇异、表情夸张的脸谱面具。它们有的张口大笑，有的露齿微笑，有的目瞪口呆……看后令人既喜又惊，回味无穷。

这些特色面具推向市场后，很快便成为抢手货。这位曾经潦倒落魄的年轻人，也因此获得了财富。

致富需要想象力，具有想象力的人往往有着敏锐的洞察力，他们总能很好地捕捉到商机，从而寻觅到财富。

有家旅馆处于偏僻之地，自开业以来一直生意冷清，处于倒闭危机之中。

有一次，旅馆主人眼望着后面的荒山野岭出神。这里既没有诱人的风景，又没有闻名于世的古迹文物，如何才能将顾客吸引过来呢？店主苦苦思索着。

没过多久，该城的大街小巷张贴了一张招人眼球的海报，落款是"某某旅店启"，海报上写道："旅客，您好。本旅馆附近拥有常流的清泉，后山有着大片空地，辽阔无垠，满山的青草一望无际。"

"在这浩瀚的原野之上，还有许多花卉来点缀。这个地方专门留给投宿本店的旅客植树所用。您如果有雅兴，欢迎前来植下一棵小树，本店会委托专人给您拍照留念。树上还可以挂上一块木牌，上面刻上您的尊姓大名和植树时间。这样，当您再次光临此地时，一定还能看到那棵一直生长的树。本店只收取树苗费 50 元，并将长期代管您植的树。"

没过多久，这张小海报便传开了，人们纷纷交头接耳："哎，我看在旅馆后边植树作为留念,是一件十分有意义的事情。""我的小孩今年刚出生,我若到那儿给他栽一棵同龄树,那意义该有多深呀……"

渐渐的,旅馆不再为客流量少而发愁了,种植纪念树的人纷纷涌来,呈现出一派热闹的景象。不久后,旅店便生意红火,如后山那一片苍翠欲滴的树。

发挥想象力,看起来简单,但就是这样一个小小的创意,便创造出了惊人的财富。每个人在不同的时刻都会产生新奇的念头,而能否将这些念头转化为成功,关键就在于你是否抓住了它,是否将其转化为行动。

想象力让孩子更有创造力,两者都是为了让孩子更好地发展,让我们的生活更美好。抓住想象力的翅膀,才可能爆发出创造力,从而使人生的价值更出彩。

不要遗失孩子的想象力

孩子有着天然、丰富的想象力,他们经常一边看书一边展开联想的翅膀,讲一些稀奇古怪的东西,比如说这辆车等一下要变成怪兽了,那个小猴子又要来偷东西了等等。这时候大人总会认真地回应:不要胡说八道,哪有这种事!

小孩子有时会说一些不切实际的话,这些在大人听来就是谎话,所以经常受到训斥。其实,小孩子还不能很好地区分虚与实,有时会把想象中的东西当真实的来表述,比如明明没有到过的地方,他会津津有味地告诉别人他去过,里面有什么好玩的;另一方面这是孩子发挥想象力的表现。

所以如果大人听到孩子的"傻话",最先表明的态度是指责,那么很可能就在不知不觉中,与孩子快乐的想象力失之交臂了。

前几天有一次妈妈带红红从医院回来,红红想吃包子,妈妈考虑到红红身体有点虚弱,不宜吃太油腻的东西,就拒绝了。

红红便嘟着小嘴说:"老鹰要来了。"

妈妈笑笑,应道:"他来干什么?"

红红:"抓妈妈啊。"

妈妈:"妈妈这么高,老鹰才不是我的对手!"

红红:"那不是一般的老鹰,那是坏老鹰,他会咬人的!"

妈妈:"啊!这下我害怕了,那怎么办呢?"

红红:"那就打110,叫警察叔叔来帮忙。"

妈妈:"警察可能也对付不了坏老鹰。"

红红:"我叫奥特曼来,哦,奥特曼太厉害了,会杀死老鹰的,还是叫黑猫警长来吧,这样可以把老鹰关在笼子里。"

妈妈:"好,黑猫警长是我的好朋友,他来把老鹰抓住关进笼子了。"

红红:"不好,老鹰把笼子弄坏逃走了!"

妈妈:"大家快快帮忙,跟黑猫警长一起把老鹰抓回来,再次关起来。"

红红:"关进笼子后,老鹰说他以后不做坏事了,那我们就把他放掉了。"

红红原本为了发泄对妈妈不给她买包子的怨气,最后在妈妈的引导下,却变成一个有趣的小故事。孩子的想象力就是这么出人意想,它们会时不时地从天而降,只不过是我们大人不知不觉,没有准备和耐心应对,也不知道怎样配合他们"子唱亲随",鼓励孩子想象力的发展。

妈妈和星星之间特别喜欢用拟人方式交流,不论在哪儿,他们都会把身边任何物体、生物,当作有生命的个体来看待。比如走在路上,看到一路边的花草树木,妈妈就会以这些花花草草和星星对话。

他们小区里有很多树,经常会听到树上有小鸟在喳喳叫,妈妈就会问星星:"听到小鸟在和你说什么了吗?"

"小鸟是在邀请我们一起参加它们的演唱会呢。"

"是吗,那我们参加不?"

"参加,我就唱《春天在哪里》。"

"嗯,我看行。接下来欢迎星星唱《春天在哪里》。"

有时候如果星星没有整理书,妈妈就会提醒他:"书告诉我,它要睡觉了,想回书橱。你要我帮它们回去吗?"

"不用,这些小事,我自己就能搞定。好了,书,你好好在这休息。我一有空就来看你们,你们有空时也可以自由活动。"

有时候妈妈发现，星星由于做作业时间长了，视力有些下降，就提醒他："眼睛说它累了，想休息一下，你带它到窗户那儿放松一下。"

　　"好吧，眼睛我们一起休息休息。休息好了，你记得要叫我啊，我还有好多作业没完成呢？要不作业会生气的。"

　　还有一次，母子二人来到公园看樱花，一进园子，他们就被那些盛开的粉红粉红的樱花迷住了。随即，他们不由自主地进入了樱花王国中的想象世界中。

　　妈妈："哇，这么多樱花公主，都在向我们笑呢！"

　　星星："是呀，看它们都在争先恐后地摆出最美的身姿，让我们欣赏拍照。这棵樱花最漂亮，里面一定住着樱花王子。"

　　妈妈："那王子在哪个位置？公主又在哪呢？"

　　星星："王子有可能住在最里面，因为它最需要保护；公主应该在树顶，它喜欢蓝色的天，而且它的地位很高，地位高就住上面啦。"

　　妈妈："呵呵。这樱花王国里的王子也太胆小了！害怕有人来摘它？"

　　星星："就是，有那么多樱花大臣保护它，它还有什么可怕的呢？"

　　妈妈："真是没气量的王子，我们还是和樱花仙子们一起玩游戏吧！"

　　星星："妈妈，你看，地上那么多花瓣，像不像铺的粉红地毯呀！"

　　妈妈："嗯，就像结婚的场面一样。"

　　从樱花园出来，母子俩走在绿树成阴的小路上，星星又讲起了树的王国统治的故事。后来到了一块草地，星星说是来到了草的王国。就这样他们一路上，都陶醉在自己创造的童话世界中，身心也变得愉悦快乐！

　　童年是孩子想象力最旺盛的时期，所以我们更应该好好引导培养。在平时生活中引导孩子多去思考为什么，引导孩子善于把身边发生的事，用自己的话表达出来，允许他们想到什么就说什么。

　　给孩子发挥想象力的机会，大人既可以作为引导者，也可以是倾听、享受者。只要你对孩子的"胡言乱语"不急不恼，有点耐心和倾心，你会发现在享受趣味中，提高孩子智力、想象力、创造力的好时机，无处不在。

如何培养孩子的想象力

想象力是"智力"的重要组成部分，让孩子插上想象的翅膀，向着创造力飞翔，是每个家长心中的美好企望。其实，培养孩子丰富的想象力，并非难事，只要家长在日常生活中，掌握三个诀窍，就可大大促进孩子的想象力发展。

首先，要给孩子以自由、信任、肯定和重视。孩子有凡事好奇、想象丰富的天性，家长要相信"人与人的差别，主要在于人与人所具有的不同智能组合"，不要不要让学习充塞他们休息和娱乐的时间，而是要顺从儿童的天性，珍惜并热情保护他们的好奇心，重视激励他们的生活和学习兴趣。鼓励孩子多元化地自我表现，及时抓住孩子的闪光点加以肯定，保护孩子的想象力，让他们自由的天性不被扼杀，而且能转化成求知欲、想象力和创造力。

孩子们开启小学课程的第一课，是认识图书馆。一走进图书馆，只见老师微笑着走上来，她的背后是整架整架的图书。

"孩子们，我来给你们讲个故事好不好？"

"好！"孩子们答道。

于是，老师从书架上抽下一本书，讲了一个很浅显的童话。

老师讲完故事后说："孩子们，这个故事就写在这本书中，这本书是一个作家写的。你们长大了，也一样能写这样的书。"

老师停顿了一下，接着问："哪一位小朋友也能给大家讲一个故事？"

一位小朋友立即站起来："我有一个爸爸，还有一个妈妈，还有……"幼稚的声音在厅中回荡。

然而，老师却用一张非常珍贵的纸，很认真、很工整地，把这个语无伦次的故事记录下来。

"下面，"老师说，"哪位小朋友来给这个故事配张插图呢？"

又一位小朋友站了起来，画一个"爸爸"，画一个"妈妈"，再画一个"我"。当然画得很不像样子，但老师同样认真地把它接过来，附在那一页故事的后面，然后取出一张精美的封皮纸，把它们装订在一起。封面上，写上作者的姓名、插图者的姓名，"出版"的年、月、日。

老师把这本"书"高高地举起来："孩子，瞧，这是你写的第一本书。孩子们，写书并不难。你们还小，所以只能写这种小书；但是，等你们长大了，就能写大书，就能成为伟大的人物。"

人生第一课结束，在不知不觉中，孩子获得了某种力量，那是被尊重、被重视的自信，还有自由天空的美好。

自由与自信有时候也是相辅相成的，信任、肯定和重视，让他们变得更自信，自信却能开阔他们自由的空间。

孩子就像一张白纸，不要给他们规定出过多的条条框框，只有思维自由了，他们才能在自己的天地里，绘画出最美的风景。

其次，要引导孩子独立思考。陶行知说"发明千千万，关键是一问"，希望孩子想象力丰富且有效能，就应培养他们好问、勤思的习惯。尊重他们的提问，认真倾听、回答，不糊弄、不嘲笑、不指责，绝对不用"烦死了"、"走开"之类的词语。

让孩子学会独立思考，无为之中而有为，重点是用心引导。家长要学会放手，与孩子之间实现人格上的平等，引导孩子试着靠自己的智慧，独立解决力所能及的事。鼓励他们去寻找问题的答案，不要用父母的思考代替孩子的思考，更不应该把自己的答案强加给他们。

通过独立思考，提高孩子的想象力，具体方法可以引导孩子续编小故事，让孩子走进大自然，拥抱新事物。

一天，小学语文老师为了激发孩子们的想象力，对孩子们说："当你们看到地面上有一摊水，你会想到什么？大家每人编一个故事，看谁编的有创意？"

小明立马站了起来："老师，我知道。"老师示意小明开始讲。

"从前，有一位仙女来到了人间，她爱上了一位英俊潇洒的公子。可是，天庭上有法规，不准和凡人通婚。可这位仙女却毅然决定留在人间，和爱人相伴到老。

不料，王母娘娘很快知道了这件事，她命令天兵天将们前去人间抓回那位仙女。那位仙女最终没能敌得过天兵天将，被抓回了天庭。从此，那位仙女由于思念人间的丈夫，天天以泪洗面，而她的眼泪就汇成了'地面上的那摊水'。"

小明讲完，老师就带头鼓起掌来，还给了小明一朵大红花。

这时，小亮站了起来说："我也能讲。"还没等老师同意，小亮就绘声绘色地讲了起来。

"从前，有一只狗住在一条小河旁。一天，小狗的朋友小兔要来过河，可小鹿太矮了，怎么也过不去，呜呜的哭了起来。这时，小狗看到自己的好朋友伤心，就奋不顾身地跳进了河里，张开它的大嘴巴，大口大口地喝起水来。

最后，小狗终于把河里的水喝光了，小兔也平平安安地过了河。可小狗喝了太多的水，忍受不住，就在墙根撒了一泡尿，之后，就成了老师说的'地面上的一滩水'。"

老师听了，哭笑不得。

给孩子讲故事，可以不用都讲完，让孩子发挥想象，这也能提高孩子的判断力。例如给出孩子一个益智故事的开头：有三个人要被关进监狱三年，监狱长答应满足他们三个一人一个要求。美国人爱抽雪茄，要了三箱雪茄。法国人最浪漫，要一个美丽的女子相伴。而犹太人说，他要一部与外界沟通的电话。

让孩子想象三年后他们的结果会怎样，孩子们的答案肯定五花八门。等到他们猜测出各种结果，想象力完全发挥出来的时候，可以再说出原本的结局，与孩子们的进行对比，适时地赞赏、肯定孩子。

最后，鼓励孩子的实践活动。想象力只有通过有效的行动，才能实现其创造价值，而只有在不断的实践活动中，孩子们才能探索出创新行动的能力。

杨女士深知课外活动对孩子们的成长，有重大作用，便积极鼓励女儿小丽参加卖报的学生实践活动。想要丰富孩子的业余生活，锻炼孩子的各项能力。

那天，小丽拿着一摞刚出炉的报纸，跟着其他小伙伴一起走进公园，很快就进入了角色。

"爷爷好！要一份报纸吗？"小丽看见对面走来了一位面色和蔼的爷爷，连忙跑上前去，拿着一份报，彬彬有礼地问。

"好好好，多少钱一份？"

"一元一份！"小丽心中一阵窃喜，没想到第一次开口就这么顺利。

小丽沿着小道向公园深处走去，一边装着看报纸，一边偷偷打量着周围的行人，挑选着下一个目标。

这时，她突然眼睛一亮，一位年轻美丽的阿姨迎面走来。这位阿姨长着长长的头发，大大的眼睛，拎着一个小巧玲珑的包，脸上还挂着丝丝笑容，一看就很善解人意。她连忙迎上去，递出手中的报纸，温和地说："阿姨，报纸一元一份，您需要吗？"谁知，阿姨好似压根儿就没听见她的声音，瞟也不瞟小丽一眼，继续优雅地向前走去。

小丽不甘心自己的火眼金睛竟然识错了人，万分恼火，冲着阿姨的身影狠狠地白了两眼：阿姨啊阿姨，报纸可以不要，但犯不着把我当空气啊！

为了让活动开展地更加顺利，小丽还叫上了自己的同学小溪，拉着她一起去公园广场上兜起圈子来。广场上正在举行活动，人山人海，几乎连蚂蚁都挤不进去。

小丽挑了一位在人群周围走动的园林工人，热情地迎了上去："阿姨，干活累了吧，要不要来一份报纸？"阿姨从口袋里掏出一副老花镜，眯缝起眼睛，对着报纸打量了一番，微微点了点头，掏出五块钱给了小丽。她连忙从口袋里摸出四个硬币，找给了阿姨，对她说："只要一块钱就行了！"阿姨和善地笑了笑，会心地点点头。

"叔叔，报纸一元一份，买一份吧！"谁知叔叔不屑一顾地瞟了她们一眼，粗鲁地说："没零钱！"边说边匆匆走出公园，向马路上走去。小丽又一次碰了钉子，但她毫不气馁，继续努力，心想一定要让自己的第一次社会实践活动画上圆满的句号。

这时，一位大妈拎着刚刚买回的菜经过这里。她面色慈祥，一看就是个老实人。"阿姨好，报纸一元一份，要一份吗？""嘿嘿，我不认识字啊！"大妈笑眯眯地说。小丽的心中一阵懊恼，正埋怨自己又找错了对象，谁知大妈走上前去，对旁边的一位叔叔说："孩子在卖报纸呢，你有零钱吗？咱们买两份吧！"叔叔点了点头，大方地从钱包里掏出两块钱递给了她。"谢谢叔叔阿姨！"小丽甜甜地说着，"刷"地一鞠躬，目送着他们慢慢走远，心里也乐开了花。

"爷爷好！"小丽又看到前面有一位戴着圆圆的大眼镜的知识分子，于是小跑着追上去，甜甜地叫开了，"新出刊的晚报，信息网罗天下，只要一元哦！"这时，小溪悄声告诉她说："这可是原来的老校长！已经退休了，今年高龄82啦！"小丽惊讶地瞪大了眼睛：头发这么黑，精神这么好，真看不出已经82了！正想着，那位老人已毫不犹豫地从口袋里掏出1元硬币，往小丽手心里一拍，嘿嘿一笑，小丽赶紧双手递上报纸。

奔波了小半天，在友好、不友好的相遇中，小丽总计卖出了17份报纸，赚了 17 元钱。通过这次活动,她告诉妈妈,自己不仅学会了主动和人交流,见识了社会上各种各样的人,还深深地懂得了:大人赚钱是多么不容易啊!

让孩子勤看、勤听、勤动手、勤动脚很重要,比如鼓励他们多看课外书、多接触大自然、拆装一些物品、搞点小实验等等,都可以增加经验值的积累,有利于增添想象的乐趣。

只要我们让孩子收获自尊、自信,使孩子变得更加自主,感到求知是件快乐的事,孩子的想象力肯定也会如火如荼地遍地开花。

第四章 拓展孩子接触新事物的空间

想象创新不是空想臆造,它需要一定的知识以及经验积累。如果说想象力是创造力的基础,那么多接触新事物,就是启动孩子创造力的燃油料。所以,家长培养孩子创造力的必要工作就是,尽可能让孩子多接触各类新事物,使孩子头脑中储备丰富具体的形象,从而为激发创造力提供条件。

新事物是创造力的油料

大自然是最好的课堂

陶行知老先生指出:以宇宙为教室,奉自然为宗师。陈鹤琴先生也认为"大自然、大社会是我们的活教材。"他主张让孩子多到大自然中去直接学习,认识各种各样的新事物,从中获得丰富的知识和直接经验,激发创造力。

亮亮非常害怕毛毛虫,甚至其他一切带毛的动物。父母担心孩子会因此胆子越来越小,便咨询了心理专家。

心理咨询师建议说:"儿童恐怖的重要基础是痛苦,那么锻炼儿童,使他们不恐怖、不怕危险的方法,就是使他们受惯痛苦。

假如儿童对一只蛤蟆感到害怕,做父母的就可以把蛤蟆捉住,放在离孩子有相当距离的地方:最初叫他看惯,看惯之后,再叫他走近它,看它跳跃;然后再由别人捉住,叫他轻轻地去抚摸。这样逐步去做,一直做到他能自信地玩弄一只蛤蟆,如同玩弄一只蝴蝶或者麻雀为止。"

听取心理师的建议后,父母先给亮亮买了一些毛绒玩具,让孩子先熟悉这种动物。然后,带着亮亮到动物园等地方观看带毛的动物。随着亮亮的胆量一点点增大,父母尝试着在家里喂养带毛的小动物,如小狗、小猫等。

最终消除了孩子对带毛动物的恐惧心理，孩子接触的事物圈子又扩大了，不仅胆子变大了，性格也越来越活泼开朗，头脑也更加灵活、聪明了。

对于年幼的孩子来说，他们会害怕许多事物，比如带毛的动物、一些表皮光滑的动物或子虚乌有的鬼怪等。这时候，父母千万不要嘲笑孩子，这样会让孩子的害怕心理得到强化，从而越来越胆小。正确的方法是，让孩子尽量接触这些事物，让孩子适当做一些他认为恐怖的事情。

孩子一般对陌生的事物既好奇又害怕，但是消除他们不必要的恐惧，让他们全身心地走进大自然，使幼儿更多地接触大自然，尽情地欣赏大自然的风光，进而引导幼儿观察、认识、了解新事物，开阔幼儿的眼界，丰富幼儿的知识，开启他们的想象之门。

用创新思维拥抱新事物

孩子们认识事物的思维与大人不同，主要特点是以形象思维为主，也就是会根据事物具体、生动的外形，来判断、理解新鲜事物。只有充分了解孩子的形象思维，才能更好地让他们勇于接受新事物，积极发展创新思维。

儿童的思维活动，主要依赖于具体事物的表象，以及表象之间的相互联系。在抽象逻辑思维上，幼儿不再满足事物的表面关系和形象联系，开始追求对事物的内在关联和本质特征的认识。

其实，孩子的思维已具有一定的词的概括性和言语的协调性，他们已经慢慢地，能对不在眼前的事物进行思考。思考过去的经验，联想有关的形象，从而预见行为的结果，并由此套用过去的解决方法来处理当前的问题。

这就关系到孩子在平日里，对生活经验的积累，以及对外来信息的接收。这些经验可能是在玩的过程，或是来自成人解答。这个时候他们就会有一种特殊的能力，即联想发散能力。但是由于他们所接处的事物有限，常常会把一些毫不相关的东西联系到一起。通常在这时候，正是大人对孩子进行发散性创新思维引导的好时机。

妈妈在做饭的时候，孩子会经常跑进来"捣乱"，但是聪明的妈妈都会找出一个安全的东西，来给孩子玩耍、探索，比如一双筷子、一个塑料碟子、一个小锅盖。然后在孩子一心玩耍的过程中，告诉他这些东西有什么用处，问孩子这些"玩具"还像什么等等。慢慢的，孩子就能由锅盖联想到帽子、雨具、搬运工具等形象类似的事物，也会给一种事物想象出各种不同功用。如果妈妈加入一点游戏成分，孩子很快就可以明白锅还可以当乐器、盾牌。

此时，大家需要知道的是，父母精心设计提问的方式是很重要，同时也是很需要花心思的，这样才能引起孩子的发散性思维。

当孩子慢慢地对陌生事物失去新鲜感的时候，家长不能总去问孩子"为什么"，而是要在不同场景下，进行开放式的提问。比如你给孩子一个锅，然后就问锅能干什么。如果孩子根本没有一点感性认知，这一问多少有点莫明其妙，除了做饭还有什么用？他们可能根本弄不清问题的重点是什么。所以，当你拿筷子敲不同的锅后，再问"锅都可以怎么玩"时，你心中预期的答案才能呼之欲出。

李女士家里用清水养的一盘大蒜，长出了葱绿的蒜苗。

3岁的女儿问："妈妈，蒜苗剪掉了还会长出来吗？"

"应该像韭菜一样吧，剪了又长，长了又剪。"

"从韭菜你能想到什么吗？"妈妈接着问。

"头发、狗毛。"

"对，还有旺盛的生命力。"妈妈插了一句。

"我还想到一句诗'野火烧不尽，春风吹又生'。"

"你都说了三个了，我才说了一个，我再想想……"李女士故意羡慕地说。

女儿又抢着说："我想到了坚持不懈，不服输。韭菜能一直不放弃地向上长，坚持到底。还有，割了不服气，就要长出来，就要长高，谁也压制不住。"

"是，很正确。人也应该有这种精神。"妈妈点点头，表示赞同。

通过对新事物的各种联想，可以锻炼孩子的创新思维。同时经常引导孩子从各种事物中获得某种启示、感悟，还能提高孩子的语言表达能力，深化精神涵养。

拓展孩子接触新事物的空间，让孩子更多地去接触新的环境，新的事物，新的思想和思考方式是必要的，这样做可以拓宽孩子的视野，也是为想象力与发散思维提供素材和基础，而发散思维是发挥创造力的必要条件。

几年前，荷兰的一座城市出现了乱扔垃圾的问题，原本干净整洁的地方变得有碍观瞻,因为人们不再使用垃圾箱了。大街上到处都是随地乱扔的烟头、啤酒瓶、巧克力糖纸、报纸等各种废弃物。

卫生部门显然对此很关心,他们开始寻找清洁城市的办法。一种办法是把随地乱扔废弃物的罚款从25荷兰盾(荷兰货币单位)提高到50荷兰盾。他们尝试了这个办法,但收效甚微。另一个方案是增加在这一地区街头巡逻的督察员,这也可以算是另一种"惩罚随地乱扔"的办法。同样,它也无助于问题的解决。

后来,有人提出了下面这个问题:假如人们在把垃圾倒进垃圾桶的时候,垃圾桶能付钱给他们,会怎么样?我们可以给每一个垃圾桶装一个电子感应装置和一个硬币返还系统。每当有人把垃圾倒进垃圾桶,它就会付给他10荷兰盾。

这种想法至少是对人们的大脑猛敲了一下。"假如……会怎么样"这个问题把"惩罚随地乱扔"变成了"奖励遵纪守法"。不过,这个想法存在着显而易见的缺陷,因为如果真的实施这种想法,这座城市就要破产了——欧洲会有一半的人到那里去倒垃圾。

幸运的是,倾听这个想法的人并没有以是否切实可行来衡量它,而是把它作为跳板,进而问自己:"还有其他什么办法可以对那哪些把垃圾倒入垃圾桶的人进行奖励呢?"这个问题使他们找到了下面这个解决方案。

卫生部研制了一种电子垃圾桶,它的上部装有一个感应装置,当探测到有垃圾倒入时,就会激活录音机,同时播放其中的一段笑话。换句话说,这是一种会讲笑话的垃圾桶!

不同的垃圾桶讲不同的笑话,有的讲低俗的双关语,有的讲冗长无聊的滑稽故事,还有的讲简短的俏皮话。此举很快就有了成效,笑话每两周就更换一次,人们都特意地把垃圾倒入垃圾桶,于是城市又恢复了原有的整洁。

要解决一个问题,永远都不止一个答案,或当目前没有现成的途径和方法来解决问题,或没有过去经验可以参考时,就需要采用发散性思维,从不同方面寻找问题的答案。

所以,利用发散性思维的不依靠常规,从多方面寻找答案的思维方式,可以使孩子的思维灵活敏捷,让他们的思维从多角度、多层次的思考,使知识串联、综合沟通。

小孩子经验大多分为直接经验和间接经验，直接经验就是在家庭里，在学校里所学到的知识，或是孩子自己的所见所闻，间接经验就是孩子利用自己的思维能力去发现问题、解决问题的能力。

如果家长从小就开始培养，让孩子积极接触新事物，那么他们的经验库将格外丰富多彩。拓展孩子接触新事物的空间，孩子所知所见多了，点燃创造力的油料自然充足。而创新思维就像是一根火柴，能在合适的时候，让两者一触即然。

法国著名科学家法伯发现了一种很有趣的虫子，这种虫子都有一种"跟随者"的习性，它们外出觅食或者玩耍，都会跟随在另一只同类的后面，而从来不敢另寻出路。

法伯做了一个实验，他花费了很长时间捉了许多这种虫子，然后把它们一只只首尾相连放在一个花盆周围，在离花盆不远处放置了一些这种虫子很爱吃的食物。一个小时之后，法伯前去观察，发现虫子一只只不知疲倦地围绕着花盆转圈。

一天之后，法伯再去观察，发现虫子们仍然在一只紧跟一只地围绕着花盆疲于奔命。七天之后，法伯去看，发现所有的虫子已经一只只首尾相连地累死在了花盆周围。

后来，法伯在他的实验笔记中写道：这些虫子死不足惜，但如果它们中的一只能够越出雷池半步，换一种方式，懂得创新思维，就能找到自己喜欢吃的食物，命运也会迥然不同，最起码不会饿死在离食物不远的地方。

其实，该掌握创新思维方式生存的不仅仅是虫子，还有比它们高级得多的人类。

美国有一家生产牙膏的公司，产品优良，包装精美，深受广大消费者的喜爱，每年的营销额蒸蒸日上。记录显示，前10年，每年的营业额增长率为10%~20%。这令董事会兴奋万分。

不过进入第11年、第12年、第13年时，营销额则停滞下来，但每月大体维持在同样的数字，董事会对此3年的业绩表现感到强烈不满，便召开经理级以上的高层会议，商讨对策。

会议中，有名年轻的经理站了起来，对总裁说："我有一张纸条，纸条里有个建议，若您要采用我的建议，必须另付我5万美元。"总裁听了很生气地说：

"我每个月都支付给你薪水,另有分红、奖金,现在叫你来开会讨论对策,你还另外要求 5 万美元,是不是太过分?"

"总裁先生,请别误会,您支付我的薪水,让我平时卖力为公司工作,但这是一个重大而又有价值的建议,您应该支付我额外的奖金。若我的建议行不通,您可以将它丢弃,1 分钱也不必支付。但是,您损失的必定不止 5 万美元。"年轻的经理说。

"好,我就看看它为何值这么多钱?"总裁接过那张纸条,阅毕,马上签了一张 5 万美元的支票给那个年轻的经理。

那张纸条上只写了一句话:"将现在的牙膏开口直径扩大 1 毫米。"总裁马上下令更换新的包装,试想,每天早晚,消费者多用直径扩大了 1 毫米的牙膏,每天牙膏的消费量多出多少倍呢?这个决定,使该公司第 14 个年头的营业额增加了 32%。

一个小小的改变,往往会引起意料不到的变化。当你充分认知事物后,创新思维的转化,会让你有意想不到的收获。

只知道一味"跟随"的虫子,没有创新思维,即使是十分熟悉的食物摆在旁边,也不知道去接触,可怕的固有习性让它们失去了一切认识新事物的机会。

其实,世上有很多事都简单得让人难以置信,如果你没有创新思维,墨守成规,不懂得变通,那么不管认识多少新事物,掌握多少知识,最终将与失败握手;相反如果教育孩子稍微动一下脑筋,对传统的思维方式进行一番创新,就能轻松获得成功。

多元思维创造新事物

心理学研究表明,要想提高孩子的创造力,最重要的是培养孩子的创新思维,这也是人是否具有创新能力的本质区别。而建立创新思维的最佳途径,就是在日常生活中锻炼孩子的多元思维。

通过多元思维的训练,孩子对一个事物会产生多种看法。多角度看问题,也就相当于认识了多个新事物。因此,孩子在多元思维中接触新事物的空间,便大大扩展开来,孩子头脑灵活,自然会显示出非同一般的创造力。

揭开多元思维的神秘面纱

多元思维也叫发散思维,它试图就同一问题,从不同的角度,多方面进行思考。比如提出不同问题,再找到不同的答案。

一位优秀的语文老师,在给孩子们讲《滥竽充数》这篇古文时,会先考虑到:这个故事对于常人来说,有一个普遍、固定又统一的看法,即寓意为讽刺南郭先生不学无术、不懂装懂。但是文章对于孩子而言,是一个完全陌生的故事,一个新鲜的故事。

如果讲完之后就直接告诉孩子,那个人们的通常看法,势必会限制、固化学生的思维,让他们形成单角度看问题的思维习惯。因此,语文老师换了一种讲解方式,来引导孩子们主动思考。

首先,改变评论对象,把思维打开。问孩子们南郭先生为什么能"滥竽充数",引导他们从君王方面,对比两位君主听奏乐的方式,评价齐宣王听合奏的"大锅饭"式的用人体制,才是导致滥竽充数的根源,强调打破平均主义的意义。

其次,从南郭先生的同事的角度,也可以得出上述见解,还可以指出这些人没有责任感——事不关己,则己不劳心。这种缺乏主人翁精神的态度往往误人误己。

改变评价视角,教会孩子辩证看待问题,新事物并非真的是具体的一事一物,也可以是一种新的看待事情的角度、思维方法。

例如,那位语文老师在课上,还引导孩子们重新审视东郭先生。作为文章的主人公,他一直是不懂装懂的反面典型,但是辩证地看,南郭先生也并非一无是处。

齐湣王继位之后,他自知混不下去了,便逃之夭夭,这说明其有自知之明。因而我们凡事也应该有自知之明,对自己不能胜任的工作应该主动辞职,去早谋职业。

另外,他能够在乐队里供职几年而没被人告发,说明其善于搞好人际关系。没有一技之长，还能气定神闲，在乐队之中混迹多年，可见其心态之好，从而能够在"夹缝"中求得生存。这种人在现实生活中还少吗？由此，引导学生打开思路，发散思维多角度掌握知识。

发散性思维，是创新性思维的一种，它与想象力略有不同。想象力多了一层虚幻色彩，而发散性思维更多是一种逻辑性思维，是一种从不同的方向、途径和角度去设想，探求多种答案，最终使问题获得圆满解决的思维方法。

美国著名教育学家吉尔福特认为，变通性、流畅性、独特性是发散思维的三个主要特征。首先，凡事不变则不通，变则通，即对事物能够触类旁通、随机应变，不受已有的心理定势影响；其次，在短时间内可以想出种种不同的念头来举一反三；最后，独特性就是对事物有不同寻常的个人见解，这也是增强创新能力的必要条件。由此可见，发散思维是一种无限制、无定向的非线性思维。

当然所有的由发散而得来的新奇想法都是建立在一定的知识经验之上的，要想发散也要有可"散"之处，有地放矢，才能"散"无虚发，见多识广的人自然比少见多怪的人更有想象力，所以要让孩子多接触新鲜事物，多了解新鲜的知识。

反之亦然，发散思维鼓励学生通过想象，独辟蹊径去认识新事物，进而大大提高创造力。所以培养孩子的发散思维，会让他们终身受益。

多元思维养成操

首先，根据多元思维的特点，最常用的养成方法便是逆向思维法，即看待事物时，从与既成结论和事实的反方向作思考。

孩子的世界是丰富多彩的，大众化的统一结论没有必要反复论证，老生常谈，授之以鱼。强下定义只会限制孩子的想法，进行开放性思维引导，给孩子多一个选择，就会多一条思路。

例如，"近墨者黑"与"近墨者未必黑"；"狐狸吃不到葡萄便说葡萄是酸的"与"假如狐狸吃到了葡萄，仍然说葡萄是酸的"等类似的反向命题。

一般对于孩子来说，原来的说法早已耳熟能详，大人再将简单的道理重复讲解，实乃多此一举、罔顾徒劳。而从新的角度方向，提出新鲜的东西，一来可以激起孩子的兴趣，二来也可以让他们打开思维，用第三只眼看世界。

"近墨者黑"强调了环境对人的重大影响，但过于绝对，"近墨者未必黑"则钻了前者的空子，强调了人的主观能动性作用，人可以通过加强自身品德的修养和本性中的觉悟来抵制环境的影响。因此，这种见解是站得住脚的。

　　狐狸吃不到葡萄便说葡萄是酸的，这种自欺欺人的精神胜利法是我们常见的现象。但是，假如狐狸吃到了却仍然说葡萄是酸的，或者说没有理想中的那么甜，这则正好说明了有些人贪欲无限，从不满足于自己已经吃到的甜葡萄。所以作出这样的逆向假设，就有了另一种讽刺无止境贪欲的现实意义。

　　同时，也可以理解为有的人对自己目前的状况很满意，却又担心别人来分一杯羹，谁又怎么会说自己已经吃到了甜葡萄呢？所以便在吃到了甜葡萄后说"葡萄是酸的"，以免遭受别人的嫉恨。这种现象引人深思，这种分析及见解便有了新意。

　　世间的任何事物都不是绝对统一的，有好有坏、有得有失，像是硬币的两面同时存在。就像事例中所言，任何事情都存在着两种对立的现象，或多种现象对立，我们可选择不同方向来思考；事实上可能存在或将来可能存在的两种相反的结果，可作出相反的假设；凡事甚至不止有两面，用辩证法全面看待问题，才能收获相对成功的教育。

　　锻炼多元思维，孩子要经历一个过程。首先是依次从是什么、为什么、怎么样的角度，产生疑问，然后学会通过想象假设各种可能。新想法的形成过程，也是创造能力萌芽的开端。

　　其次，要想练就多元思维，最常用的训练方法还有改变视角法。正所谓"横看成岭侧成峰，远近高低各不同"，从不同的角度判断事物的价值，比如物质的、精神的、理性的、感性的、眼前的、长远的等等具体角度，有利于我们全面理解新事物，积极发挥创造力。

　　例如对愚公移山的故事理解，从精神思想方面，可以肯定其不向困难低头、勇于改变环境的移山精神；也可以否定其思想固执保守，缺乏灵活变通，并且硬要子子孙孙都来移山，缺少民主意识。

　　从社会生态环境方面，可以否定其缺乏环保意识；另外从经济价值角度，可以评价移山的不划算：挑战大自然也要注意方式方法，与其移山不如搬家。一劳永逸，又子孙受益。现在国家不是鼓励一部分贫困山区的人民搬家吗？

所以看待一件事情,运用辩证唯物主义联系和发展的观点,就有丰富多彩的视角,给多元思维能力打开一扇窗。

再者,对待事情懂得变化对象、换位思考,也是掌握多元思维的法门之一。例如钱钟书先生在《读<伊索寓言>》中,对老婆子与母鸡的寓言故事思考。

故事本身是讽刺老婆子的贪心不足:母鸡一天下一个蛋,支出平衡,身体健康,突然有一天老婆子起了贪心,想要母鸡一天下两个蛋,便加倍地喂它。结果酒足饭饱之余,母鸡越长越肥,力不从心,一个蛋也下不了。

此时再评论老婆子已是老生常谈,再无新意。钱钟书先生另辟蹊径,从母鸡的角度想到了"大胖子大多是小心眼"的现象,从而立下了"为富不仁,越是有钱越是吝啬"的新意。

最后,材料重组法亦有助于孩子多元思维的培养。

南方一家杂志媒体快速发展,在全国的媒体市场取得一席之地,便是因为力图在杂志内容形式上增加创意性。

比如,在对文章和图片如何搭配上,他们有独特的感觉和见解。他们认为,文章和图片的重组能表现一种全新的理念,给人耳目一新的感觉。单纯地拿出文章或图片,根本达不到这种感觉。

美国著名学者珍妮特·沃斯也曾说,假如我们把一些材料翻过来,倒过去,对材料进行重新组合或增减,那将得到许多意想不到的结果。

再比如,在目前现实情况下,"记忆"和"移植"这两个概念是不能组合并发生联的,然而,在不久的将来,谁能断定这种组合不可能呢。在某种意义上,我们可以把它理解为思维上的通感。因此,高考出现《假如记忆可以移植》的题目并非偶然,这样才可以观点新颖,乃至立意深刻,并能充分培养人的想象力和创造力。

养成发散思维的方法还有不少,但是,不论哪种形式的发散思维,都不能是盲目的、主观臆断的;它必须以尊重基本的思维规律为基础,必须符合辩证唯物主义联系的观点、发展的观点和对立统一的观点,否则,便不是科学意义上的发散思维,也不可能做到见解新颖。

总之,要创造性地解决问题,就要学会创造性的思考。教会孩子开辟新的道路,也许那就是一条捷径,更快更稳,只是还没人发现。

对孩子放手是一种智慧

放手让孩子尝试生活,才能提高他们适应环境、接受新事物的能力;同时,只有学会独立思考,他们才能更有创造力。

物竞天择,适者生存。适应一切新事物、新环境,是每个孩子必须要经历的考验,也是必备的素质之一。只有对孩子适当地放手,孩子才能不断地适应新东西,接受新挑战,突破自己,不断获得发展。

懒妈妈成就聪明好孩子

独立生活能力是人生存与发展的基本能力,这种能力不是天生的,要从小加以培养。为了改变孩子一切依赖父母的状况,让他们了解父母的辛苦与不易,将来能更好地适应社会,父母应该舍弃那种过分的溺爱之情,给孩子创造一些机会,适当地对孩子放手便是一种智慧。

小丽今年 5 岁,从 2 岁开始,父母就鼓励她独自一人在小房间睡觉了。3 岁时她已经能帮父母做很多事情,比如摆碗筷、搬凳子、挥舞小扫帚、学包小馄饨等。

3 岁半的小丽很自然地走进了幼儿园,自己穿衣、吃饭又快又好。现在,小丽在小朋友中很有威信,因为她经常能照顾好别的小朋友,还把好吃的事物分给大家吃,上课还能回答许多问题,最厉害的是小丽能读懂很多书籍,以及熟背很多古诗。

最重要的是她非常勇敢,自己摔倒了会马上爬起来,即使父母在旁边;就算是别的小朋友不小心碰到了她,她也不会大哭大闹。

小丽父母说:"因为平时工作劳累了一天,回到家后就懒得照顾孩子了。所以便从小让她自己学习认字,家长只是加以引导。谁知这还真是一个偷闲的好方法,小丽自从识字后,就对读书产生了很大兴趣,再也不用家长费心了。况且小丽喜欢自己的事情自己做,而且凡事爱问'为什么',我们也尽可能让她尝试她力所能及的事情。"

小丽的父母平时就很注意培养她独立自主、勇敢坚强的品质。比如2岁多后她经常喜欢说"我要……""我想……""我来……"等，表面显得很逆反，好像很不听话。其实，孩子在这个时候开始"自我中心"了，她希望大人把自己当成很厉害的人，于是父母正好顺水推舟，开始"刺激"她：好，长大就要有长大的模样，要自己睡觉，自己学着穿衣、脱鞋，而且要会帮助我们做点事情……结果小丽都一一做到了。

老师们都很喜欢小丽，因为她聪明又独立，就算惹了事也敢作敢当，很像个"小大人"！她还经常说："我觉得我能做好多好多的事情！"

小丽聪明又懂事，这不得不说是懒妈妈成就了聪明的好孩子。小丽的父母不仅看到了孩子独立的需要，而且能够给她表现的机会与合理的引导。父母的理解、放手、鼓励与赞许正是对孩子独立的支持。但是往往很多父母，在实际生活中还做不到这点。

10岁的小月已经上小学四年级了，可现在仍然与妈妈同床睡。她因为怕黑，连上卫生间都要妈妈陪在外面。洗澡、起床都要妈妈伺候才行！

小月做功课就更不要说了，每天晚上真吃力，不看着她，她就不做了，甚至连题目都不会看。妈妈真希望自己能替她读书就好了。

据妈妈反映，这孩子从小胆小，身体也不大好，家人都很心疼她，怕她到幼儿园吃亏，总是最后一个送去，最早接回来，还要对老师左托右付地恳求。该上学了还不会穿系带子的鞋，就都改成松紧带式；每天怕她睡不够，总是由妈妈拽她起床，然后帮她穿衣、洗脸。

家里有明确的分工，爷爷负责上学接送并背书包；奶奶负责饮食，包括喂饭；爸爸负责买东西；妈妈负责功课兼做早上起床后的事情等。

总之，小月是家里的中心，所有的人都围着她忙得团团转，而她只是站在那里观望与等待……

显而易见，是否对孩子放手，允许他们独立，对于孩子的成长有多么大的影响。但是大人们在日常生活中却不自知，抑或知行不统一。一天、两天，孩子可能不会有什么不同，但是长年累月后，孩子之间就会产生很大差距。

对孩子的懒惰、依赖习性，如果不及时加以调整，那么它们就会像病毒一样，传染蔓延到孩子的各个方面，比如生活、学习，乃至以后的工作中，最终葬送孩子的主动创造力。

所以，提高孩子的创造力，要从小培养他们的独立性。重视日常生活中的自理、自立；促使孩子学习上的独立自主，独立思考。这不仅仅是在培养他们的适应能力，更能让他们在新的环境下，有更多机会接触新鲜事物，开拓孩子的眼界，使他们更有创造力。

把难得的独立思考还给孩子

如果说创造力是用行动将创新思维转化为现实价值的能力，那么独立思考力便是与创新思维形影不离的好伙伴。但是在孩子的成长过程中，却有种种因素影响阻碍他们进行独立思考，孩子的独立思考能力臻待解决。

有个孩子，平日只知道学习，从来没有其他业余爱好，他也从不跟其他同学玩闹。其实，孩子的喜好并非天性使然，而是父母强制要求造成的。

这个孩子在小学、初中的学习成绩也很优异，经常获得第一名。可是他的生活却很没生气，眼光木讷，平时总是低着头走路，见了熟人也不打招呼。在家里，除了吃饭、睡觉，就是学习，从来不玩，不看电视，也不做任何家务。

在学校，老师们总觉得他身上缺点什么，回答问题总是没什么新意，做事也是一个思路模式。当时，他的父母还很是得意，到处夸自己的孩子听话、好学。

可是从初中三年级开始，直到高三，那个孩子的成绩渐渐下降，名次也慢慢掉到了三四十名左右。这倒不是因为他不用功了，相反，他越来越刻苦，越来越努力，但是成绩却似乎他的努力成反比。

最终，他高考时名落孙山。人也变得越来越内向、抑郁，弄得家长整天都担心不已。

另一个孩子，则完全相反。从小到大，爸爸妈妈就不怎么管她，她也调皮得很，不怎么爱学习，所以小学时的成绩一点也不突出。但这个小孩子很讨大人们的喜欢，在小伙伴中很有威望，经常组织院里的小孩做些游戏，办个活动什么的。

上了初中之后，尤其是初三以后，她的成绩一天天在进步，由原来的五十多名，上升到四十多名，最后竟然在班上是十几名了。并且，她也并没有像其他同学那样刻苦，一直是轻轻松松的。最后，她轻轻松松地考上了一所重点大学。

知道成绩的那一天，整个院子里都沸腾了，人们都诧异地议论这件事：一个原来的好学生竟然落榜，而一个原来的差学生居然考上了好大学！

于是，大家都猜测，肯定是前一个孩子比较笨，而后一个孩子比较聪明的缘故。其实这只是原因之一，两个孩子智力相差不大，都是挺聪明的孩子，关键原因就是不一样的教育方式、不一样的成长环境，使得原本"聪明"的孩子，对知识变得一味被动接受，放弃了独立思考。而另一个孩子在开放、宽松的生活方式里，在慢慢学会独立思考，思考自己的生活，思考自己的学习，思考自己为什么考大学。

我们往往曲解了学习的目的，所以教育方法也剑走偏锋。如此势必会影响孩子的独立思考能力，僵化他们的创新思维。

前一个孩子一味地苦学、死学，不会独立思考，以致限制了大脑思维能力的发展，创新力和想象力不但没有得到发展，反而被削弱了。而小学、初中时的优秀，也不过是昙花一现，是父母没有远见的后果。这种短浅又使他过于相信自己的学习方法，认识不到自己的缺点和不足，不知道或者根本没有去想如何改进。

实际上这种方法已没有改进的余地了，他的思维能力从小学到高中，根本没得到很大的提高，甚至有退步。他的强大不是真正的强大，苦学这条路已走到了尽头，而初三到高中的学习，对一个孩子的思维能力要求逐步提高，所以，这个孩子的慢慢退步也就不足为奇了。

而后一个孩子正相反，她的思维很少有受到限制，她的发展是自由的、活泼的，敢于想象，敢于创新，思维能力得到了很大的发展。所以，她就能适应高中的学习。

对于孩子来说，处于得失的处境很平常，犯错误有助于他们的成长，可以激励他们下次做得更好。小错误可以慢慢改正，小挫折也可以让孩子一步步成长起来，变得坚强。

然而第一个孩子，当他意识到这种学习方式的不当时，错误已成定局，这种打击却是很难承受的。当然，通过独立思考来超越突破自己，他们会尝试着去寻找新的自己。

迎接新事物，功夫在课外

　　传统的教育已经渐渐露出弊端，课堂上的知识已经很难满足孩子对的需求。一方面调动不起孩子的积极性，另一方面也不利于实践能力的培养。所以越来越多的家长和老师也为此很是头痛，不得不苦思冥想出各种方法，来丰富孩子的视野。

　　其实开拓孩子视野，培养孩子动手实践能力，为创造力的培养打下基础，最好的方法就是丰富孩子的课余生活。走出课堂，让孩子尝试各种"第一次"挑战，迎接新事物。

　　童年时代，鲁迅常跟母亲住到绍兴乡下安桥头外婆家里，后来又到皇甫庄大舅父家里寄居。安桥头、黄甫庄都在绍兴昌安门外水乡，宽狭纵横的河流静静地流过村边。

　　鲁迅喜欢到乡下去，他把那里看作是自由的天地，崭新的世界。因为在那里不仅可以免费读深奥难懂的《四书》《五经》，还可以同农民的孩子自由自在地生活在一起，到密如蛛网的河上去划船、捉鱼、钓虾，去欣赏带着点点渔火的水上夜景，或者到岸上去放鹅、牧牛、摘罗汉豆，呼吸清新的空气……

　　每逢村子里演社戏的时候，鲁迅就和小伙伴们一起摇船儿来到半个在岸上、半个在湖里的戏台前面，看武功演员翻筋斗。有时，他还和农民的孩子一起学演戏、扮小鬼。他们在脸上涂上几笔彩画，手握一杆杆钢叉跃上台去，愉快地玩耍着。

　　农村的自然风味，对少年时代的鲁迅是很有吸引力的。在这片自由的天地里，鲁迅不仅学到了许多社会知识和生产知识，还和农民家的小朋友建立了深厚的友谊，逐渐了解了农民勤劳、质朴的性格。

　　走出私塾的这些经历，丰富了鲁迅先生的个人独特体验，不得不说这些都和他的卓越创作能力息息相关。

另外要注意的是,家长如果决定让孩子参加课外活动,尤其是一些运动型的,动手性较强的课外实践活动,这正是让他们用心接触新事物的好机会。那就放手大胆地让孩子去尝试,不要自以为是地替代他们做这做那,也不要过分担忧剧烈的运动会造成损伤,把孩子紧紧包围在温室里。

家长不妨自我梳理一下思路,问一问自己,究竟是孩子还是自己才是活动的参与者?参加这种课外活动的意义、目的是什么?当一件事脱离了原本的目的,那么效果也会背道而驰,为孩子选择课外活动也如此。

小孩子经验不足,但他也是一个独立的个体,有独立能力便有选择的权力。这一权力一旦失去久了,有朝一日父母再还给他的时候,也许孩子就不会用了。

做生活中第一个吃螃蟹的人

一个孤陋寡闻、谨小慎微的人是不会有创造力的,更不会在未来的道路上走得坚定。家长要支持、鼓励孩子走出课堂,让他们勇于尝试新事物,给他们各种挑战"第一次"的机会。

著名社会学家邓伟志先生,也是一位出色的儿童教育家,打女儿小时候起,他就领着女儿迈过一道道"第一次"的坎,跨过一个个"第一次"的沟,植下了一个个终身受用的社会化"基因"。

女儿很小的时候,邓先生在街上碰到一位玩蛇的,这是一条不会咬人的蛇,他就让女儿用手摸一摸,胆子大一点。女儿读小学时,邓先生尝试着让女儿一个人去外婆家,妻子不放心,他就在妻子不在家的时候让女儿去,算好时间几点去,再几点回来,在妈妈回家之前回来……

后来,有一次被妻子"抓"到了,当邓先生"承认"时,女儿早已熟门熟路了。以后,邓先生带着女儿"第一次"坐火车、乘飞机,"第一次"去拜访女儿崇拜的作家,尤其是带她"第一次"去见一位百岁老人,这位老人104岁了,还会讲英语,女儿佩服得不得了,从此,老人的慈祥目光和希望成为女儿进步的源源动力。

其实,生活中有无数"第一个"、"第一次"的"机遇和挑战",谁都可能成为"第一个吃螃蟹的"受人尊重的人。给孩子第一次独立尝试的机会,他们将在自己的独特经历中,收获到终生难忘的新认识。

户外旅行发掘孩子的潜能

对于父母来说,孩子是生活中的头等大事。无论何时何地,孩子的一举一动,都紧紧牵动着父母的心。但更多时候,父母的担心是不必要的。尤其是在旅行中,孩子有着超乎人们想象的积极潜能和耐心,去满心热望地迎接新鲜事物。所以带着孩子一起去旅行,不要小瞧自己的孩子。

吉姆一家三口来到美国旅游,在来拱门公园时,有数百个迷人的拱门分布在广阔的公园之中。为了能一个个地欣赏,两个家长决定放弃驾车,改为步行。

一到拱门公园,他们就先到游客中心去完善旅行计划。虽然他们早就制订了整体计划,但是由于有些事预前无法知晓,例如:到达拱门公园时天气如何,身体状况如何等,所以极有必要在到达后,重新对计划进行调整。

吉姆看着游客中心墙上的照片,比较着电脑屏幕上显示的路线,又向公园管理员询问了自己的计划对孩子是否适合。因为拱门公园的观光是一天的行程计划,所以吉姆和妻子一直认定可能完成的计划,实际上却超级紧张。

结果,他们还是将原来5到6个小时的计划,削减为2个半小时到3个小时。事实上完成这么长的路程,对于儿子来说也不是不可能的。实际上,原来计划中的一部分完全是两个成人的小贪心。因为他们无法确切地了解儿子能坚持多久,一个4岁的孩子能徒步行走多久,而最后修改过的计划表明显地更适合儿子。

坐上车,一家三口向16千米以外的窗户停车场出发了。一到目的地,当他们看到了远处的石窗区。曾经只在照片中出现过的、巨大的砂石窗让吉姆一家兴奋不已。但是开始徒步旅行之前的满心期待,却在炎炎烈日和找不到半点树荫的现实中消失得无影无踪;取而代之的是担忧和不安。

虽然早就知道徒步旅行的路途都是缓坡,但仍担心一直以婴儿车代步的4岁孩子能否在如此炎热的天气里从头走到尾。所以吉姆回到车上给孩子涂上防晒霜,又给他戴上遮阳帽和太阳眼镜。最后又装了满满一书包的水和水果。父母对子女的担忧即使到了异国他乡也依然不减,就算是平坦的路上有一个个很宽的阶梯。

可能是因为从车用儿童座中解放出来了,孩子根本不在意烈日下的酷热,大踏步弛向着阶梯跑去。他一会儿独自向着窗子拱门跑去,一会儿跑向妈妈面前,催着"快点,快点",一会儿又吵着问路边荒地上的植物叫什么名字,还时不时地抓起红色的土揉揉捏捏,玩得好开心。坚强、快乐的儿子,让父亲意识到自己根本就是杞人忧天。

孩子的注意力完全被眼前的新鲜事物吸引过去了,一路上根本就不知道累,不得不惊叹孩子的潜力之大,如果不是这次旅行,他们还真的以为儿子只是温室里的花朵。从此之后吉姆决定以后要多让孩子出来走走,接触新鲜的事物。

连大人都感到辛苦的路途,孩子们可以坚强,而乐观地走完。在孩子身上,大人往往会有新的发现。带着孩子走向户外,给他们更大的空间接触新事物,这些经历不仅能使成人和孩子之间更加相互了解,孩子们的潜力也会在旅行中得以展现。

旅行的主要目的就是去看看不同的环境和文化,父母与孩子们一起旅行,既可以看到孩子的点滴成长并发现他们的潜能,使自己的看法获得改变、解放,同时也可以拓展孩子对世界的理解力。

让孩子享受真正的课外生活

打球、看话剧表演、下棋、摄影,孩子的课外活动多式多样,它可以如此精彩。孩子在童年时期最富有表现力、鲜活的创造力,以及好奇心和求知欲。他们希望自己时刻得到别人的关注,也更容易对各式课外活动生发兴趣。但是你能保证在自己的关注、关怀和教育引导下,孩子真正充分享受自己的课外生活了吗。

在德国为了丰富孩子的课余生活,志愿者组织了儿童大学。课堂还是那个课堂,教授还是那位教授,可是下面的听众变了——讲台下变成了群孩子。他们时而东张西望,时而摆出一副充满求知欲望的面庞,认真听讲,他们就是德国"儿童大学"的"小大学生"。

据目前统计德国有120所儿童大学,在儿童大学注册的小学生达到百万以上,到大学听讲座,和知名学者讨论科学问题,已经成为教育界的一道风景。

2002年,世界上第一所儿童大学,在拥有500多年历史的德国巴登·符腾堡州图宾根大学成立。其发起者是当地《斯瓦本日报》的两名编辑以及图宾根大学的新闻发言人。

这种做法可谓是标新立异,他们回忆最初的动机时说,孩子经常会出其不意地向家长提出许多艰深难答的问题,而这些问是会让全世界父母都会头痛的问题。答案也许不难,但回答方式之难,可谓让许多父母感到无所适从,而满腹经纶的大学教授往往是解答这些问题的权威人士。

他们最初的目的很简单,就是要把大学教授和孩子拉到一起,给无穷无尽的问题找寻一个解答者。这是个互补的过程,大学教授学识渊博,但不知道有什么问题可问,孩子天真无知,但却什么都敢想敢问,教授在回答孩子问题时,也许某个问题就能激起教授的灵感。

儿童大学里的学生大多是在年龄从8岁到12岁的儿童,授课教师都是图宾根大学各系的知名教授,从开学之日起,每周上一次课。作为孩子的课外补充,教授用浅显的语言向"小大学生"讲解天文、地理、哲学等各科知识。在这样一种新鲜的环境下,往往能让孩子更大胆地问问题。越大胆的想法就越有创造力。

儿童大学就是要顺应孩子的天性发展,顺便提供一个解答疑问的场所。儿童对这个世界充满好奇与疑问,虽然他们的问题对大学教授来讲不是难题,说出答案实乃举手之劳,但关键在于要解答得清楚明白却不是一件轻松的事情。

关于他们提出的各种疑问,比如,"为什么人类不应该克隆人"、"我们为什么会做梦"、"星星为什么掉不下来",他们的问题本身就很有创造力。图宾根大学的欧安德教授表示:"当你熟悉儿童心理后就会发现,给孩子上课和给真正的大学生上课如此不同,和大学生比起来,这些孩子的回答更自然、更有趣。"

选课听课全凭自愿。图宾根大学创办首所儿童大学时,前来登记注册听课的儿童就有400多名。现在,在图宾根、柏林和卡尔斯鲁厄,每堂课都有多达1000名的孩子参加。儿童大学也有校规,第一条就是孩子在儿童大学可以根据自己的兴趣选择所要听的讲座,家长不能干涉。儿童大学还明确表示,不允许家长强迫孩子参加儿童大学,学习应该完全凭孩子自愿。甚至有的儿童大学还规定,每次讲座结束后,家长不能就上课内容向孩子提问,更严禁给孩子出题考试。这一点就很值得中国的家长学习和借鉴,这是在营造一种自由,宽松的学习的氛围。儿童大学作为一种课外活动,其魅力就在于不让孩子对知识产生负面心理，其用心良苦，可想而知，儿童大学的体制也较完善和人性化。

儿童大学所授的课程都可以在其官方网站上找到，孩子可以自由选择在各个不同领域内自己感兴趣的知识，选择不同的教授的课程。时间也通常安排在周末或周五下午正规小学放学之后。不会耽误正常的上课时间。虽然各大学内的儿童大学授课时间不同，对学生的要求略有差异，但办学宗旨和理念是相同的，就是提高孩子学习知识的兴趣。

从德国开始，儿童大学已经风靡整个欧洲。据有关数据显示，84%的家长认为儿童大学对孩子有帮助；67%的家长反映孩子在课程结束后，对在儿童大学接触过的题目依然感兴趣；44%的家长认为孩子找到了学习的乐趣；14%家长表示看到了孩子成绩的提高，而且孩子也有相同的看法。

在今天的欧洲，带着孩子走进大学的教室，去听大学教授举办的学术讲座，在德国学生和家长中已经形成了一股热潮，同是也是一股学习的热潮，并且开始传到瑞士、奥地利、意大利。

2008年5月，德国、瑞士、奥地利等5个欧洲国家聚集在儿童大学的旗帜下，倡议把这种模式在欧洲乃至世界推广开来。现在，越来越多的欧洲大学开办免费的儿童大学，目前，通过德国与中国政府共同举办的为期3年的"德中同行"友好合作活动，儿童大学已经登陆中国，在中山大学和沈阳大学开课。希望现在的父母能真的做到尊重孩子的选择，多参加一些类似的课外活动，并和孩子做到一起享受这个过程，保护好他们天性和积极性的同时还能让孩子学到感兴趣的知识。

我们总在抱怨，孩子学得慢、学得少、贪玩儿、不懂事，那么有谁能自信地说，自己也为孩子构建了一所"儿童大学"，积极重视他们的"严肃"问题，在他们自由的天地里，一起体验、学习新事物？

有个词叫"物极必反"，意思是说当好的事情做得过份的时候，就会走向事情的反面，最终达到了相反的效果。

中国的家长总是能把教育做到极致，不管是传统的言听计从，忠孝两全，才德兼备。还是出自于舶来品的兴趣培养，他们都能作到极至而不留余地。

中国的"中庸之道"多用于人情世故，而在教育方法上却从来不讲适可而止。孩子要么不接触任何新事物，被束缚到或呆或傻，或迂腐无知；要么孩子的课外活动过多，被累死累残，累得精神衰弱。

尽管孩子享受各类课外活动,但是最好避免过犹不及的状况出现。所谓细水长流,总把兴趣当成一种技能来应对的话,只会减退孩子的积极性,不要让他们的课外生活成为压力。比如让孩子学个画画,就要一学到底,直接给孩子断了后路,肯定会造成孩子的逆反心理。所以家长应该告诉孩子,如果他们对丰富的课外活动感觉疲惫、压力的话,应该及时告诉爸爸妈妈,尤其当父母带着孩子到处上课时,自己都感到辛苦的话,更别说孩子会有怎样的感受了。

专家强调,对于家长给孩子安排的课外活动,可以通过孩子的生活迹象、心情、早晨起床后的表现,判断小家伙能否承受。一味的强制,就算技术学到手,创造力也是被动的,不会有太大的用处。最理想的状态是让孩子在玩中学习,在学习玩,这才是课外活动的真正意义,也是家长和其他教育者的明智之举。

拿什么心态给孩子报辅导班

在欧美的一些国家,谈到对孩子的一些看法时,无论谈到哪方面,提到最多的是健康和快乐。而中国的家长提到孩子时,往往说得最多的是不能输在起跑线上。宝宝长到一定年龄的时候,父母们就忙着给孩子报各种兴趣班,可笑的是这种做法往往事与愿违。人生更像是一场长跑,不考虑孩子的潜力,在开始冲的太猛,越到后面越吃力,也许结果反而是输在了起跑线上。

大多时候,家长会片面地看待问题,报学琴班的父母,只注重孩子学会了哪支曲子,弹得好不好;让孩子学画的父母,只注重孩子是否画了一幅完整的画,并且画得像不像;让孩子学奥数的家长,只会看他到底答了多少分,只注重其做题是否准又快;让孩子学跳舞的父母,只注重孩子是否学会了跳支完整的舞。

这种只看重结果,忽视过程的认知思维,更像是企业在考核员工,成绩不够理想,就认为孩子笨,不努力。或者直接开罪老师,无论是给孩子还是给老师都带来了巨大的压力。时间长了会让孩子产生自卑心理,老师方面可能教导有方,不急于求成,开始效果不明显,但志在长远,可迫于家长的压力,社会风气使然,教孩子则开始变得急功近利。

学习过程就像是盖房子,要一块砖一块砖地砌。而有些家长觉得自己的孩子是天才,嫌一块一块地砌太慢,希望房子能瞬间拔地而起,而且又结实又好看。一些基本功可能只是学习中的一个小节,比如跳舞,一个舞步要练好长时间,给父母的感觉是,孩子几次课什么正经的也没学,但实际上,基本功的训练是为了,让孩子能完整跳下整个舞蹈,而打的良好基础。如果基本功不扎实，学到一定程度可能就学不下去了。

达芬奇从小就非常喜欢画画。他经常兜里放着笔和几张纸，看到什么喜欢的东西，就画下来。爸爸妈妈看他如此喜欢画画，就为他请了一位家庭教师，专门教他画画。

上课的第一天，老师拿出一个鸡蛋，对达芬奇说："今天我们画鸡蛋！"达芬奇想：画鸡蛋太简单了！于是，就漫不经心地画起来，一个、两个、三个……他画了一个又一个，一天下来，画满了厚厚的一个画本。老师看看他画的鸡蛋什么也没说。

第二天，老师依然叫他画鸡蛋，达芬奇很不解地继续画了一天鸡蛋。第三天，老师还教他画鸡蛋，达芬奇画了一会儿，实在是厌烦，就问老师："我已经画了两天的鸡蛋，为什么还要画呢？"

老师笑了，耐心地说："画鸡蛋看起来很简单，可是你发现没有，没有两个鸡蛋的形状是完全一样的，你从不同的角度看同一个鸡蛋也是不一样的，让你画鸡蛋就是练习你的观察力和绘画技巧，这是画好画必须具备的基本功。"达芬奇听了老师的话，明白了老师的用心。从此以后，他专心地画鸡蛋，练就了扎实的绘画基本功，终于成为一位伟大的艺术家。

其实，无论学习什么技艺，都要从一点一滴做起，练就扎实的基本功。只有打好基础，才能有更大的进步。

教孩子学习的过程远比结果更重要。在学习的过程中，能调动他们多个器官、多种感觉，培养多方面能力。比如学习弹琴，手眼耳的协调非常重要，对音乐的感知能力，耐性、毅力、战胜困难的能力，决定着他是否能很好学习；而经过自身努力战胜困难后的成就感，也使他们心情愉悦，进步成长。

学习的程中孩子的心理、能力、技能都在经受考验，贯穿在孩子学习过程中的这些品质，父母可能看不到，但却对孩子的未来影响深远。

另外，大多数家长给孩子报辅导班的心态，都是通而不精，重量轻质。曾有一句口号：苦谁不能苦孩子，穷什么不能穷教育。先不说这句话的片面性，单就家长早出晚归，披星戴月，一掷千金地给孩子报了一个又一个兴趣班，就让人不禁反思。

多接新鲜的事物，多学些才艺的确有好处，但种类太过繁多，难免让孩子一时眼花缭乱,措手不急。孩子忙,家长也跟着忙,而且一味地给孩子报各种兴趣班,容易使孩子疲劳、厌倦想。要让孩子博学多才,结果反倒杂乱无章。本以为艺术之类,大同小异,多学无伤大雅,也许还能相辅相承,触类旁通。但样样都尝,结果样样都浅尝辄止。蜻蜓点水的一带而过,只得皮毛,浪费了时间和生命效率。

要先择适合孩子的项目,一两项就可以了,一个出于孩子的兴趣,一个出于孩子的天赋,也许有一项便能两者兼而之。

再者,重视孩子的教育,无疑是最有价值的投资,但不能一味地投资而忽视孩子的感受,忽视生活中环境的影响的教育。我们要投资的是一种能力,希望孩子的这种能力在以后可以升值。有时不光要注意衣食住行,报什么样的学习班,培养什么样的兴趣爱好。还要注意有选择地接触新鲜环境,新的环境也不一定就都是好的,不是什么样的新环境,都要让孩子学会适应,比如说一所学校的校风特别差,同学经常打架,骂人,学校周边多出没劫小学生钱的人,这样的环境就避之为妙。

在湖南有这么一位公司职员,奉命要去国外出差,他有一位出生不久的可爱女儿,出发前,他把妻女寄托在岳父家。一年后他回国接妻子回家同住时,才发现有一个问题很令人着急,满周岁的女儿满口都是岳父家乡一带浓重的地方腔。

原来,在他出国期间,岳父母疼爱外孙女,片刻不离地带着她,对她倍加爱怜,一天到晚对着孙女逗乐,呢喃个不停,妻子也以为,反正是未满周岁不会说话的孩子,不会怎么样的,无所谓,听任其父母垄断了母爱。

结果才闹出小孩一开始说话就有浓重的地方腔来。后来,由于在地开始说话以前,乡下土音已经深深地印进大脑,根深蒂固,想再解除这个"第一印象",重新加以修正,是非常困难的。乃至孩子到了数年后,都已经上小学了,还是无法改掉那种音腔,弄得父母和老师都束手无策。

常言说得好:近朱者赤,近墨者黑。虽然凡事都有例外,但还是要对孩子身边的新环境、新事物作慎重的选择,学会仔细观察。

幼儿时期最易受周围环境的影响,为孩子创造良好的环境,有利于他未来创造力的发挥,反之则连自食其力都难。

其次，给孩子报兴趣辅导班，切忌将自己的理想强加在孩子身上。这是以牺牲孩子为代价，来添补自己人生的缺憾，是一种自私的行为，不利于孩子真正价值观的形成，也不利于孩子的自我实现。

孩子是一个独立的个体，他有自己的想法。他知道自己喜欢什么不喜欢什么，如果大人把自己感兴趣的强加给孩子，让孩子肩负起父母的愿望，那孩子的负担就太重了，也不公平，孩子学习起来就是一个痛苦的过程。真正的才华得不到施展，真正的能力无法发挥。

因此，应该尊重孩子的兴趣，让他挑选自己感兴趣的东西，对于感兴趣的事，孩子能学得又快又好。而父母自己的理想，还是自己努力去接近目标吧！

小刚今年9岁了，妈妈一心想让小刚学跆拳道。小刚妈妈的这个想法已经很久了，她一想到小刚身着跆拳道服酷酷的样子，就特别开心。小刚的妈妈觉得，小男生练跆拳道，既能健体强身，又能为将来作护花使者打下好基础，况且小刚平时也挺好动的，如此何乐而不为呢？

然而，当小刚的妈妈把自己的想法告诉小刚的时候，小刚却说："什么是跆拳道？"妈妈马上来了精神，解释道："就是小朋友一起舒展手脚的搏击术。""那什么叫搏击？"妈妈想了想，说："简单说就是2个人一起对抗……"还没等妈妈说完，小刚就一脸茫然地说："那不就是打架吗？我可不学。"说完后，不容妈妈解释就扭头自顾自地玩去了。

小刚的妈妈还不死心，非要拉着小刚去上试听课。试听课结束后，妈妈迫不及待地想给小刚报名，谁知小刚气呼呼地说："我就是不喜欢，你喜欢你去学吧！"小刚的妈妈见此情况，深知"强拧的瓜不甜"，不学就不学吧。

后来，小刚的妈妈问他到底喜欢什么？小刚歪着头想了想说："我喜欢画画。"后来，小刚的妈妈就按照小刚的意思，给他报了画画班。先前小刚连字都不想写，然而自从上了画画课后，经常要求去书房内画画了，字也写好了，而且每次上课回来后，都很愿意和妈妈说兴趣班的事，还会主动告诉妈妈今天他画的是什么。

小刚的妈妈一心想让儿子学跆拳道，结果孩子喜欢的却是画画，如果妈妈一直坚持自己的意见的话，小刚有可能会学得很痛苦。

报兴趣班的目的是，通过老师的教学或者学伴的影响，来激发孩子在某方面的潜能。如果孩子对此没有兴趣,家长却仍要按照自己的想法,强行要求孩子必须去学的话,那就失去了兴趣班的真正作用。

因而作为家长,选择学习的兴趣班一定要是孩子喜欢的,孩子感兴趣的。还是不要把大人的喜好强加给孩子,毕竟培养的是孩子的兴趣,而非大人的兴趣。

无论最后是否决定让孩子学才艺,学一种或几种技艺,都不要忘了让孩子快乐、幸福才是我们的最终目的。

第五章 别轻易对孩子说不

鼓励，不仅仅是表扬加赞赏那么简单。它是赏识孩子的行为过程，是激发孩子兴趣的动力，是培养孩子创造力、想象力、思维表达能力的一种方法。鼓励是自信的教育，是爱的教育，是充满人情味、富有生命力的教育，它为孩子的发展指明了方向。

鼓励是对孩子内心最好的呼应

教育乃是家之大计，孩子能力有高有低，天赋也各不相同，育子之道在于因材施教。知已知彼，方能百战百胜，所以要想真正了解孩子，就要走进孩子的心理，站在他们的角度思考问题，从而找到培养孩子创造力的突破口。

出自爱的鼓励是一种魔力

心理学家曾提出过，表扬和鼓励是让人积极行动的最佳动力，鼓励孩子会使他们更加健康发展，而批评打击的一句话，会让幼儿变得畏缩犹疑。只要我们从孩子的实际出发，把孩子的今天和昨天相比，你就会发现孩子是在不断成长进步的，从而对他们加以表扬。孩子受到鼓励后，学习热情和思考探索的积极性会更高。

一位母亲在第一次参加家长会时，老师就对她说："你的儿子有多动症，在椅子上连三分钟都座不住，下课的时候也不安分。你最好带他去医院看一看。"母亲听到了心理很不好受，因为全班40位小朋友，只有她的儿子表现最差；唯有对他，老师表现出不屑。但仔细一想好动一点也不是什么大错，也未必是多动症，只是不顺老师的心意罢了。老师也只是人，对错的标准未必就是适合所有人，老师的标准可能就是由于听话的孩子比较省心，而好动的孩子可能比操心,所以说不能以动静论英雄。

回家的路上,儿子问妈妈,老师都说了些什么,母亲只是告诉她的儿子:"老师表扬你了,说宝宝原来在板凳上坐不了一分钟,现在能坐三分钟了。其他的妈妈都非常羡慕你的妈妈,因为全班只有宝宝进步了。"

同样的一种情况,从老师的口中说出来,就伤到了母亲的心;从母亲的嘴里说出来,对孩子却是一种鼓励。那天晚上,她儿子破天荒地吃了两碗米饭,并且还没让大人喂。

一转眼儿子上小学了。又是在家长会上,老师说:"全班50名同学,这次数学考试,你儿子排在第40名,我们怀疑他智力上有些障碍,你最好能带他去医院查一查。"

走出教室,她流下了泪。然而,当她回到家里,却对坐在桌前的儿子说:"老师对你很有信心。他说,你是个聪明的孩子,只要能细心些,并再努力一点,就会超过你的同桌,这次你的同桌排在第20名。"

说这话时,她发现,儿子黯淡的眼神突然又充满了光亮,沮丧的脸也一下子舒展开来。第二天上学时,去得比平时都要早。她甚至发现,从这以后,儿子温顺得让她吃惊,好像长大了许多。

孩子上了初中,又一次家长会。她坐在儿子的座位上,等着老师点她儿子的名字,因为每次家长会,她儿子的名字总是在差生的行列中被点到。然而,这次却出乎她的预料,直到家长会结束,都没听到他儿子的名字。

她有些不习惯,更多的是不相信,结束的时候去问老师,老师告诉她:"按你儿子现在的成绩,考重点高中有点危险。"听了这话,她惊喜地走出校门,因为她听到的是有点危险背后的意思,就是老师说她的孩子有希望,此时,她发现儿子在等她。

走在路上,她扶着儿子的肩膀,心里有一种说不出的甜蜜,她告诉儿子:"班主任对你非常满意,他说了,只要你努力,很有希望考上重点高中。"这决不是善意的谎言,而是善意的转达。

高中毕业了。第一批大学录取通知书下达时,学校打电话让她儿子到学校去一趟。她有一种预感,她儿子被第一批重点大学录取了,因为在报考时,她对儿子说过,相信他能考取重点大学。

儿子从学校回来,把一封印有清华大学招生办公室的特快专递,交到她的手里。突然,儿子转身跑到自己的房间里大哭起来,儿子边哭边说:"妈妈,我知道我不是个聪明的孩子,可是,这个世界上只有你能欣赏我……尽管那是骗我的话。"

听了这话,妈妈悲喜交加,再也按捺不住十几年来凝聚在心中的泪水,任它流下,打在手中的录取通知书上……

这个孩子从问题儿童到问题少年,最后解决了所有问题,成为母亲的骄傲。其实,正是智慧的母亲出于爱孩子,并且能理性鼓励他,才让孩子一路勇敢向前。

我们都希望孩子成功、进步,但是我们也应该允许他们失败,所以,不要忘记留给他们进步的时间和空间。让我们用真诚的鼓励来帮助孩子,这样孩子才会在我们的掌声中,一步一步走向成功。

用鼓励照亮孩子的内心

一位教育界的前辈曾说过,学生存在某个方面的不足时,老师不要轻易说:"希望你……"而应该把这句话留在他做出成绩、受到了表扬之后,再话锋一转,提出相应的希望。

在孩子的成长过程中,有的走得很快,却总是落在后面;有的走得很慢,却往往捷足先登。世上看似没道理的事,其实大有文章,这就需要大人理性考量怎么对待孩子,才能不让他们输在终点。大人动一下脑往往比动一下嘴要更有效果,人自喻为万物之灵,也是因为大脑的主动思考性。

世上的路本没有捷径可走,都要一步一步走。教育孩子也一样,只是大多数家长走的是弯路,绕了一大圈,曲线教子,大费周章。借古仿今,家长以为成功可以复制,从而教孩子悬梁刺股,映雪苦读,而结果却大多并不尽如人意,枉费苦心。

所以家长要学会了解孩子的心理,凡事才能事半功倍。孩子最重要一个心理特征,就是需要被表扬鼓励。抓住孩子的兴奋点,有意识地表扬孩子,能增强他们的信心和热情,对幼儿良好学习行为的养成有着积极意义。

其实孩子的心理并不难揣测,他不是成人,也不像女人心海底深,更不是深不可测的阴谋家。从社会心理学来看,人的社会动机之一是赞许动机,即人们期望获得他人及来自社会的肯定、认可和鼓励,以得到心理需要的满足。

社会赞许动机对人的行为培养具有极其重要的意义。随着年龄的不断增长，孩子们的心理会慢慢地变化，开始不满于最原始的本能吃和睡，小孩子需要了解更多的东西，要求更多语言上的肯定，还有伴随语言出现的各种表情、某些物质鼓励。

家长的引导和鼓励是他们最好的的方向和动力。这样，他们就可以按照成人的要求，将某些行为建立和巩固起来，这也是创造力形成的过程。

随着西方先进教育理念的引入，越来越多的家长开始尝试"快乐教育"、"赏识教育"，以及"热爱孩子、尊重孩子"的教育态度。这些有效方法也不断地深入人心，人们越来越重视表扬和鼓励在幼儿教育中的作用。

任何成熟的教育方式都是有据可考的，鼓励式教育就是基于孩子的心理规律。其实，表扬与批评，对幼儿的学习和品行都有明显的心理效应。

鼓励的一种心理效应便是"信息的反馈效应"，即表扬本身确实对幼儿的思想和行为起到积极的强化作用，也就是我们常说的正面强化作用。我们如果经常运用表扬的方法，使幼儿看到"明天的快乐"，他们就会决心这一次比上一次做得更好，这就是幼儿受到表扬后的信息反馈效应。

心理学实验证明，表扬和信任能激发一个幼儿的自尊心和上进心。比如说孩子写作文，表扬其写的生动有想象力，他就会知道有想象力是好事，并向这方面努力。一个孩子画一张画，大人看见了会赞扬他画的内容丰富。

表扬实际上就是鼓励，让幼儿产生一种向上的欲望，给幼儿以前进的动力。表扬还会使很多幼儿产生一种精神上的愉悦感、成就感。教育者应该学会赞美幼儿，当孩子表现突出或成绩优异时，应适当给予一定的物质或精神奖励，以强化幼儿的荣誉感和满足感。

有一位老师的班级里，有时上课纪律有些差。为此，老师多次批评孩子们，但效果不太明显，往往是刚批评完，他又会犯同样的错误。

鉴于这种情况，老师决定改用表扬来取代批评。效果竟出乎意料的好，而且班上的活动气氛也与过去大不一样。幼儿学习兴趣也进一步提高了。

对孩子的赞许不仅仅是为了给孩子所做的某一件事、某一个行为以肯定，也不仅仅是为了使孩子产生一时的愉悦，而是关系到孩子创造力的培养。比如孩子在实践过程中，无论做什么，鼓励是在标准之上再给其设立一个标准，他便能满怀自信和兴趣地不断提高。相反，过分的批评，其实是对孩子内心创造力的破坏,打击孩子的自信,会让孩子总是在原地不动。

有一句名言:"数子十过,不如奖一长。"表扬为什么会产生这么大效应呢?这是由幼儿的心理特征决定的。

幼儿都具有较强的好胜心和自尊心,由于年纪小,心理承受力也不强,对鼓励和批评都比较敏感。他们可能为一句表扬而兴奋一天,也会因为一句批评而低落几日。我们应善于抓住时机,在适当的场合,对孩子多加表扬和鼓励。这样便会在他们心中燃起一团团希望之"火",激起他们一股奋发向上的力量。

鼓励,让孩子乐于探索世界

让孩子从小就养成探索精神,对于培养孩子的创造力,很有益处。孩子是否乐于探索的关键因素,便在家长的教育态度、方法上。有时候,一个明智、适当的鼓励,便能让孩子乐于探索世界。

允许是一种鼓励

对孩子的教育要讲究时间和空间,总体来说对孩子各项能力的培养越早越好,但却并非是越多越好。

有些家长很注重孩子的早期教育,但是所授内容庞杂,门类更是花样翻新。结果使得孩子无所适从,疲惫不堪,反而得不尝失。还有些家长经常忽视孩子的早期教育,直到孩子上中学后,家长才开始对孩子的发展格外关注起来。殊不知,教育孩子的最佳时机便是幼儿期,在孩子越小的时候,家庭教育就越有效、越重要,可以说是一劳永易。

早教的肉容有很多,其中必不可少的一项就是,让孩子尽可能早地去探索世界。其实引导孩子积极探索,就是鼓励孩子勤于动手、动脑、了解未知、大胆实践。

1962年诺贝尔化学奖得主鲍林,从小就非常喜欢到从事药剂师工作的父亲的实验室里去玩。他看父亲调配药剂,自己也很想亲自动手做实验。

父亲注意到儿子对实验的浓厚兴趣，就开始慢慢教鲍林怎样调配药品，怎样做实验。鲍林很感兴趣，每天都要到父亲的实验室去做实验。

逐渐地，他学到了很多关于药品和实验的知识，当然也学到了如何自己去探索的精神。

在鲍林9岁时，父亲因病去世，鲍林一度非常消沉。

后来，怀着对实验的喜爱，鲍林又重新走进实验室。有一天，他得知好友的父亲做了"高锰酸钾产生气体"实验，这让鲍林对化学产生了浓厚的兴趣。

从此，鲍林迷上了化学。他一直不间断地做各种实验。正是父亲早期对鲍林的鼓励，使他走上了探索科学的道路，也才有了后来鲍林在化学领域所取得的巨大成就。

儿童文学作家严文井说："人应该有探索、有追求。这些都要从幼儿时期，培养孩子的独立性和主动性做起。"但是有些父母总对孩子说："你怎么能这样做？"或者"这太危险了，你可不要玩！""这种危险性很大的活动还是别参加了，在家看看动画片吧。"殊不知，打破这种自以为是的保护，放下过余的担心，允许他们顺应自己的喜好，给孩子在外界探索实践的机会，就是对孩子最好的支持和鼓励。

其实，孩子在进行探索活动的过程中，不仅仅得到了探索的乐趣，其思维能力、创造力也都得到了发展。所以在家庭生活中，家长要为孩子提供接触社会、自然的机会。比如节假日和双休日，父母可以带孩子到野处去郊游，也可以带孩子到文化宫、博物馆、植物园等场所，让孩子在观察、探索事物中学会发现问题，以及解决问题的方法。

孩子接触的事物越多，产生的新想法也就越多。那种只想把孩子关在家里，只想让孩子在家里写字、画画的办法，虽不无可取之处，但对于孩子来说未免有些过于乏味。久而久之孩子很容易因此而失去生气，甚至变成书呆子，就更不要说成为具有探索精神的创新型人才了。

什么才是鼓励探索的好时机

教育中有一个著名的"儿童潜能递减法则"，法则认为，具备100度潜在能力的孩子，如果一出生就得到充分的教育，那么孩子的能力就可能达到100度。如果孩子从5岁才开始教育，即使教育方法非常出色，他也只能成为具有

80 度能力的人。而如果从 10 岁才开始教育，不管实施什么样的教育，他也只能成为具备 60 度能力的人。这就是说，教育开始得越晚，儿童潜在能力的发挥就越少。

儿童潜在能力的递减法则其实也是一个自然规律，孩子的潜能的确是随着时间而变化，并和时间一样不可逆转，唯一的诀窍就是对孩子尽早地实施教育。所以要尽早地鼓励他们学会探索，多了解未知事物的本质，积累经验，开发智能，发掘创造力。

开发创造力的时机是越早越好，开发的途径是学会探索，开发创造力的方式便是鼓励。总之越早鼓励孩子的探索行为，就越可能充分激发孩子们的潜力。但是在实际教育过程中，一定要注意顺势而为。

心理学研究证明，每个人内心深处最本质的需求就是"显示自己的重要性"，即实现自己的价值。一旦自己的探索结果得到了成人的的肯定，孩子就有了积极向上的动力，就能发挥出自己的潜力。

如果一句鼓励的话，可以让成年人信心增加一倍，那么它将起到让孩子增加十倍信心的作用。孩子在成长过程中，从零开始探索陌生世界，经常会遇到各种困难，只有家长的肯定和鼓励，才能让他们坚持探索。鼓励能增强孩子的自信，激励孩子不断尝试，勇敢面对困难和挫折，从而开创自己成功的人生。

鼓励孩子探索未知，还要顺从他们的天性。孩子出于好奇心，才有探索世界的想法，家长对待孩子无限的好奇，不要妄加阻拦，但也不要任其自然生长，关键应该给予必要的引导。有些父母对孩子的教导，总是带着不满和指责。一些家长在孩子学习新事物时，看不到孩子所付出的努力，总是迫不及待地希望孩子一学就会，还要求做得十全十美。这完全是家长的虚荣心和惰性心理在作怪。其实有时候不能怪孩子太任性，也要自我检讨教育方式、方法是不是太过激过硬，缺少弹性的鼓励。

6 岁大的圆圆，正在洗手间学习自己洗袜子，还学得像模像样。突然妈妈走进来，生气地说："天呐！你哪里是在洗袜子，根本就是在玩水嘛！"妈妈心急地把水龙头拧紧，"你不知道现在水费多贵吗，还这么浪费。"

圆圆噘起了嘴，她当然不知道水费有多贵，也不知道水费和自己洗袜子有多大关系，本来以为帮妈妈洗袜子会得到表扬，现在没戏了。

结果圆圆的妈妈又批评到，"你看看你，洗什么嘛！洗了老半天，袜子还这么脏。多用一点肥皂粉，全部重新洗过。"圆圆不情愿地挤了一堆肥皂粉，弄得脸盆里都是泡沫。

"你怎么这么笨！弄得全是泡泡，这样很难洗干净的。"圆圆生气地大哭着一边喊"我不洗啦！"，一边狠狠地把袜子摔回脸盆里。

6岁的圆圆第一次实践开始学做家务，她的本意是想帮妈妈的忙，显示自己的能力，并且也觉得洗袜子是件有趣的事儿，当然很大程度上是想得到妈妈的表扬。但却意外地遭遇到了妈妈的苛求与指责，挫败了自己的热情，以及学习做家务的积极性，甚至以后还会对家务这种事情产生抗拒感。所以在孩子第一次实践时，鼓励的对立面会让孩子减少尝试新事物的积极主动性，长此以往，严重者可能造就孩子自卑的人格。

母亲的出发点肯定是好的，但是如果换一种表达方式，先表扬孩子的勤快，再耐心细致地教她洗袜子的方法，即使她一时做不好也积极鼓励。那么她从中就不仅学到了做家务的本领，有了小小的实践成就感，也在家中得到了归属感，培养了自己对家庭的责任心。以后孩子也会更积极主动地为家庭出力，并锻炼出更多的能力，发展自身主动、积极、乐观、自信、负责、坚定等优秀的品质。

另外，在孩子提出问题时，有一些父母不但不耐心地鼓励孩子的探索精神，还往往自以为是，粗暴地对待孩子，认为孩子什么都不懂，成天只知道胡乱瞎想。

清清小时候和同龄的许多小朋友一样，对周围的事物充满着好奇心，满脑子都是问题。他经常缠着父亲问这问那，可是父亲觉得这么小的孩子，不该有问不完的问题，就没有把这些问题当一回事，总是敷衍对待。可孩子就是有一种"打破沙锅问到底"的精神，总希望父亲能给一个正确的答案。

有一次清清问父亲："为什么晴天时天是蓝的，阴天时天就变成雾蒙蒙的一片？"父亲一愣，他好像小时候也问过这样的问题，大人告诉他就是这个样子，没有为什么。父亲就把这个不是答案的答案告诉孩子，孩子不满意，小声说："这是什么答案，我想天空之所以这样总会有原因的。"

父亲不耐烦地说："没有什么原因，我说它们是那样就是那样。你没事管这么多做什么？弄明白和不弄明白有什么关系？"

孩子说："可是，我想弄明白……"

不能用平等、鼓励、支持对待孩子,甚至让孩子无条件地接受自己的观点,这是许多家长在教育孩子时最容易犯的错误。

孩子弄不明白的问题,遭到父亲一次次粗暴的拒绝,而不是积极的鼓励,孩子天性中的探索精神便会慢慢泯灭,孩子也就再不愿意或者没有能力想要知道某些疑问的答案了。父母的高压还会让孩子产生消极的暗示心理,久而久之,孩子不敢反对家长的权威,便会失去探索欲望,只做亦步亦趋的小绵羊。探索的精神失去很容易,但想要再找回来却并非易事。

孩子在鼓励中享受实践

一个孩子无论学习多好,就算是到了博士,创造成力的支点,还是一种实践的能力,其衡量标准,也是根据为社会所创造的价值决定的。

实践实现创造,在试卷上是打不出天下的,分数再高,也只是停留在理论的层面。例如,一个科学家要想证明一个理论,他要做很多的实险,可能是几百次,甚至上万次。爱迪生发明灯泡,就试用了上千种金属材料。

所以,鼓励孩子勇于实践,让他们在享受实践的过程中,积极探索创新,全面提高自己。

六一这一天,班上的每个小朋友都会得到一份礼物。老师注意到一个小女孩得到的是一个可爱的小娃娃,并且这个孩子想用自己的长条小手巾包这个娃娃。

老师看到,孩子笨拙地把手巾横着放,可是包不住娃娃的脚;试着竖放手巾,娃娃的肚子又露在外面。她强忍着没有过去告诉孩子该怎么包。孩子试了好几次,终于明白把毛巾斜着放最合适。

当孩子把娃娃包好显示出心满意足的时候,这位老师也长吁了一口气。孩子通过一次次的试误,经过学习的过程,终于在时机适合时出现顿悟,这才是成功。

显然孩子的动手过程让老师憋得难受,这是一个成人正常的心理。看到孩子有困难的时候,总想伸手帮孩子一下。可是帮一次可以,大人不能永远跟在孩子后面。这次你帮了她,下次她还是不会。

这次你帮了她，可能下次她还要你帮，该如何取舍，家长心中都要有数，这位老师的做法特别值得家长借鉴。

其实，孩子们做事的过程是体验如何做事的过程，而且孩子此次的成功经历为以后克服难题，提供了自信心和勇气。

我们需要给孩子留存更大的实践探索空间，好让他们进一步地发展。学着经常对孩子说："试试看，你没做过，怎么知道自己不行。""你能行，我相信。"

只有在一定的实践基础上，人才可能爆发创造力。所以鼓励孩子实践，是他们探索路上的试金石。没有实践就无所谓探索和创造，所以家长要让孩子学会勇于实践，勤于动手、动脑，在实践中锻炼探索、创造能力。

美国 18 世纪的杰出科学家、政治家富兰克林，以其发明避雷针等电学成就，而被称为"电学之父"。他甚至被印在美国的钞票上，可见其在美国历史上的地位。

在富兰克林之前，人们对雷电一直没有正确的认识。富兰克林从小就对声音和电，非常感兴趣。并乐于实践，总喜欢把想到的和听到的东西，通过实践证明。

他在一次电学实验中受到启发，发现了电和雷电的性质有很多相似之处，便断定雷电是一种放电现象。然而假设依旧是假设，为了证实自己的设想，他决心把天空的雷电引下来。

这是一个危险的设想，也是一个凶险万分的实验。在 1752 年 7 月的一个雷雨天，他做了著名的"风筝实验"。

他将一块大的丝绸手帕扎到木条十字支架上，做成一个风筝。风筝上面固定一根向上伸出几十厘米的细铁丝用来引电，细铁丝与放风筝的细麻绳相连，麻绳下端系丝绸带，绸带上挂了一把铜钥匙。

风筝带着铁丝穿入带有雷电的云层中，闪电在风筝上闪烁。一道闪电掠过，富兰克林觉得自己拉着麻绳的手有些麻木。他把手指靠近铜钥匙时，突然，一道电火花向他手上击去。

"天电"被引下来了，富兰克林终于险中求胜，证明了雷电的本质就是电。后来他又用莱顿瓶收集了"天电"去做试验，证明"天电"和地电一样能被金属传导，能熔化金属，能点燃酒精。

从此，人们认识了闪电的本质，就是大气中的放电现象。在这个基础上，富兰克林最早提出了避雷针的设想,并且经过多次试验,制成了实用的避雷针。

德国大哲学家康德赞扬他说:"富兰克林是从天上取火种的第二个普罗米修斯。"奉献人类的盗火者,富兰克林的敢于实践成就了他的伟大,他的勇于探索精神也激励着现代人不断探索。

人们常说"劳心者治人劳力者治于人",动手是人下人,动脑才是人上人。其实这种说法有失片面,多动手有利于智力的开发。

多年的生理科学研究表明,在幼儿期间锻炼孩子的动手实践能力,也有其生理上的依据,并非信口胡说。手的活动受大脑控制,同时又能反过来促进脑神经成熟与发展。因为脑科学的研究证明,大脑有 5 万个神经细胞控制着人体躯干,但控制手的却多达 20 万个神经细胞。可见手和大脑的联系,也就是说,大脑皮层的相应区域中,双手所占的"地盘",要比人体整个躯干(包括内脏)所占"地盘"还大。

人们常说的"心灵手巧"反过来说是可以说是"手巧"然后"心灵",人类能有今天,也是一步步用双手去改造自然的结果,所以不要轻视动手能力。孩子动手不仅有助于表达他潜在的创造能力,更能促进其创造力的进步发展。

因为创造力终究还是落实于实践的,他在操作中通过比较会知道,哪种解决问题的方法最好最快;动力实践的过程中与自己想象中的有何不同;又遇到了怎样的困难,又是如何克服的。

上个世纪 70 年代,在美国加州萨德尔镇有一位名叫法兰克的年轻人,他来自于一个穷困的家庭,从小上不起学,无可奈何之际,小小年纪的他只好去芝加哥寻找出路。在繁华的芝加哥城转了好几天,法兰克也没能找到工作和一处容身之所。

当他看到大街上不少人以擦皮鞋为生时,他也买了把鞋刷给人擦皮鞋。坚持了半年后,法兰克觉得擦皮鞋很辛苦,更重要的是不赚钱。路要一步一步走,但还要找一个更好走的路,于是他将擦皮鞋赚来的一点微薄积蓄租了一小门店,卖雪糕之余,再给别人擦鞋。

雪糕生意比预想的要好得多,比擦鞋强多了。欢喜之余,法兰克决定在小店附近再开一家雪糕小店,谁知雪糕生意一天比一天好。

后来他干脆不擦鞋了,专门卖雪糕,并将父母接到城里给他看店,还请了两个帮工。从此法兰克开始经营雪糕生意。

就这样从没计划到在实践中有了计划，又将一个个计划变为现实。如今，法兰克的"天使冰王"雪糕，已稳居美国市场的领导地位，拥有全美70%以上的市场占有率，在全球60多个国家有超过4000多家专卖店。

在别人看来他的功成名就，让许多人都望尘莫及，其实法兰克只是通过实践，一步一个脚印走出来了。

巧的是，在落基山脉附近的比灵斯也有一位年轻人，他叫斯特福，他跟法兰克几乎是同时到达芝加哥，与法兰克不同的是他生在大富之家。

斯特福的父亲是位富有的农场主，农场主送自己的儿子上了大学，还读了研究生，他对儿子斯特福的期望很大，他想让自己的儿子能成为一位大商人。

就在法兰克拿着刷子在大街上给别人擦鞋的时候，斯特福正住在芝加哥最豪华的酒店里，进行自己的市场调查。

耗资数十万，经过一年多时间的周密调查、分析综合，综合再分析，反反复复，最后，斯特福得出的结果是：卖雪糕。而法兰克此时已经拥有了数家雪糕专卖店。

当斯特福将自己精心的调查的结果告诉父亲时，农场主气得差点晕倒，惊喜变成惊吓，他怎么也想不到，他的研究生儿子眼光居然浅薄到了卖雪糕的程度。

研究生去卖雪糕，老农场主觉得这是个天大的讽刺。可斯特福经过再次对市场的精确调研后，还是觉得只有卖雪糕才是最好的生意。

又过了一年，斯特福终于说服了自己的父亲，准备打造雪糕连锁店。此时法兰克的雪糕店已经遍布全美。最终，斯特福无功而返。

事实证明这位研究生还不如卖雪糕的，世界上没有那么多成功是通过周密的计划得来的，而是一步一步通过实践得来的。

计划故然重要，但太过繁琐，就会拖沓，成长的路上会有很多细节是计划不到的。是深是浅，都要亲身度过，所以要从小培养孩子的动手实践能力。孩子童年时期，是习惯形成的重要阶段。如果空想懒惰的习惯一旦养成，就很难改掉。一定要放手让孩子去多探索，多实践。

唐代著名画家戴嵩，画了一幅"斗牛图"，他把牛的尾巴画为往上翘起。一个牧童看后指出：画错了。因为实际上两牛相斗全力用在角上，尾巴则夹在两条腿之间。

看来即便是大画家，如果只凭想象和高超的技艺，也是不够的。如果没有切实的实践经历，人的认知就会很不全面。

齐白石出身贫寒，但是自小酷爱绘画。他七八岁就开始练习，天天抽空临摹或写生。为了达到形神兼备的境界，他时常在野外悉心观察各种动植物的形态和习性。晚上躺在被窝里，还在用手指画草稿。经过数十年刻苦的实践磨练，他终于成为一代宗师。

无独有偶，哥伦布曾是海边的一个穷孩子，他热爱大海，渴望航行。航海的梦想鼓舞着他悉心研究地理，千方百计寻找契机。

他先后到葡萄牙、英国、法国，但均被拒绝，后来他得到西班牙国王支持，率领船队四次驶进茫茫大西洋。他历尽千辛万苦，终于发现了美洲大陆。

有想象力是好事，但也不能脱离现实，否则再好的想象也只是空想，看不见摸不着。而创造力与实践活动的关系更为紧密，它的价值就来源于行动创造，所以说实践是创造力的必经之路。

列夫·托尔斯泰在创作《战争与和平》时，当他写到俄法双方在鲍罗京诺会战的一段文字时，总感到描写得很不具体，不生动，也太单薄。于是他决定亲自去战场上考察一番。他希望让自己在战场的遗迹上，亲身体验一次，找到对所创作情景应有的真实感受。

等到了鲍罗京诺，他仔细巡视了这个历史战场的一切遗迹，把它的地形地貌牢牢记在心里。他还注意了许多细节，如当时会战开始时太阳移动的方向，并且还特地画了一幅画。画上一条地平线和许多树林，标明各个村庄、河道的名称。

回到家里，他又把自己观察到的印象，同历史文献上记载的材料联系起来分析研究。直到一切都清楚明白了，他才坐到桌边，重新写这段文字。

最后，他将会战场面描写得不仅生动逼真，而且色调明朗、壮观。

多培养孩子的实践动手能力，慢慢的养成习惯，这样等到他们有一些想法的时候，就不会只停留于脑袋里想一想，嘴上说一说，还能手上动一动。

只会想一想的,那叫空想;只说一说的,叫无聊;只会动手,叫盲目。所以说三者对立统一,相辅相承,缺一不可。

在从小的实践中形成的实干精神,无论是对孩子创造能力的培养,还是对他们今后的发展都会有深远的影响。

鼓励为先,止于适度

"反弹琵琶"式鼓励教育

敦煌壁画上有一个"反弹琵琶"的艺术形象令人叹为观止,这种反弹琵琶的效果被人们巧妙地引用到教育领域——鼓励式批评。

心理效应是指大多数人在相同情景之下,对某种相同的刺激产生相同或相似的心理反应现象。同任何事物一样,它具有积极与消极两方面的意义。

在批评心理学中,我们把要批评的过错,不直接批评而是充分肯定和表扬其长处,使受批评者自我反省,进而认识过错改正过错的现象,称为反弹琵琶效应。

鼓励与批评,你中有我,我中有你,二者同时并举,融会贯通。表面上听上去是鼓励,仔细想又是批评,不会有损活力和热情;也不会由于过激的言语而限定孩子的新奇的想法,以及充满生机的思维;不会使他们在以后的实践中畏首畏尾。

鼓励式批评,"良药不苦口,忠言不逆耳",虽是老生长谈也要反话新说。这种方法比较适合大一点的孩子,比如中小学的孩子都比较适用,因为这个年龄段的孩子有一定的反省意识。

陶行知先生在任职育才小学校长时,有一次在校园看到男生王友用泥块砸自己班上的男生,先生当即斥止了他,并令他放学时到校长室里去。

放学后,陶行知来到校长室,王友已经等在门口准备挨训了。可一见面,陶行知却掏出一块糖果送给他,并说:"这是奖给你的,因为你按时来到这里,而我却迟到了。"王友惊疑地接过糖果。随后,陶行知又掏出一块糖果放到他手里,说:"这块糖也是奖给你的,因为当我不让你再打人时,你立即就住手了,这说明你很尊重我,我应该奖你。"王友更惊疑了,他眼睛睁得大大的。

陶行知又掏出第三块糖果塞到王友手里,说:"我调查过了,你用泥块砸那些男生,是因为他们不守游戏规则,欺负女生;你砸他们,说明你很正直善良,有跟坏人作斗争的勇气,应该奖励你啊!"王友感动极了,他流着眼泪后悔地说道:"陶……陶校长,你……你打我两下吧!我错了,我砸的不是坏人,而是自己的同学呀!……"

陶行知满意地笑了,他随即掏出第四块糖果递过去,说:"为你正确地认识错误,我再奖给你一块糖果,可惜我只有这一块糖了,我的糖完了,我看我们的谈话也该完了吧!"说完,就走出了校长室。

这则著名的"四个糖果的故事",让我们对大教育家陶行知的批评方法惊叹不已,他的伟大之处,正是在平常处活用、彰显了鼓励式批评的妙处。

发现学生打人及时制止,王友在校长室等着挨训,说明学校对孩子的养成教育到位,第一块糖果以奖励获得了王友的认同。第二块糖果奖励的具体,王友更惊疑了。之后经过调查之后的第三颗糖果,更是使王友流泪后悔。第四块糖果讲出了陶老先生对王友的期待。

存在即可合理,犯错应该受到批评,但是我们看到过错的另一积极面,用表扬、鼓励的方式点出来,则更能点醒孩子,轻松让他们真心改过。

一个学生在朗读课文时,把"还有后来人"误读成了"还有后人来"。大家听了都哄笑起来,教室里的严肃气氛顿时化为乌有。

遇此状况,但见授课教师神态自若。她从容不迫地问:"同学们,你们在笑什么?这位同学念的意思并没有错呀!"

经她这么一说,教师里静了下来。她接着说:"还有后来人的意思是还有接班人;还有后人来的意思还有人接班。"

这时,教室里鸦雀无声。教师又亲切地说:"当然,意思不变,并不等于说这位同学读对了。他之所以念错,是由于没有看清楚的缘故。如果仔细看,认真读,就不会出这种不应该的错误了。我们请他在为大家朗读一遍,好吗?"

学生们听了,情不自禁地鼓起掌来。这时,那位站着的学生情绪更加激昂地读了起来。

这位老师能辩证的看事物，不但没有责怪学生，反而表扬其错的既有创意，又不失本意。无形中也在支持和激励孩子们，不要受到课本的限制，让学生明白了，推陈出新是能受到表扬的。

人们总觉得习以为常的东西就是对，比如该鼓励的就鼓励，该批评的就批评，从不会想到错误之处，有什么可鼓励的。然而鼓励式批评，以灵活思维认知事物，正因它超越了人们的常识看法，方能发挥奇效。鼓励到位，能看到错误里值得鼓励的特点，真乃实属难得，这种鼓励方法也因此弥足可贵。

鼓励也要有度

在孩子的教育中，鼓励是把双刃剑，用得好可能积极有力，用不好也能成为一种伤害。其实凡事都有两面性，关键在于要掌握一个"度"。如果教育孩子不懂得，表扬与批评对孩子心理影响的两面性，那么不仅会失去它们应有的积极作用，甚至还会产生许多负面的影响。

在教育孩子的天平上，只有表扬是不够的，还应该有适当的批评。该表扬的不表扬，会让幼儿没有信心，底气不足；偏离客观事实表扬，会让幼儿变得过分骄傲。慢慢的会让孩子觉得表扬不切实际，因此过犹不及，有还不如没有。该批评的不批评，会让孩子有毛病不知道改，不怕恶小而为之。

有儿童教育专家指出，在一段时间里，过度的表扬会使孩子被自己的一时优秀冲昏头脑，甚至因过度自负而不能正确或准确地评估自己。如果受到过分表扬后，日后在家里听到家长的责骂或批评，那么他就会产生比以前更强烈的失落感，结果一蹶不振，甚至发展为厌学、逃学，陷入既自卑又倔强的心理困境。所以，我们要注意鼓励的适度性，那便是鼓励该鼓励的事。

一天晚上，孩子很快把妈妈出的几道数学题都做对了，妈妈高兴地说："你真棒，堪比一个数学家了。"夸奖之后，妈妈又出了几道数学题，而且比之前的更难。但孩子还想得到妈妈的表扬，并不想有负"数学家"的称号，他更加努力地去做了。

妈妈用数学家的称号来称赞孩子，使孩子满心欢喜。表扬在情理之中，孩子有了动力，虽然花了很长的时间，终于还是完成了。

后来，妈妈又留了更多的任务，结果孩子这次却没有继续做下去。鼓励激起孩子的动力，再耗尽他们的热情，这就本末倒置。

鼓励是种教育,而不是手段。动机不良,效果自差强人意。

另外,在培养孩子创造力的关键时期,鼓励要有针对性,比如对孩子提出一些想法,可行性姑且不谈,首先要保护好孩子的创新意识。如果不可行,或现实条件不充许,也要对他们敢于想象的精神给予肯定。如果可行的话,可以不用过于在乎结果,只管让孩子去实践。

成人的世界里总喜欢"鼓励"应对事不对人,这种想法对于孩子来说有点过于苛刻。可以适当地放宽政策,因为孩子做事往往天真、胡闹、不讲分寸,虽然对的东西肯定不多,但错不见得全错。如果什么都要对事不对人的话,那孩子就一无是处了。

教育就要先对人,再对事。因人而宜的教育,就是要去除个体人性里不好的东西,修枝剪叉,将他们带向好的修养。教育的目的是育人,尤其是对孩子创造能力的培养,不要轻视他们的每一个想法,依据天马行空的语言,就将他们一棒子打回,教育者要清醒认识到孩子的个性特点。

其实,很多科学家最初的假想都是错的,也曾被世人嘲笑,比如哥白尼、伽利略等大人物。正是他们从空想出发,勇于从错误中爬出来,才得以遇见真理。

对孩子在日常生活中冒出的好想法、出色的表现及点滴的进步予以鼓励,可以起到强化的作用,使之得以巩固、发展,成为孩子持久的习惯。但是如果老师或父母在对孩子所做的某一小事表扬时,上升到人格的高度,甚至涉及到人生的评价,给孩子扣帽子,"你今天如此这般,明天就会怎样怎样"等,就会造成他们心理上的压力、定式的生活思维。

鼓励孩子发展创新思维,家长要学会观察孩子的日常行为,了解他们会什么,喜欢什么,从而走进孩子的内心,然后因材施教。另一方面,成人要学会审时度势,鼓励批评教育孩子,心中要有杆秤,嘴上的褒贬也要有分寸。

发展兴趣是对孩子最好的鼓励

无论孩子学习什么,兴趣都是最好的老师和动力。尤其是培养孩子的探索创造力,就更少不了兴趣的积极引导。

兴趣不是天赋，但与天赋有很大的交集，有时候近乎相等。因为天赋大多能让孩子表现出过人之处，而过人之处又伴着鼓励和赞美。而兴趣大多来自于别人的肯定，如此周而复始，环环相扣，作用与反作用之下，天赋就会被培养成兴趣。

但凡两者在孩子身上很好地统一，对于孩子创造力的培养就将是如鱼得水。兴趣是孩子探索世界的开始，因此鼓励孩子发展自己的兴趣，对激发他们的探索创造力有巨大的助益。让孩子养成一个积极的兴趣，是对他们人生最好的奖励。

焦耳定律大名顶顶，无人不知。英国著名科学家焦耳从小就很喜爱物理学，兴趣之余，他常常自己动手做一些关于电、热之类的实验。正因为这些实验探索，他经历了与众不同的童年。

有一年放假，焦耳和哥哥一起到郊外旅游。聪明好学的焦耳就是在玩耍的时候，也没有忘记做他的物理实验。

他找了一匹瘸腿的马，由他哥哥在前边牵着，他自己悄悄躲在后面，用电池将电流通到马的屁股上，他想试一试动物在受到电流刺激后会有何种反应。结果，他想看到的反应出现了，马受到电击后狂跳起来，差一点把哥哥踢伤。

还有一次，焦耳和哥哥划着船来到群山环绕的湖上，他想在这里试一试回声有多大。他们在火枪里塞满了火药，然后扣动扳机。谁知"砰"的一声，从枪口里喷出一条长长的火苗，烧光了焦耳的眉毛，还险些把哥哥吓得掉进湖里。

但这丝毫没有影响到爱做实验的小焦耳的情绪。因为兴趣使然，他已将这些探险实验当成了家常便饭，根本不在乎它有多危险。不过大人每次都会适当地限制并引导他，用正确的方式发展自己的兴趣。因此，他对自己的兴趣依然热情不减，探险也从未停止。

有一日天空浓云密布，电闪雷鸣，刚想上岸躲雨的焦耳发现，每次闪电过后好一会儿才能听见轰隆的雷声，这是怎么回事？焦耳顾不得躲雨，拉着哥哥爬上一个山头，用怀表认真记录下每次闪电到雷鸣之间相隔的时间。

开学后焦耳几乎是迫不及待地把自己做的实验都告诉了老师，并向老师请教。老师望着勤学好问的焦耳笑了，耐心地为他讲解："光和声的传播速度是不一样的，光速快而声速慢，所以人们总是先见闪电再听到雷声，而实际上闪电雷鸣是同时发生的。"焦耳听了恍然大悟。从此,他对学习科学知识更加入迷。

通过不断地学习和认真地观察、计算,他终于发现了能量守恒定律,成为一名出色的科学家。

成功的人大多都有相似之处。英国伟大的科学家查理士·达尔文创立了生物进化论,这一经典理论在生物科学上有着划时代的伟大意义。

"物竞天择,适者生存",取代了生物界中神的存在,推翻了"神创论"进化思想这一长期不变的自然观。恩格斯称赞达尔文主义是19世纪三个最伟大的科学成就之一。

达尔文出生于一个富有的医生家庭,他具有良好的生活和学习环境,并从小就有喜欢观察自然事物和努力寻求理解的独特个性。天才的本性就是好奇心重,有太多的问题和疑惑。

达尔文从小一直跟父亲学医,打下了深厚的生物学功底,并培养了敢想敢问、勇于探索的精神。在剑桥大学基督学院学习神学的时候,他广泛接触到了各种自然科学书籍,幸运地参加了贝格尔舰的环球考察航行,这对他创立进化论产生了重大影响。

在近五年的航行中,达尔文经历千辛万苦,重重危险,穿过了三大洋而游历各处。尤其在澳大利亚和南美洲,他观察收集了大量动物、植物、地质、地理和人类的许多资料和标本。

不断地追寻、探索让他产生了强烈的,关于生物进化自然本能的想法,同时他开始怀疑从小就深信不疑的上帝造物的思想。结束这次环球考察以后,他仔细整理、研究所得的丰富资料,并着手进行试验研究,还发表了许多论文和著作。

后来他发表著名作品《物种起源》后,立即引起了有神论者的强烈恶毒攻击,但是真理往往站在少数人的一边。他以各种事实说明生物进化和变异的原理,从根本上改变了生物学中神创论的观点,建立了唯物主义的自然观。

他的基本理论是自然选择,生存斗争,适者生存,劣者淘汰;人工选择可以产生新品种,优胜劣汰;变异是生物个体间的差异,有一定变异和不定变异,是普遍存在的客观事实,说明了各种适应现象。事实证明,达尔文是对的,进化论经受住了时间的考验。

在强烈的兴趣下,生发的勇于探索精神,成就了伟大的科学家达尔文。

兴趣是培关孩子探索精神和创造能力的开端,幼儿最喜欢活动的,能发出声音的、色彩丰富,夺人眼球的物体。因此,他们往往对玩具和动画片情有独钟,并产生了好奇心。玩耍到高潮的时候,他们总想知道"这是什么?"、"那是什么?"、"为什么会这样?"等,便开始拆玩具。他们也可能会在电视面前看动画片时,成为最安静听话、最乖的人,这是因为对剧情和丰富的动画人物有着强烈的好奇心,注意力完全被吸引了,其实,这正是幼儿的一种科学探索精神、主动探索行为。

所以,当孩子拆玩具时不要加以指责、批评。要理解幼儿的天性,保护幼儿的好奇心,尊重、满足孩子的创造欲望。这是一个循序渐进的过程,要分清什么是创造性的探索和破坏性的探索,但切不可呵斥责骂,这样容易伤害幼儿的自尊。一向勇往直前、无知无畏的孩子,可能会因为大人一时的呵斥,而失去对事物的探索兴趣,容易变得在未知事物前畏手畏脚。

探索与创造是一个漫长的路程,而兴趣则是让人轻松上路的指南针,鼓励是这条路上的加油站。当真正的兴趣与天赋的创造力契合时,人便能爆发出强大的能量,并在各种艰难困苦中,不舍不弃自己的探索追求。当发展兴趣拥有了家长的支持后,孩子将会更加乐于前进。

鼓励更能激发孩子的创造力

就创造力的培养来说,成人对孩子的鼓励是必不可少的。尤其是在学前教育阶段,给孩子一个积极的鼓励,激发他们乐于探索的可贵精神,是激发其创造力的必经之路。

为幼儿创设一个上进的氛围,有效地激发幼儿求知、求新的意愿,引导他们大胆地表现自我,唤起幼儿美好的奇思妙想,使他们在自信、自强、轻松、愉快的心理环境中成长,使其萌发无穷的创造力。

在幼儿园里,组织幼儿进行谈话活动:题目叫"我最喜欢的动物"。孩子们可高兴了,有的说养过猫,爱在冰箱上睡觉;有的说家里养了狗,总爱吃肉。

刚刚说他养过小金鱼,小金鱼是不用吃饭的,皓皓马上站起来反对,说金鱼不吃饭会饿死的。于是在老师的调节与积极鼓励下,孩子们有了第一个问题——"金鱼要不要吃东西,吃什么?"

老师鼓励放学后孩子们纷纷回家找答案,后来终于有了结论:鱼吃的东西比较小,比较杂。悦悦又问了:"鱼吃了东西要不要大便?"于是又产生第二个问题,孩子们又去搜集信息,接着出现了"金鱼不能吃,哪些鱼可以吃?"、"世界上最大的鱼是什么鱼?"等一系列关于鱼的话题。孩子们积极参与活动,大大调动了对科学探索活动的兴趣。

用积极鼓励做养料,给孩子一方孕育创造力的土壤。首先大人要学会观察孩子,审时度势,发现孩子好奇哪些问题,鼓励他们敢于提问、勇于探索,伸展开想象力的翅膀。在孩子解决问题的过程中,要懂得收起我们的保护伞和大手。把属于幼儿的阳光、空气和水还给他们,这样孩子的心灵才会舒展,思维才会活跃,创造的潜能才会被调动起来。

否定幼儿在各种活动中的探索创新,就会扼杀幼儿的创造力萌芽。如果我们换一种方式,以赏识的态度,尊重幼儿的人格和权利,尊重幼儿的身心发展规律和年龄特点,用生动的语言激发幼儿的创造热情,用鼓励的眼神给幼儿的创造以肯定、欣赏,鼓励的作用就能让孩子有实践的勇气,在实践的过程中,真正地体会到"我行,我能行,我真行",从而挖掘他们的创造潜能,那么,他们的创造力也会淋漓尽致地表现出来。

在游戏活动中,老师要求幼儿练习投掷,让幼儿把纸折成飞机进行练习。玩了一会儿,有的幼儿将纸团成一团,一边投掷一边喊着:"子弹飞来了。"瞬时,纸团与飞机,你来我往。

老师没有阻止他们,而是尊重幼儿的年龄特点和发展规律,引导他们继续想象:"还有什么飞来了?"这时幼儿的思维开始活跃起来,有的说宇宙飞船,有的说太空飞人,有的说航空母舰,有的说人造卫星。

他们有时候把你的生活搞得乱七八糟,但他们自己还很自得其乐、一心坦然地玩。老师并没有硬性要求孩子们停止玩闹,而是尊重、赏识孩子的选择,鼓励幼儿大胆地创作。

老师的尊重和鼓励还往往体现在,能否多方面正确地对待幼儿的创造性表现。在幼儿园里常常遇到这样的情况,美术课上,他们总是不根据老师的要求去做,在构图与用色上有自己的特色,想象奇特。

他们的画儿在我们成人看来,感觉有点乱七八糟,不整洁、不漂亮,看不出画面的内容。如在画"海底世界"这幅画时,一个小男孩的画看起来有点凌乱,颜色很多,看不出是什么内容。老师看后并没有责备他,而是耐心地听他讲画。

男孩说:"我画的是海底超市和蓝色通道,人们可以在水中购物、观赏。"听了孩子的讲解,我们会从这幅不知内容的画中,发现与常识不一样的想象力和创意。

一切规则都是人定的,幸亏老师了解孩子的天性,也知道游戏的目的,耐心聆听孩子,并给予鼓励。假如当真把条条框框作实的话,下一次的活动中,孩子很可能会丧失,自己独有的活力和创造力。家长一定要有学会赏识和鼓励,不要任意限定孩子的行为,淘气的孩子是金子,一切的束缚只会打压他的光芒。

对孩子的大胆想象和自我表现,多加鼓励,因为"机不可失,失不再来",幼儿时期是发展想象力的黄金时期,也是创造力发展的萌芽时期。四到五岁的幼儿最富于幻想,他们有着强烈的好奇心和求知欲:喜欢提问题,探究问题,喜欢拆装东西,有时能别出心裁地搞出别人意想不到的花样。

人的想象力活跃期,大多只限于幼儿时期。所以千万不要打击这种热情,无论是家长还是教师都要充分信赖幼儿,让他们在鼓励中乐于去玩、去探索。有时孩子脱离成人的带领,反而自己能玩出新花样。家长的重中之重便是,将幼儿无意中的想象和创举变为有意的,除了做一个保护者和引导者外,还要把自己看作是幼儿的协作者,帮助他们完成既定的目标。

班里的一角养了许多小金鱼,孩子们很喜欢这些小鱼,每天都来看它们,给小鱼喂食吃。

一次换水的时候,一个男孩将自己喝的热水倒进了鱼缸中,这下子班里沸腾了,有的孩子说不该把热水倒入鱼缸中,边说边用眼睛看着老师,希望教师给他们一个正确的答案。

老师没有批评任何人,也不表明立场,而是启发所有孩子一起讨论,让幼儿大胆地说出自己的想法和在日常生活中看到的情景，并协助幼儿一起寻找答案，探知鱼可以在多高温度的水中生存。

老师的鼓励、参与激起了幼儿探究问题的兴趣和愿望。一段时间里，班上一直围绕这个话题热烈讨论。老师还启发幼儿将不同的鱼进行分类，如热带鱼、深水鱼、浅水鱼等等，使幼儿在游戏中逐渐了解鱼的生活习性和不同的种类。

培养孩子创造力，其实很简单。只要细心，生活中的很多事物，都可以成为很好的素材和机会。提供这样的机会多让孩子表现自己，增强孩子的表现能力，鼓励会让他们更勇于表现自己，也乐于表现自己。同时还能促使孩子创造思维更加活跃，探索意识更加强烈，凡事敢于探讨，勇于标新立异、推陈出新，更激发了幼儿的创造潜能。

教育是一种环境，一种氛围，要培养幼儿的创造力当然要创设一个良好的环境。这种环境要求宽松、自然，还有不失时机的赞许、喝彩声，让孩子们在进步的道路上更有动力，让他们自由地思索、想象，学会创造以及再创造。

这是美国一家普通的幼儿园。

刚刚入园的儿童被老师带进幼儿园的图书馆，很随便地坐在地毯上，接受他们的人生第一课。

一位幼儿园图书馆的老师微笑着走上来，她的背后是整架整架的图书。

"孩子们，我来给你们讲个故事好不好？"

"好！"孩子们答道。

于是，老师从书架上抽下一本书，讲了一个很浅显的童话。

"孩子们，"老师讲完故事后说，"这个故事就写在这本书中，这本书是一个作家写的。你们长大了，也一样能写这样的书。"

老师停顿了一下，接着问："哪一位小朋友也能给大家讲一个故事？"

一位小朋友立即站起来。"我有一个爸爸，还有一个妈妈，还有……"幼稚的声音在厅中回荡。

然而，老师却用一张非常好的纸，很认真、很工整地把这个语无伦次的故事记录下来。

"下面，"老师说，"哪位小朋友来给这个故事配张插图呢？"

又一位小朋友站了起来，画一个"爸爸"，画一个"妈妈"，再画一个"我"。

当然画得很不像样子，但老师同样认真地把它接过来，附在那一页故事的后面，然后取出一张精美的封皮纸，把它们装订在一起。封面上，写上作者的姓名、插图者的姓名，"出版"的年、月、日。

老师把这本"书"高高地举起来："孩子，瞧，这是你写的第一本书。孩子们，写书并不难。你们还小，所以只能写这种小书；但是，等你们长大了，就能写大书，就能成为伟大的人物。"

人生第一课结束，在不知不觉中，孩子们的内心受到了鼓励的力量。

巧妙地告诉孩子们事在人为，今天的成功之人，光环背后也是个正常人，不要觉得他们遥不可及，高高在上。"偶像不在心中倒下，自己就无法在现实中站起来。"这位老师是在为孩子增加信心，让他们从小就是站着看这些成功人士，而不是趴着。这种鼓励的力量，必定让孩子们更有勇气前行。

第六章 好奇心是创造力的开始

幼教之父陈鹤琴曾说过:"好奇是孩子获得知识最紧要的门径之一。"好奇心是孩子心灵深处,一种天生的渴求,在好奇心的指引下探索求知,也是孩子成为一个发现者、创造者的希望。

好奇心是探索世界的原动力

"为什么天上会有星星?","为什么太阳升起还要落下?","为什么黄瓜是绿色的?"……听着孩子口中这些稀奇古怪的问题,往往很多人都一笑而过,只有那些懂得享受孩子问题的人,发现了这些发问背后的光,没有错失跟孩子神圣般的交流机会,让他们好奇求知的光更加清明。

好奇心是孩子对不了解的事物,所产生的一种新奇感和兴奋感。往往表现为对新事物的注意,从开始的不解,到探索的过程,再到最终的热忠与痴迷,以及为了弄清它们的因果关系,而相伴产生的各种问题,在提问中他们获得了学习、探讨和改正自我的机会。

在一个新生命呱呱坠地时,好奇就随之出现了。婴儿的眼睛比成年人大得多,也明亮得多,是因为他需要一双,能够满足好奇心的大眼睛,去了解周围陌生的一切。

好奇心是一种永恒的魔力,它能给人类神奇的力量,去发明创造,去改变生活,去推动社会的前进。人类在漫长的进化中,改变了许多,但好奇之心不变,其实也一直是好奇心带领人类进步。燧人氏好奇,钻木取火;神农氏好奇,遍尝百草,好奇无处不在。

那些改变了一个时代的伟人,无一不是好奇心极强的人。满怀好奇心的门捷列夫,在零星混乱的元素中,挖掘出了意义非凡的元素周期率;牛顿在好奇心的指引下发现了影响世界的万有引力;柴可夫斯基四岁时,就对音乐产生极大的兴趣,后来成为世界著名的作曲家;牛顿直至垂暮之年,仍好奇于星球运动的切向力;爱因斯坦晚年,还苦苦探求光波粒二象性的本质……

时代为了回报他们的创造力,将他们的名字记入史册,再把他们的事迹编成故事,总结经验影响后人。成功不能复制,但成功的经验是可经借鉴的,好奇心便是其中最有力的武器。

达尔文从小就爱幻想,他热爱大自然,尤其喜欢打猎、采集矿物和动植物标本。他的父母十分重视和爱护儿子的好奇心和想象力,总是千方百计地支持孩子的兴趣和爱好,鼓励他去努力探索,这为达尔文能写出《物种起源》这一巨著打下了坚实的基础。

有一次小达尔文和妈妈到花园里给小树培土。妈妈说:"泥土是个宝,小树有了泥土才能成长。别小看这泥土,是它长出了青草,喂肥了牛羊,我们才有奶喝,才有肉吃;是它长出了小麦和棉花,我们才有饭吃,才有衣穿。泥土太宝贵了。"

听到这些话,小达尔文疑惑地问:"妈妈,那泥土能不能长出小狗来?"

"不能呀!"妈妈笑着说,"小狗是狗妈妈生的,不是泥土里长出来的。"

达尔文又问:"我是妈妈生的,妈妈是姥姥生的,对吗?"

"对呀!所有的人都是他的妈妈生的。"妈妈和蔼地回答他。

"那最早的妈妈又是谁生的?"达尔文接着问。

"是上帝!"妈妈说。

"那上帝是谁生的呢?"小达尔文打破沙锅问到底。

妈妈答不上来了。她对达尔文说:"孩子,世界上有好多事情对我们来说是个谜,你像小树一样快快长大吧,这些谜等待你们去解呢!"

达尔文七八岁时,在同学中的人缘很不好,因为同学们认为他经常"说谎"。比如,他捡到了一块奇形怪状的石头,就会煞有介事地对同学们说:"这是一枚宝石,可能价值连城。"同学们哄堂大笑,可是他却并不在意,继续对身边的东西发表类似的另类看法。

还有一次,他向同学们保证说,他能够用一种"秘密液体",制成各式各样颜色的西洋樱草和报春花。但是,他从来就没有做过这样的试验。

久而久之,老师也觉得他很爱"说谎",把他的问题反映到了达尔文的父亲那里。父亲听了,却不认为达尔文是在撒谎,而是在想象。

有一次，达尔文在泥地里捡到了一枚硬币，他神秘兮兮地拿给他的姐姐看，并一本正经地说："这是一枚古罗马硬币。"姐姐接过来一看，发现这分明是一枚十分普通的十八世纪的旧币，只是由于受潮生锈，显得有些古旧罢了。

对达尔文"说谎"，姐姐很是恼火，便把这件事告诉了父亲，希望父亲好好教训他一下，让他改掉令人讨厌的"说谎"习惯。可是父亲听了以后，并没有在意，他把儿女叫过来说："这怎么能算是撒谎呢？这正说明了他有丰富的想象力。说不定有一天他会把这种想象力用到事业上去呢！"

达尔文的父亲还把花园里的一间小棚子交给达尔文和他的哥哥，让他们自由地做化学试验，以使孩子们的智力得到更好的发展。达尔文十岁时，父亲还让他跟着老师和同学到威尔士海岸去渡过三周的假期。达尔文在那里大开眼界，观察和采集了大量海生动物的标本，由此激发了他采集动植物标本的爱好和兴趣。

没有好奇心，没有想象力，就没有今天的"进化论"。而达尔文的父母最成功之处就在于特别注意爱护儿子的想象力和好奇心。

科学家对自己的事业，有真正的兴趣和兴奋感，当你对事业有好奇心时，所有的热情、执著，就会自然地被激发出来。因为有好奇才有动力，好奇是一切人类探索行为的原动力。

"好奇是知识的萌芽"。当你的孩子头一次向你提出稀奇古怪的问题时，一定要认真对待，这正是他们走上成材之路的开始。

好奇的另一面是质疑

好奇心是求知欲的具体表现，又是潜在的创造力，它总是通过惊奇、疑问等心理活动，诱导人们有选择地、主动频繁地接触使人产生新奇感的客观事物，进而激励人们寻求这一客观事物的内在联系。

在认识过程中，好奇心可以使人们孜孜不倦地，对特定的事物进行长时间和深入的观察，使认识不断深化，直到把握事物的本质。一个人好奇心越强烈，其成就往往也越大。

爱因斯坦就是最有代表性的一位，他的故事能写成一部书，但其伟大的一生也是始于一颗好奇心。他想：为什么指南针会指向空间特定的方向？一定有什么东西深深地隐藏在现象背后,这在他幼小的心灵中植下深刻而持久的印象。

在幼年时的爱因斯坦曾惊讶于罗盘的指针永远指向北方,并由此唤起了他对科学研究的好奇心。后来,他曾谦虚而中肯地说道:"我没有特别的天赋和才能,我只有强烈的好奇心。"一语道出了科学家成功的奥秘之所在。

真理是朴素的,爱因斯坦的好奇心,促使他对自然奥秘做出不懈追求。后来,少年爱因斯坦醉心于探讨"追光":如果超越光速会怎么样?经过多年反复思考,他终于悟出了光速不变原理,成为狭义相对论的两大基石之一。

再者好奇心是一个人取得成功、展示智慧的先决条件。比尔·盖茨小时候就是一个电脑迷,好奇心强烈,在电脑里找到了自己的世界。13岁的他就写出了第一个软件程序。好奇心使他对电脑充满了浓厚兴趣,好奇心使他通宵达旦地钻研电脑知识,让他专心地为首部商用微型电脑编出了Basic语言软件。可以说,是强烈的好奇心成就了他的事业。

从比尔·盖茨成功的经历中可以看出,好奇心常常促使一个人深入研究、探索,因此能发现许多前所未有的东西。

罗伯特·拉夫林说,"每个人在孩提时都具有好奇心,但是成年后就没有那么大了,这非常可惜。一个人只有具有好奇心,同时加上努力才会成功。必须记住,你要听从内心世界的召唤,怀疑一切,提出问题。天赋是父母给的,而是否执著是自己决定的。"

人成年后到底是知晓了答案,还是没有了好奇心。也可能两者相互作用,有了答案好奇心少了,没有了好奇心也就没有继续探寻的心力、勇气了。但是答案却没有唯一,未知永远无穷无尽,那些所谓的已知答案,只会随着人年龄增长与认知发展,阻挡人的可贵好奇心。

其实,让好奇心持久保鲜的有效门道就是,敢于质疑一切,因为好奇心的另一面就是怀疑精神。

一天,明明去上学后,妈妈在他的房间里看到一个奇怪的纸盒,那上面的盖子被剪了下来,用一块透明的玻璃盖着。

妈妈好奇地走过去,想看看里面是什么东西。刚凑近,妈妈就惊叫了一声:天啊,里面是一条壁虎!

等明明放学回来,妈妈故作严厉地问他,盒子里的那只壁虎是怎么回事。

原来，明明前不久学了一篇课文——《小壁虎借尾巴》，课文中说到，正在墙角捉蚊子的小壁虎，被一条蛇咬断了尾巴。没有尾巴的小壁虎到处寻求帮助，向其他小动物借尾巴，可是它们都说自己的尾巴有用，不能借给它。小壁虎正难过的时候，却惊喜地发现自己又长出了一条新尾巴！

明明对小壁虎能自己长出尾巴的事情感到怀疑，便决定自己抓一条壁虎，弄掉它的尾巴，想观察看看它是怎样长出新尾巴的。

听完明明的解释，妈妈欣喜地鼓励他说："你真棒，比爸爸强，爸爸还没有观察过壁虎是怎样长出尾巴呢。这样吧，你把壁虎长尾巴的过程每天记录下来，这样不仅你知道了壁虎长尾巴的奥秘，而且别人也能通过你的记录了解很多知识，你愿意做这件很有意义的事吗？""当然愿意！"明明开心地答应了。

生活中，很多父母对孩子的怀疑、执著持否定态度，认为那是孩子不听话，不好好学习，胡搅蛮缠的表现。其实，当孩子对身边事物产生怀疑的时候，就是自己独立思考的开始。孩子对事物有自己的独特见解是可贵的，父母一定要珍惜他们的这种探索精神，而不能强迫他们去认同自己的观点，更不能强迫孩子不假思索地接受那些固有的事物。

只有让孩子敢于怀疑，他们才能保持长久不衰的好奇心，从而勇于探索创新。而怀疑还是科学进步的第一步，正是因为伽利略的怀疑精神，才有了举世闻名的斜塔自由落体实验；以及哥白尼惊天动地的"日心说"。

波兰天文学家哥白尼，创立了"日心说"，否定了"地心说"，是天文学上一次伟大的革命，沉重地打击了当时的封建统治。

哥白尼诞生于波兰托伦城。10岁时，父亲去世，他便跟随舅父生活。他的舅父是一位学识渊博的主教，哥白尼深受其影响，爱上了天文学和数学。

早在上学的时候，哥白尼就被天上的星星月亮吸引住了。他经常在晚上坐在窗前，乐趣无穷地凝望繁星闪烁的天空。

有一天，他哥哥不解地问："弟弟，你为什么老是对着天空发呆？是不是在向天主祈祷？"

"不，哥哥，我是在观察天象，想探寻天上的奥秘。"哥白尼解释说。

"什么，你要管起天上的事情？天上的事有神学家操心，我们怎能去干预！"

"为了让人们望着天空不感到害怕，我要一辈子研究它！我还要叫星星和人交朋友，让它给海船校正航线，给水手指引航向。"

"你要不听我的劝告，这一辈子你可有罪受了！"哥哥以教训的口气厉声说。

"我主意已经打定，什么都不怕！"哥白尼斩钉截铁地说。

沃德卡是哥白尼少年时期最敬重的一位老师。一天，哥白尼去沃德卡家作客，老师不在。他顺手从书架上抽出一本书，打开一看，老师在折了角的地方写了一条批注："圣诞节晚上，火星和土星排成一种特殊的角度，预示着匈牙利的皇上卡尔温有很大的灾难。"

正在这时，沃德卡推门走进来。他见哥白尼在家里看书，高兴地说："孩子，又看什么书了？"哥白尼毕恭毕敬地把书递过去，老师边接书边关切地问："能看懂吗？"哥白尼认真地回答说："老师，我看不懂。火星也好，土星也好，都是天上的星星，他们与卡尔温毫无关系，怎么能预示他的祸福呢？"

"怎么不能呢？"沃德卡反问道，"命星决定一切！"

"如果是这样，那人还有没有意志？如果有，人的意志和天上的星星又有什么关系？"哥白尼当仁不让，大声反驳说。

对于哥白尼尖刻的反驳，沃德卡并没有生气，他明白，信不信天命是关系到天文学命运的重大问题。对这个问题，他对传统的偏见有过怀疑，但又说不出道理。他踌躇再三，深情地对哥白尼说："孩子，天命决定一切，这是几千年以来的一条老规矩，我不过是拾前人的牙慧罢了。至于你提的问题，确实很有意思。但我没有能力回答你，你如有毅力的话，以后研究吧！"

老师的希望，不久就变成了现实。几十年后，哥白尼创立了"太阳中心说"的伟大理论，宣告了"天命论"的彻底破产。

中国古语说：学贵有疑，小疑则小进，大疑则大进。宇宙浩渺，事物庞杂，太过神秘，太过复杂。而大胆怀疑就是打开知识海洋大门的金钥匙！

牛顿亦对苹果落地的小事产生好奇怀疑，经过刻苦钻研悟出了万有引力定律。一部科学史的诞生、成长以及发展的过程，实质就是一个不断解疑释惑的过程。

人在学习过程中，对某一个问题，甚至对前辈已做出的权威性理论，感到有值得怀疑的地方，正是人动脑筋、下功夫思考钻研的表现。而缺乏创新勇气、怀疑精神的人，只会盲目崇拜、人云亦云，踩着别人的脚印往前走，是永远不会有所作为的！

怎么对待孩子的好奇心

好奇心乃是探索之始，一切实践活动的动因。有了好奇心，孩子才会在探索的欲望下学会创造；有了创造性的体验，又会反作用于孩子，使他们的好奇心得到进一步的满足，从而向着更复杂的事情努力探索。

好奇心与探索创造精神，相互作用，周而复始，慢慢地形成良性循环，孩子的好奇心就会越来越强，创造性也越来越强。再者孩子年龄越小，可塑性就越大，因此好奇心的保护和满足，越早越好，越多越好。

越早则效果越明显，好多则进步越快，家庭中父母的教育水平和能力会直接影响孩子好奇心和创造力的发展。如果父亲不重视保护孩子的好奇心，不重视培养孩子的创造性，对孩子的身心特点了解甚少，对孩子未来的可塑性，比孩子自己都迷茫的话，那么孩子的智力水平和创造能力就会很难提高。

所以好奇心都是上天赐予孩子的礼物，作为家长要多花点时间来了解孩子，保护孩子的好奇心和创造性。

有一次，一位老朋友来到陶行知家作客，便讲了一段自己教育孩子的往事。朋友说道自己的孩子在玩耍中，不分轻重，没深没浅，在他不注意的时候，把他的金表拆坏了。

陶行知听到这里，放下自己手头正忙的事情，他抬起头扶了扶眼镜，站起来关切地问："您是怎么处理的呢？"

朋友回答道："我把孩子痛了打一顿，他哭泣着向我求饶了！"说这话的时候，朋友的表情和语气都略带歉意。

陶行知听罢此言，不禁一拍桌子，大有声讨之势，随即惊叹道："恐怕中国的爱迪生被你枪毙掉了！"陶行知的话惊呆了朋友，只见他直挺挺地站在那里，一时不知说什么好。

朋友只觉得有些小题大作，又觉得自己确有理亏之处。片刻之后，等朋友平静下来,陶行知建议他说:"不过,还是有办法来补救的,请你把孩子和金表一起送到钟表铺去,修表师傅要多少钱就给多少钱,条件是让孩子在旁边看他如何修理。修表铺成了课堂,修表师傅成了老师,孩子成了学生,修理费成了学费,孩子的好奇心也可以得到满足了,你说呢?"

朋友这才明白过来,心想果然高人高见,亡羊补牢,为时未晚,自己便飞一般地跑回家中找孩子去了。

拉夫林也是拆东西的始祖,他从小喜欢拆装家中的电器,试图了解那些玩意内部的结构,当然也是出于贪玩的心理。

他最冒险的经历是把家里的彩电完全拆开了,要知道电视机在不通电的时候,也有很高的电压。虽然这样做很危险,但是他感谢父母的宽容与教育:他们希望自己知道,事物为什么是这样的原理,支持自己找到真理。

这些故事所说的现象,过去常有,现在也有,并不能算少,未来也会有,但希望越来越少。有时候国人也常常自省,为什么中国人缺少创造力,十几亿中国人,国际上知名的科学家却凤毛麟角,而日本小小的岛国却出了12位诺贝尔奖得主。

且不提应试教育、标准答案与全面发展对孩子的影响,凡事不能都往制度上推。不妨让一些家长扪心自问,有多少天才是被毙于掌下的,就像事例中那位父亲一样。

很多家长不问事非功过,不了解前因后果,不听解释,不让发言,断定孩子之行,皆为无理取闹,孩子之问多为自相矛盾,以探索之名,行破坏之实。不打,不足以平民愤,不打,不足以兴家法,不打,则日后定当变本加厉,上房揭瓦。若不严加管教,日后必胡作非为,不成大器,不能安分守已。

这样一来孩子的好奇天性受限,东西不拆,则不明所以,孩子创造力受阻碍。好奇心长期得不到满足,孩子认识事物的热情就会消减,少年做老成状。好奇心被抹杀后,便万事不关心,数年之后,生机全无,平庸度日。

这样的教育失败之处,是不能真正地理解孩子的心理,甚至没有把孩子当是一个独立的个体,给予应有的理解和尊重。更有家长为了一时省事,图片刻的安宁,而对孩子的一切好奇行为大加指责。其实教育孩子和做其他事都有共通之处,付出的心血越多,越用心,在某一天的收获也就越大;反之,图暂时的安逸,用得过且过的心态去对待他们,孩子在成长的道路上,走歪走偏,那就将需要家长一辈子劳心劳肺了。

在好奇心的牵引下，孩子每见到一个新事物，就想更深入地去了解，他们往往会不自觉地摸一摸、问一问、拆一拆、装一装。许多父母对孩子的这些行为很是烦恼，经常批评孩子甚至恐吓孩子。

其实，他们的好奇心在不断地成长壮大，随着年龄的增长，语言的解答对他们来说，会变得越来越苍白无力，为了更有力地说服他们，就只能允许他们动手去验证自己的想法和猜测。所以家中如果有贵重的东西，尽量放在孩子无法触及的地方，不要责备孩子拆散物品的行为，这些都是孩子喜欢探究和动手实践的表现，父母的呵斥会挫伤孩子的好奇心和积极性，对孩子的好奇心和探索欲望将是致命的打击。

大人应该因势利导，鼓励孩子的探索精神，并启发孩子进行丰富想象。例如，让孩子多角度认识一个东西的功能，他们会发现平时只用来盛饭的碗，可以用来作乐器；平时装热水的暖瓶，还可以用来煮粥。

允许孩子探索、拆东西是引导孩子好奇心的好机会。也许这样，家长会觉得代价有点高，但牺牲是有价值的，何况这是一种长远的投资，将可能有你意想不到的收获。

善于利用孩子的好奇心

大人在意识里都知道好奇心，是个神奇又可贵的东西，可往往在现实生活中，却对孩子的好奇行为头疼不已。其实有的大人对孩子的好奇心不予理解；遇到孩子的好奇，束手无策而好不耐烦；甚至不知如何对待而大发雷霆，都只是因为还没有找到，与孩子好奇心和谐相处的方法。

首先，家长要有童心，要懂得换位思考，站在儿童的角度看问题想事情。因为孩子提出的问题，大人早就清楚明白了，大人觉得那些问题没什么可问的价值。但对于孩子来说，那些都是未知的。

就好像大人和孩子站在一起，大人能看到高墙之外，远处的天空和飞鸟，而孩子因为高度原因，也许只能看到眼前的布娃娃。当孩子们好奇高墙之外是什么的时候，成人就会不耐烦地说，"你自己看"，或是告诉孩子"你长高了之后就知道高墙外边是什么了"。

因此,要想保护孩子的好奇心和创造性,大人要理解孩子好问的心理,尊重孩子的好奇,重视孩子的问题。大人与孩子换位思考,这种方法屡试不爽,百无禁忌。

小丽是众多普通又聪明的孩子中之一员,同其他孩子一样,幼年时,对世界充满好奇。刚出生几天,爸爸便把她抱到家附近的一片松林草地上,让她独自躺着,仰望蓝天一片片飞过的白云。孩子也兴奋地挥拳蹬腿,与天呼应。

小丽刚会下地跑时,曾蹲在潮湿的地上,两眼低头瞪直了,盯着一只快跑的蜈蚣。在当时围了一圈人的注视下,她忽然以迅雷不及掩耳的动作,把那条小虫子捏起来,竟然想要放到自己嘴里。小丽爸爸敏锐地感觉到"孩子能够对陌生的东西,这么好奇并勇于接触,那绝对是好事儿"。

小丽除了在托儿所、幼儿园学习以外,她的爸爸还经常有意带她,到北京住家附近的少年之家,或儿童活动中心去玩儿。她看到什么,喜欢什么,就由她去参加什么。依次顺应她的成长需要,开启她的潜在智能,保护她的求知欲望。回家后,她爸爸更喜欢和小丽一起玩儿,同时应她要求,认真教她画、巧妙地回答她各种千奇百怪的问题等等。

由于小丽爸爸的知人善教,从不拒绝孩子的任何无知问题,并明智地引导她对更多的事物产生好奇,对更多的问题产生兴趣,对更多的认知进行想象。小丽在三四岁的时候就开发出了很多积极的兴趣爱好,比如绘画、下棋、打球等。

小学六年级,爸爸和小丽一起路过家附近的青年宫剧场。那里正在举行一场热闹非常的歌咏比赛。没经任何人安排,小丽在爸爸的鼓励下,居然大大方方地从后排门口,走向最前面,边招手、边走到舞台中央,向中场间歇正喝水聊天的几千观众,主动表演了节目。大家十分惊喜,都报以雷鸣般的掌声。

小丽爸爸说:"其实,我们本应着意培养孩子合法合理、敢想敢干的品格。以孩子的视角和孩子相处,跳出那些莫名其妙的条条框框,才能让人性中最美好的童真个性,得到充分伸展和发扬。以此,孩子才能对什么都更好奇,勇于探索、勇于追求。"

其次,不要敷衍孩子,对于孩子的问题,要么先不回答,让孩子想象各种可能性,各种答案;要么认认真真回答孩子的提问,条分缕析,细致入微;要么毫无保留,知无不言,言无不尽,满足孩子的好奇心。

在回答孩子的问题时,要注意留给孩子属于他们自己的想象空间。如果所有的答案都是家长或老师提供的,并且所有答案都是严丝合缝的,那想象力的空间将越来越小,孩子的学习也会越来越被动。所以,好奇心一半交给家长和老师,一半留给孩子自己,鼓励孩子大胆思考、积极想象。

大人可以告诉孩子,很多问题的答案都不是唯一的,世上问题多,答案更是千奇百怪。如果人们全部都走一条路,是走不出什么花样的,只有敢于创新的人,才能走出精彩的人生。所以要让孩子知道与其千篇一律,不如独树一帜,与众不同。当别人提出某一看法和结论时,要让孩子学会积极思考,争取想出不同于他人的看法和结论。比如可以告诉孩子,在课堂上,不要被同学们和老师的答案限制,如果和大家有不一样的想法,就要坚持说出来。

一般来说,孩子最初开始思考问题时,都是大胆的、自由的、无拘无束的。正是这样,他们经常说出荒诞不经的话,于大人们觉得很好笑,便忍不住纠正孩子的错误,但也要注意,如果经常纠正孩子,管教过于严苛的话,就会伤害孩子的自尊心,打击孩子的自信心。

鼓励孩子大胆思考、积极想象,即使孩子说错了,如果错的新奇,也大有商榷之处。错误较大可适当加以纠正,错中有新意也要择善从之,新奇之处更要多加赞赏。

其实回答的方式多种多样,但万变不离其宗,也就是回答的态度,最好是交流式的,不要是说教式的,有来有往。比如说有时孩子会提出质疑,有时在儿童的思维里,一个问题会引出多个问题,只有交流才能引出他们更多好奇的东西。

遇到无法回答的问题时,应该积极查阅相关资料,不要觉得这样有些小题大作。教育的对象是儿童,教育的态度不能儿戏,争取给孩子一个圆满的回答,或者和孩子积极讨论,一起研究问题。

一旦孩子的好奇心受到大人的重视和鼓励,他们就会更大胆、更高兴地去探索并提出问题,这便营造了一个好的学习氛围。

一位男孩问父亲:"爸爸,为什么咱家阳台里的花和卧室里的花,叶子颜色不一样呢?"父亲为了让孩子更深刻地明白其中的原理,特地找来碘酒,给孩子做了一个实验。

他把碘酒滴在经过光照的叶子上，叶子变成了蓝色。父亲对孩子说："这是因为叶子上有个光合作用的产物——淀粉。"然后，他把碘酒滴在没有经过光照的叶子上，叶子的颜色保持不变。父亲告诉孩子："这就是光合作用，阳台上的花经过阳光的照射，叶子上产生了淀粉；而卧室里的花由于缺乏阳光的照射，就没有产生淀粉。对植物来说，空气、水和阳光都是必需的。"由此，孩子学到了许多知识。

这位父亲的聪明就在于，及时抓住了孩子的好奇心，通过实际行动，让孩子感受到观察的重要性。这就是一种氛围的营造，一种教育的态度。

不怕麻烦，反以此为乐，可能大多数忙碌的家长无暇旁顾，不能以身作则、耳提面命地跟随在孩子身边教育他们，但孩子的未来真得需要更多的关注。也许大多数人做不到完美，但至少尽力。

然后，在家里大人要鼓励孩子发问，不能总等孩子去提问，那样的教育就太被动了。孩子之间也有不同，有的孩子开朗，乐于问问题；有的孩子安静，不怎么爱问问题，可想象力或许更好。但是孩子相同的地方便是，都有满肚子的疑惑和不解，所以家长要学会主动引导，让孩子发现并说出问题，从而产生好奇心。

当代著名物理学家李政道博士说："好奇心很重要，要搞科学离不开好奇。道理很简单，只有好奇才能提出问题，解决问题。可怕的是提不出问题，迈不出第一步。"

一个人对各种事物的好奇心越强烈，就越具有探索的眼光。如果一个人对周围的事物都熟视无睹，就不可能发现新事物。正如爱迪生所说："谁丧失了好奇心，谁就丧失了最起码的创造力。"

永远要记住我们最初的目的，是保护孩子的好奇心。当有一天这份好奇的心成熟时，它的力量是不可估量的，会让孩子不一顾一切现实的打击和阻挠，不断地怀疑一切，探究一切。但在好奇心还未丰成熟壮大之前，就需要成人不断的呵护给予养分。

第七章 彰扬孩子个性化性格

世界上没有完全相同的两片树叶,也没有个性全然相同的两个孩子。每个孩子都是一个独立的个体,他们的个性也各不相同,或乖巧听话或调皮好动。

孩子这棵小树需要教育的修剪,但最好的剪法不是把自己不喜欢的枝桠剔除,而是家长以心为器,尊重孩子的个性,将个性转化为创造力。

个性与创造力的关系

随着孩子年龄的增长,在许多家长眼中,孩子好像变得越来越不听话,个性越来越强,不少家长也为此很是头疼。

一位读小学六年级的女孩,从小表现优异,参加过艺术团的演出、广告拍摄、节目主持人选拔等有意义的活动。

正当家长对她寄予厚望时,她却"偏离了跑道"。旷课、厌学、上课看闲书、做作业漏题……一个个问题接踵而来。老师三天两头向家长告状,家长不问原因就采取"监管"措施。

不让孩子外出玩耍,却布置很多家庭作业……女孩反而变本加厉,不但更加厌学而且不打招呼,就自个儿出去玩上半天,孩子令父母焦急万分。

无独有偶,许多家长都经历过孩子不听话,常常做事先斩后奏,如明明没上课却不告诉家长,自己利用半天的时间出去玩,或去游戏机房,对家长的责问爱理不理……

一些教育专家指出,这些被家长称为"有个性",被老师认为有"问题"的孩子,都没有什么大毛病。与同年龄孩子相比,他们的社会经验比较丰富,智力水平高、接受新潮思想快,思维更趋向成熟。很多孩子在课堂上的"不良"表现,大多只是因为他们觉得了然无趣,或者听懂了课程,如果根据孩子的个性因势利导,他们会有让人意想不到的变化。

但是若家长和老师把他们当做是小毛孩,用单一的教育手段对他们进行控制、强迫他们听话,反而会激发逆反情绪。

另外,个性与创造力之间存在着十分密切的关系,任何创造者都具有独特的个性特征。让孩子在千篇一律的教育中成长,又怎么让孩子想法与众不同、独立思考、思维创新呢。有个性说明孩子看事物的角度和别人不一样,他们更善于想象、更懂得不走寻常路。独特的个性是创造家的生命,没有个性,会让一个创造家失去亮点,变得平庸无奇。

其实,每个孩子都有独特个性,并非听话的孩子就是好孩子,与其他孩子不一样,也并不是件坏事。关键是大人要了解孩子,知道他们为什么会有那些独特表现,根据孩子的个性,进行相应的家庭教育。切忌千篇一律让孩子念书、逼孩子学技能,如果家长有时间,可以多学点新知识,像朋友一样与孩子聊聊天,你那"个性"的孩子,或许会告诉你很多你想不到的趣事。总之,了解、注重对孩子的个性化教育,势在必行。

个性教育是以培养与发展,受教育者有价值的个人兴趣、爱好、特长、志向和职业素质为目的的教育。个性教育强调的是共性基础上个体的个性内容和个性价值。个性教育应考虑个人的生理、心理、年龄特点,也应考虑个人的天赋、特长、兴趣、爱好,还要考虑个人的社会志向和职业选择等。

静暖是一所权威艺术院校的美术生,她的成功似乎出于偶然,其实却是一个富有戏剧性的故事。

静暖出生于一个普通的农民家庭,父母双双外出打工,静暖跟着年迈的爷爷奶奶一起过了五年。

静暖天生活泼好动,自读书以来,上课总是安静不下来。她常常手里拿着某个东西搞小动作,时常是一面小镜子,或一支笔。她最喜欢做的事情,就是拿钢笔在书上搞"创作",书上、作业本上、甚至墙壁上,常常留下她的"创作"痕迹。因此她听课效果不好,学习成绩可想而知。升入高二年级后,老师多次找她谈话,效果甚微。

随着年级的升高,学习压力越来越大,静暖的自信心每况愈下,整天没精打采的。家长和老师都很着急。一次"偶然"的机会,一位老师正在画室看美术考生学画情况,静暖闯进学校画室,当她发现那位老师后很难为情,但不久就被画室中陈列着的历届美术考生创作的精美作品吸引住了,而且看到同学们手中拿着画笔,专心致志搞创作的样子,静暖的眼睛似乎绽放出渴望的光芒。那位老师观察到了静暖的变化,便对她说:"如果你喜欢,可以从现在开始,跟着美术老师学,时间还来得及。"

从那一天开始,静暖第一次拿起了画笔。在美术老师的精心指导下,她对绘画产生了浓厚兴趣,一有时间就往画室跑,她几乎把所有的业余时间,都花在了学画上。

虽然一幅作品往往需要很长时间才能成功,静暖却乐此不疲。她的画作渐入佳境,不仅在技法上进步很快,而且创意独特。

静暖在学画的过程中找到了极大的乐趣,感受到了成功,重新树立了自信心,各科学习成绩也得到迅速提高。当然在静暖学习的过程中,家长和老师始终配合默契,不失时机的因势利导,终于使静暖从精神状态的低谷中走了出来。

后来,静暖参加美术资格考试测试合格,成绩名列前茅。6月高考也以优异的成绩考上了一所美术学院。

静暖的成功便是一个典型的个性化教育案例。她上课喜欢玩东西,静不下心来,这是她的弱点。由于在某一段时间内她的弱点被强化,她都处于一种失落迷茫的心境。这不仅影响了她的学习成绩,更重要的是消磨了她的斗志,甚至是摧毁了她的自信心。

在这种情绪的影响下,她觉得自己什么都不如别人,一蹶不振,一度产生了辍学的念头。后来老师抓住了她对绘画好奇的契机,激发她的兴趣,挖掘她心灵手巧的潜在优势,将她好动、喜欢乱画的弱点,变成了善于绘画优点。并着意在教育的过程中,打造她专心致志、勤奋刻苦的品质,使她的优点不断得到强化和迁移。

试想,人们如果没有充分关注到静暖的个性特点,用同一把"尺子"去丈量,怎么能够点燃她的智慧之火呢?诚然,注重孩子的个性,因材施教,是将他们培养成创新型人才的必经之路。

个性教育与创新教育在是密切相关的。两者在很大程度上是统一的、不可分的。个性鲜明直接地体现为人的独特性,而"独特"本身就有"不同"、"差别"、"突破"、"超越"之意,表现出与创新相同与相似的目标和含义。因此从某种意义上说,个性孕育创新,个性就是创新。

在创新教育中最重要的就是个性独立的培养。创新必须独立思考、独立钻研、独立探索,"人云亦云"是不可能创新的。教育中必须尊重孩子的个性差异,给他们创造机会和权利,让他们选择自己擅长的方向发展,去不断超越、突破和创新。

个性品质是创新与创造的基础,没有个性,也就没有创新与创造。孩子富有个性,才有可能更富有创造力,也更容易出现大量的富有时代气息、个性彰显的优秀人才。学生千人一面、人云亦云,时时循规蹈矩、按部就班,就不叫个性;没有独立思维,没有打破旧思维的勇气,更不叫个性。

19世纪德国著名的哲学家、教育家尼采说:"个性弱的人没有超越自己的能力。"不能超越自己,则无创造可言。

其实,求新是人的潜在能力,是人的本质特征之一。在人的一生中,孩提时期是最富有创造性的时期,幼小孩子的心灵是自由的,他们往往不顾金科玉律的制约,也不受人情事理的束缚,因而极富个性,经常"标新立异",敢想别人没有想到的东西,敢做别人不敢做的事情。

在某幼儿园的教室里,老师们正在让"小不点"们做"找家家"的游戏。

黑板上画着一块草坪、一条河以及一棵树,讲台上放着一堆动物玩具,其中有小白兔、小鸭子和小猴子。

老师出完题目后,"小不点"们争先恐后地举起小手。老师让一位男孩上了讲台,看上去很机灵的小男孩,此刻犯了一个常识性的"错误"——他把小白兔放在河里,小鸭子放在草坪上,而猴子则在半空中……

其他小朋友顿时发出了一阵哄笑,纷纷按捺不住地要求上来纠正男孩的错误。老师让一位女孩上台,只见她很快就把小白兔放到了草地上,让小鸭子游进河里,而猴子回到了树上。

哗——教室里响起了一片掌声。老师高兴地奖给了她一个红五星。恰在这时,刚才那个犯了"错误"的男孩,突然站起来大胆发言:"老师,我想给大家讲个故事。说是在一个夏天的午后,天气很热,小白兔在草地上玩得满头大汗,它实在受不了,就跑到河边,它一看小鸭子那么舒服地在水里游,也就扑通一声,跳了下去。而鸭子虽然自己会游,却救不了小白兔,所以它就爬到岸上拼命呼叫——小白兔落水啦,快来救呀!树上的猴子本来挡不住炎热,正躲在那里打瞌睡呢，突然被喊声惊醒。一看情况危急，就一下子从树上跳了下来，所以在半空中……"

这个游戏的答案，本来很简单，但却不唯一。根据自己亲眼所见，或者从别人那里得来的经验，做出判断固然无误。小女孩便是从她所获得的知识中知道，小白兔、小鸭子、小猴子应该在哪里，这个"应该"就是经验。但她没有想到经验以外的东西。但小男孩却用他的答案，让人出乎意料又觉得在情理之中。

看来，在"对"和"错"这种简单判断以外，确实还有很多不能用经验、知识来鉴别的问题，其奥妙在于想象的空间，而个性化的孩子往往想象丰富。这使我们想到大发明家爱迪生儿时的"愚蠢"——居然会爬进鸡窝学母鸡孵小鸡。

其实，正是这一系列的"出奇"，才使他们比常人有更多的"异想天开"，从模仿到想象、从想象到发现、从发现到发明，成为世界"发明大王"。但愿这位小男孩能够在他的"自由王国"里，磨炼个性与天资，插翅飞翔。

淘气的孩子更有创造力

教育孩子是一门苦差，有多少付出就有多少回报。如果你的孩子从小就听话，从来不惹事生非，不为大人添麻烦，也不给别人添麻烦，在老师眼里，他会是个乖孩子，在同学眼里是个安静的好同学。这样的孩子不会出什么大错，也不会有什么大的成就。从不做错事，说明做的不难，或做的重复，没有挑战性，同时也没有多大的胆量。家长现在对孩子不用操心，那以后家长肯定对孩子就不甘心了。

同理，付出和回报是成正比的，淘气的、有个性的孩子是上天给家长的一块玉石，就看家长能不能有心磨掉外面那层又厚又硬的石头，让玉露出来了。

小强曾经是一个让人十分头疼的孩子。上小学时，他一天能打三次架；放学时常常脑瓜上顶着西瓜皮；大晴天到处玩水，像只落汤鸡；上课不听讲，随心所欲，父亲从同学送的新年贺卡上发现，赠言竟然有"上课请不要画小人"；因为违纪，在黑板上的"黑名单"里，他几乎天天"榜上有名"；老师做观摩课怕他惹事,他被"淘汰出局";座位永远是教室里,独立的"第一把交椅",为的是少干扰别人。

老师气愤地让小强的父亲,带他去医院检查是否有"多动症"。无奈家长只好带他去了市儿保所。主任医师为孩子诊断了两个多小时,小强的父亲一直在外面等候,也不知人家是怎么个查法,只知道结果:孩子很聪明,反应、表达十分优秀。面对专家的结论,父亲又高兴,又茫然。老师和医生,到底是谁说错了。

这一夜小强的父亲失眠了,他眼前浮现着孩子成长的一幕幕。学龄前两次大赛的优秀成绩,入学后计算机七八次市、区获奖。记得有一次参加市里"神果杯"计算机复赛,选手大多是计算机专业的中专生,唯有他年仅八九岁,一脸稚气,真有一种"鸡立鹤群"的感觉,难怪那些大哥哥大姐姐掩面则言:"无地自容!"

父亲想自己怎么把这些都忘了呢,因为自己卷入了"又打又骂管孩子"的漩涡。父亲好悔、好恨,这样的孩子教不好,无疑是家长的愚笨。

这时班里来了孙老师。说不清孙老师有什么锦囊,孩子竟奇迹般地变了。家长记得孩子说过:"孙老师让我考南开,说'你这么优秀,你不上南开谁上?'"原来一句话点燃了孩子心中的一盏灯,从此孩子心里一片光明。这当然为家长转变观念、因势利导提供了契机。

中考前的最后一个下午,父亲对小强说:"咱去吃好吃的吧。"孩子说:"我什么也不想吃,有些恶心想吐。"仔细回忆一日饮食安排并无问题,爸爸便断定应是心理压力。这样的心理状态怎能上考场?于是父亲说:"咱出去走走好吗?"父子两人走在花园中边走边聊,孩子突然说:"我没把握,要不去医院开个证明,明年再考吧?"父亲坚决地说:"不行,前线的战士,肚子炸飞了,用毛巾塞住肠子,还要冲锋,你还没上战场就败下阵来,这哪里像男子汉!"

其实父亲在切断他退路的时候,自己也在深深地担心,但父亲清楚此时必须给他鼓励。父亲告诉他:"你如此优秀,惧怕考试毫无道理。凭你的实力,足以在全市的尖子生中拼一拼。再说,即使考坏了,丢掉二三十分,你依然是好样的。"直到孩子眼神里有了光彩,父亲才悄悄松了一口气。

晚上父亲又恳请老师协助,给孩子打了一个电话,老师的话洋溢着信任与鼓励。第二天,小强步履轻盈地奔向考场。如今,他已顺利升入市重点校读高中。

家长遇到这种调皮成性的孩子大多束手无策,但恨铁不成钢,也只能是自古空余恨，没有实际作用；打压个性，也是下策，打压他个性的过程，就连活力也打压了。没有活力就没有动力，没有弹药又拿什么来创造。

与其打压不如利用，打压只会让孩子变本加厉，从而形成逆反心理。淘气的孩子也有自己个性的光芒，大胆、职明、灵活、多动的同义词，也就是要动手、动脚、动脑。孩子好动的个性已经形成，而对于他们来说，家长的鼓励和引导是非常重要的。

孩子的成才离不开父母的教育，而家教往往存在于耳濡目染之中。教育研究者认为，在顺境中，家长要适当鼓励淘气的孩子，在逆境中对待淘气、有个性的孩子，更要激励有加。

教育专家指出，"苦"的情感体验，可以加强个性心理品质的培养。给孩子以痛苦的情感体验和承受苦难的教育，是个性心理品质的培养的重要内容。

有人对诺贝尔文学奖获得者进行调查，竟发现50%以上都有坎坷不幸的童年。一位记问美国作家海明威："你认为一个作家最好的早期训练是什么？"他毫不迟疑的回答："苦难的童年。"

调查表明，不仅作家如此，科学家和艺术家也是如此。由此可见，苦的体验是形成儿童百折不挠、顽强拼搏的奋斗精神之根由。尤其在淘气的孩子遇到困难和窘境时，不必立即出面替他们去解脱，或者包办代替，而要给他们克服困难的机会，以在困难中培养其强烈的责任情感和顽强的意志等个性心理品质。

尊重孩子的个性化表现

每个孩子都有自己的个性特点，但是要将它们培养成具有创造性的个性，还需要一些方法。

心理学研究表明，创造性个性一般包含创造意向水平、创造人格特征两方面。前者包括浓厚的创造兴趣、远大的创造理想、批判的革新精神等。后者则包括鲜明独特的个性，较少的从众行为，热衷独立行事；敢冒风险的精神；积极的情感；顽强的意志和抗挫生存发展的能力。所以要想把孩子培养成创新型人才，就要从尊重孩子的个性化表现开始。

他是一位天才的书法家，9岁时参加日本青少年书法展，就在东京掀起了一股旋风。他的四幅作品全部被私人收藏，总价值1400万日元。当时，日本一位最著名的书法家曾预言：在日本未来的书法界，必将会升起一颗璀璨的新星。

二十年过去了，一些默默无闻的人脱颖而出，而他却销声匿迹了。是谁断送了这位天才的前程？

后来那位曾作出语言的书法大家，专门拜访了这位小时候名震四岛的天才。在看了天才书法家的作品之后，他仰天长叹说：右军啊，你毁了多少神童！

右军是指王羲之，中国古代著名书法家。原来，这位小神童临摹王羲之的书帖成瘾，经过二十年的苦练，把自己的书法个性磨得一点都没有了。现在，他的字与王羲之的比较起来，几乎能够达到以假乱真的程度，可是他自己的东西却一丝都找不到。在鉴赏家眼里，他的书法已不再是艺术，而是令人生厌的仿制品。

一个天才因模仿另一个天才而成了庸才。千万不要丢失自己的个性，那是一个人惟一真正有价值的地方。纵观古今，凡是成就了一番事业的人，都是坚持自己的个性和特色，敢于从流俗和惯例中出列的人。

保持自己的个性，才是一个人之所以存在的价值之一，否则邯郸学步，丢失的东西要比学来的东西多得多。从小重视孩子的个性发展，也能让他们清醒认知自己的独特个性，懂得怎样发挥创造力。

教育是塑造人的活动，而人是有鲜明个性的。尊重孩子的个性化发展，就要切忌在日常教育中，在现在统一考试教育的大环境下，抹杀孩子的多样化个性。何况现代社会是多层次的，需要的人才也是多层次、多规格的。作为现代社会的教育思想不应该"一枝独秀"，应当"百花齐放"；教育模式，不应该走"独木桥"，应当构建"立交桥"；教育方法也不应该"孤帆远影"，而应当"千帆竞渡"。充分注意孩子的个性特长发展，培养出多种多样的、具备鲜明个性的创造性人才，才是你要寻找的教育理念。

有一个初中男孩，读小学时不爱做作业，他每次都反驳大人说："作业不就是让我们练习嘛，我懂了，为什么还要做？"

更有意思的是：这个男孩有个小表哥，小时候两人的智力差不多。小哥俩曾比过看谁爬墙的办法多，结果是不分伯仲。可是表哥在做作业时，常因为错写了一个字，就被罚写 100 遍。到后来，他的精力被这种惩罚耗尽了。

妈妈听后，几经考虑，自己也想通了：练习并不是越多越好，题海战术也许短期内会使孩子得到高分，却会加重孩子的负担。孩子的作业量应以掌握知识为目的，适当地复习以加深印象。

由于学校布置的作业，是以大多数同学为标准的，因此，在孩子已掌握了知识的前提下，可充许孩子不做作业。不要逼迫孩子去做那些简单重复的题目，那样会将孩子的学习优势当成缺陷而磨掉，导致孩子的厌学情绪。

少做点题目可让孩子，把重点放在培养学习能力上，孩子的后劲将是很大的。而要做到这一点，就必须要有平和的心态，不要把分数看着唯一，然后因材施教，注重孩子的个性化差异。

妈妈便去学校找老师商量，孩子都会了是不是可以不做，老师没有同意。后来妈妈就模仿儿子的字体，天天代替他做作业。

妈妈坚持认为：重复劳动会把孩子的创造性磨灭了。终于后来有了转机，据说就是这个孩子，让少儿班的老师定了条"规矩"：通过老师测试的孩子，可以不用做作业。

由于个性的多样化，孩子的智力发展也各不相同。有些孩子智力发展较早较快，但这只是一方面，是否能让孩子做出创造性成果，还需要其他许多条件。有些孩子智力发展较晚，或者早期有很多没被发掘的潜能。他们不一定是学习尖子，甚至在学习上显得很"愚笨"，但是他们也可能以惊人的毅力，克服自己在社会教育制度中遇到的重重阻碍，找到属于自己的成才之路，最终成为出色的人才。

所以，培养创造性个性，我们应该高度认识到，尖子是客观存在的，古今屡有出现，当然要珍惜他们的学习潜力，但要坚持孩子全面发展的观点去培养；既要承认"神童"不是天生的，重在培养与环境，又要看到他们也是会变的；注意不要埋没那些"大器晚成"的人才。让孩子坚持找到真正的自己，才有绝对的可能突破自己、成就创新。

毕加索，1881 出生在西班牙马拉加，父亲是一家学校的美术教师，母亲是家庭妇女。他的家庭在当地算是数一数二的贫穷家庭。

毕加索的父亲性格善变易怒,近乎神经质。他对儿子是宠爱的,也是担忧的。

5 岁那年,毕加索在屋里玩,父亲有所发现,就一声不吭地坐在角落里观看。

10 分钟内,5 岁的毕加索做了 11 件事情:写了一个半字,画了一个没画成的苹果,看了几秒钟书,大叫了几声,踢翻了一个凳子,发呆半分钟,玩了三样玩具而且都扔到了门外,傻乎乎地唱了几句歌,欣赏了一下父亲没画完的画作,画了个女孩头并哈哈大笑,最后发疯地叫了几声妈……

其实,他的妈妈也在静静地观看他,就在父亲身边,用手按着父亲不让父亲发作。

父亲让他立正,问他:"刚才你都做了些什么?"

他一样一样说了出来。

父亲问:"你究竟要干什么?"

他大声说:"我就是在找!你能告诉我吗?"

父亲绝没想到 5 岁的孩子,能如此自主而另类,一时惊呆了。

母亲大笑,尔后兴奋地给儿子下了定论:"10 分钟做了 11 件事情,为了寻找自己想做的事情,11 件事情全做错了,这一点无人超越寻找个性的执着!"

母亲帮他找,找来了他没画完的苹果和女孩头,惊叫起来:"天哪!我的孩子,你是画画的天才啊!你爸也画不出这样的作品!天哪……"

毕加索和父亲两人都愣了,父亲走过去看那两个"作品",正要嘲笑,母亲眨了个鬼眼,父亲这才明白了,叹了一声,用画笔勾改了几笔。毕加索又惊又喜,就几笔,那苹果就活灵活现了,那哭着的女孩头就变笑了!于是,他第一次求父亲:"爸爸,教我画画吧!"

于是,毕加索的绘画生涯就从 5 岁开始了!

从此,毕加索成了父亲的跟屁虫。无论在哪里,只要父亲作画时,毕加索一定在旁观看。然后,他凭着自己的记忆和灵性开始模仿。画在墙上,画在地上,画地纸上,画在树干上,画在衣服上,画在自己的肚皮上……他的模仿力和极度张扬的个性惊动了不少人,评价不一。因为他和大多孩子太不一样了,许多人不明白他这种疯狂,是一种病态还是来自无法束缚的天性。

父亲发现,儿子的模仿也与众不同,不是纯粹的模仿,而是有意识的借鉴与发挥,完全是由他异乎寻常的意念与幻想主持。他对色彩的理解与运用,他对事物的判断与表现,他对艺术的激情与幻化……这些,连父亲也自叹不如。

有一次，父亲画了一副画，一个鸟笼，里面有9只鸽子。毕加索盯住看了好久，激动得浑身颤抖起来。

父亲问："你看清有几只鸽子了吗？"

他说："看清了，有成千上万只！"

父亲惊问："为什么？"

他说："9种姿态，应该是世上全部的鸽子！"

父亲没再说什么，看了儿子好久，也激动得浑身颤抖起来。

和许多成年学生相比，幼年毕加索又多了一项奇才。他看事物不是停留在表面，而是进一步深入透识事物本质，如笼子里的蓝天和姿态中的群体。

7岁那年，父亲画了一张风景画。一间房子，几棵树和花草，远处的山林，静态自然，但整体色彩有一种灰蒙蒙的感觉。画完后，父亲将画笔给他，让他模仿一张。他很快就模仿了一张，全是蓝色为底调，近景添加了耀眼的白，远景夕阳如血——只是色彩的的运用不同，两副画成了两种风格两种境界！父亲只说了一个字："好！"

1889年，8岁的毕加索看了一场斗牛，那拼搏壮观的场面，与他生命深处的律动，奇妙地合拍了。他激动得狂叫不已，差点也冲进了斗场。当天，他画了一张油画作品《斗牛士》，这张画被父亲认可，列为他的第一张创作画。

他的事业便从8岁开始起步，10岁，他在巴黎举办了个人画展，一举成名。从这里开始，他成为了走向全世界的最伟大艺术家。

毕加索还为我们留下这样一句格言：成长的过程可以牵扯许多人，但成功的起点只能是自己。毕加索的母亲有着犹太血统，乐观，幽默，善良，大度，这当然在家教中起到了不可小视的作用，但有一点是来自毕加索本身的：不同于大多孩子的遵从与盲目，玩，也要找到自己真正想玩的，找不到就发疯地找，不要大人规定的事事正确，只要属于自己的一点超越！

辩证看待"刺头"孩子

面对孩子的顽劣淘气、荒唐不羁、不守常规、玩世不恭等等不正经表现，我们总是怒不可遏、暴跳如雷，或者束手无策。比如英国首相丘吉尔，上学时便顽皮不受控制，面对老师的体罚，他一直坚持自己没有做错，还被人们称为学校中最顽皮、最贪吃、成绩最差的学生；我国著名数学家苏步青，小时候更是调皮不断，他偷拿学校食堂的鸡蛋，扔进沸腾的大锅里，看热闹，还拿斧子砍掉院子里的小树，试试斧头到底有多快。但是美国心理学家研究指出，这样的孩子更有创造潜能，我们首先要知道他们搞破坏的原因，而不是朝他们大发怒火。

其实，这些表现之中隐藏着孩子"高度独立性，较少依赖性"特征，可我们却往往，对这些具有创造潜能的孩子存有偏见。

提起俄罗斯总统弗拉基米尔·普京，他家的老邻居们，恐怕都会为他年少时的淘气撇嘴。

普京 1952 年出生于圣彼得堡，父亲是当地机车制造厂的技师，母亲靠做杂工补贴家用。一家人住在机车厂的家属院。

那里条件简陋，没有热水和洗澡间，很小的厨房还是公用的。普京童年最深的记忆之一，就是常和邻居小伙伴用棍子赶老鼠。

母亲生下普京时已经 41 岁了，因此对他十分疼爱，因为怕出意外，都很少允许他出大院门。不过，普京可不是个听话的乖孩子，他从小就喜欢"闯荡江湖"。

8 岁上学以前，他整天和小伙伴们在街道上玩耍，并从一次次打架中，悟出了做人的"真谛"：要想成为胜者，你必须在每一次对打中咬牙坚持到底。普京日后在回忆录中说："表面上看，这个准则是别人教给我的，其实早在孩提时代，我在多次打架中就悟出了这个道理。"

上学后，普京好勇斗狠的性格惹了不少麻烦：他曾多次激怒体育老师，与物理老师的关系也很僵，因忘记穿校服被赶出课堂，考试时与同学交换字条被抓"现形"，因为打架被请家长……

他自己也说不喜欢上学，更不愿意遵守各项校规。因为淘气，他的学习成绩也一般，算术、自然勉强及格，绘画不及格，不过历史、体育的成绩都是优异。直到六年级时，大院里的居民忍无可忍地，列举出小普京的种种"罪状"，此后，他仿佛一下子长大，变成了规矩、懂事的孩子。

无独有偶，菲律宾总统阿罗约，从小也是一个让人头疼的淘气包。

在父亲眼中，已经59岁的阿罗约可能永远是他宠爱的、长不大的"小东西"，尽管她已贵为菲律宾总统。

阿罗约的父亲马卡帕加尔早年是个公务员，后来成了菲律宾总统，母亲是一名医生。马卡帕加尔在他的回忆录中写道："政治让我振奋，而女儿却是能为我生活，带来温情和快乐的小东西。"

这个"小东西"就是阿罗约。不过，"小东西"4岁时有了一次"失意"。那年，她的小弟弟降生了。她突然发现，父母对她的爱转移了。小阿罗约赌气地跟着外婆，到他们在棉兰老岛上的庄园里度假，并且当父母跑去接她时，还固执地不肯回家。就这样，她一直和外婆住到了8岁。

后来，父母终于把她接回了马尼拉，并送进全国最大、最严格的阿桑普申女修道院学校，这里聚集着来自显赫家庭的孩子。

阿罗约知道，要想成功不能靠家族的名望，只能靠自己的才智。于是，努力的她在学校中永远是优胜者。小学毕业时，她是致告别辞的毕业生代表；中学毕业，这个角色依旧属于她。虽然她小巧玲珑，可所有的功课都非常出色。在同学眼中，她聪明过人，做事一心一意，从不说废话。

父亲当上总统后，记者采访时问小阿罗约有什么爱好，她回答说："我没有这样那样的爱好，因为我是理智型的。"那时，她不过11岁。

从此，她就成了总统府的少女明星，把第一女儿的形象把握得很有分寸。等到高中毕业去美国念书时，阿罗约已经是一个成熟的、自立能力很强的大姑娘了。

从两位总统的身上，可以看出没有一个人在中小学时的平均分数，与他们日后取得的创造性成果，有任何重要关系；同样大学生、研究生的在校成绩，也无法决定他们日后的创造性成果大小。这充分说明了知识的掌握，与创造能力的发展并不成正比。

但是由于传统教育观念的影响，人们宁肯喜欢那些"规规矩矩，谨慎听话"的模仿型孩子，也不愿喜欢那些"顽皮淘气，高度独立，不依规矩"的创造型孩子；有的人还过分强调分数，宁肯喜欢那些"高分低能"的学生，也不愿喜欢那些"低分高能"的学生。

可许多著名的科学家和发明家，如爱因斯坦、爱迪生等，在幼年时期并不显得十分聪明，成绩也不突出，从表面上看常是笨拙的。

由此不难看出，如果我们无法正视这些孩子的个性化特点，对之加以正确的积极引导，就会使他们的创造精神和创造性个性的培养受到阻碍，从而抑制优秀人才的成长，这将是教育者的重大失误和失职。

说到孩子的不同个性，就连我国战国时期大思想家、教育家孟子，小时候也是出了名的不听话。

孟子3岁时便失去了父亲，家庭的重担全部落在母亲一个人肩上。孟母很重视儿子的教育，一心想把孟子培养成有学问的人。

童年的孟子很调皮、贪玩，他家附近有一块墓地，经常有出殡、送葬的人群，不是吹吹打打，就是哭哭啼啼。孟子经常与伙伴们一起模仿他们。

孟母见了很生气，对儿子说："你父亲是一位有学问的人，他因为生病而英年早逝，不能教你读书认字。若你不认真读书，将来怎会有出息？"

为了让孟子能够受到良好的教育，孟母把家迁到城里。但孟子的新家离闹市很近，嘈杂的声音使孟子无法认真读书。孟子和他的新伙伴常常模仿卖货的、打铁的、杀猎的。孟母见了更为生气，于是决心再次搬家。

这一次，孟母把家迁到了学宫附近。学宫是读书胜地，许多读书人在那里学习，还时常演练礼仪。

孟子受到感染，每日在家中专心读书，也渐渐模仿起学礼仪。

不久，孟母把孟子送入了学宫。初到学宫，孟子学习兴趣很浓，也很用功。但年幼的孟子并不懂得母亲望子成龙的良苦用心。不久，孟子又开始整天玩耍。

有一天，孟子正在上课，他突然想起了村东湖中的天鹅，想射一只来玩玩，于是再也坐不住了。他趁老师不注意，偷偷地溜出了学宫，跑回了家。

正在家中辛苦织布的孟母见孟子又逃学回来，随手抄起身旁的一把剪刀，猛地几下把织机上已经织成的一块布拦腰剪断了。孟子从未见母亲如此生气，他愣在那里，不知所措。母亲严厉地问道："这布匹断了还能重新接好吗？"

"不能。"孟子怯声答道。

孟母又说："你不专心读书，半途而废，将来也会像这断了的布匹一样，成为没用的废人。"话一出口，孟母再也抑制不住自己的情绪，伤心地痛哭起来。

孟子看到伤心的母亲，又看看被母亲割断的布，恍然大悟，跪到母亲面前，说："母亲，原谅孩儿吧，孩儿一定不辜负母亲的希望，好好念书。"

从此以后,孟子发奋学习,终于成为满腹经纶的大学者。

在现实生活中,我们能够发现,那些个性鲜明的人,往往会表现出一种独特的个人风格,在众人之间,产生深刻的影响。比如,豪放飘逸的诗仙李白;忧国忧民的诗圣杜甫;以及不为五斗米折腰的陶渊明。这些千古流唱的人物身上,都有自己独特的个人风格,他们的伟大与这些个性不可分离。

解放孩子的个性,是发展创新思维的必要条件。爱因斯坦曾说:"无论是艺术作品,还是科学成就,都来源于独立的个性。"所以善于发现并利用孩子的独特心理特征优势,使他们助于自己在能力、性格、情绪、兴趣、动机、意志等方面的心理优势,不断获得成功的体验,认识和塑造自我,促进其独立人格与创新人格的协调发展。

另外,孩子是独立的个体,在生活中要充分发挥他们的智力、能力、独立性和自主性,着力营造孩子主动参与、主动学习、主动构造的氛围;大人与孩子要建立平等友好、互相尊重、互相信任、互相合作的和谐关系,形成教学相长的环境,扩大孩子思维的自由度;尽可能多地给孩子提供动手和实践的机会,激发他们的创新"细胞",满足他们成为探索者的愿望,提高其实践创新能力。

孩子毕竟是孩子,如果他们对什么都知情知理,百般听话,那么家长应该会更加担心忧虑。不仅因为惟命是从,会抹杀孩子天生的想象力和创造力,更因为它将埋没孩子的个性,让孩子变得更加不正常。

张扬每一个孩子的特色,发挥他们的优势,点燃他们智慧的火花,给予孩子创造的自由空间,变潜在的创造力为现实的创造力,像尼采说的那样,使他们"成为我们之为我们者,成为新人、独一无二的人,无可比拟的人,自我创造的人"。

总之,辩证地看待每个孩子的个性特点,在那些令人讨厌的"罪行"中,注意寻因望果,检讨是不是自己的认知、要求有问题,发现他们坏表现的可取之处。给孩子一片自由的天地,也是给自己一个进步的机会,他们会还你一片旺盛生长的花海。

第八章 开发左右脑智力有决窍

　　培养孩子的创造力，家长除了在情感和态度上，给予他们支持外，还可以利用一些科学的方法来有效地开发孩子们的智力、想象力。其中关键一环就是要懂得，如何开发孩子的大脑。

　　大脑就像是人体的总司令，它也有着司令般高深莫测的脾性。截止到今天，我们对大脑的了解，只能算得上是九牛一毛。关于大脑的秘密，发现左右脑不同分工的斯佩里，因此而获得了诺贝尔生理学奖。所以，关于大脑里面的无尽秘密，请不要说你了解它。

了解左右脑的分工不同

　　人体大脑是世界上最神秘、最灵敏和最复杂的器官。大脑分为左右两个半球，左半部分就是左脑，右半部分就是右脑。它们形状对称相同，但功能却不一样。

　　左右半脑各有分工，人的大脑潜能巨大。一般人对脑的运用不超过5%，因此人脑蕴藏着无数待开发的资源，剩下待开发部分是脑力与潜能表现优劣与否的关键。

　　人的左脑是抽象思维中区，主要负责知识认知、思考判断等。它就像个雄辩家，善于语言和逻辑分析；又像一个科学家，长于推理理解和复杂计算。但刻板、理性，缺少幽默和丰富的情感。

　　右脑正好相反，它是人的形象思维中区。它就像个艺术家，长于非语言的形象思维和直觉，对音乐、图像、美术、舞蹈等艺术活动，有超常的感悟力，空间想象力极强。不擅言辞，但充满激情与创造力，感情丰富、幽默、有人情味。

　　人的左右脑各有所长，相互连接又相互交错，各施各法，完美协作之余又互不干涉。更具特色的是，人的左脑控制人的右半侧身体，右脑则控制人的左半侧身体。反之,利用机体活动对大脑的反作用,可以有针对性、有目的地对大脑进行计划开发。

左脑是知识的宝库,右脑是创造的源泉。左右脑共同开发,同时并用,理性与感性,兼而有之。思维既能发散,又能聚合;逻辑清晰,又能想象丰富。想必这种平衡,是每个人都深深企及的。其实,凡事都有方法,只要我们注意日常生活中,一些细节习惯的养成,这个希望也未必遥不可及。

人一生的智力、巧力、判断力等等之发展,都取决于大脑这个认知库。但是大脑蕴含着无限的潜能,人的一生可能大多只开发了其中的一小部分。而人与人的差别,主要是脑子不同,也已成为我们的共识。其实,弥补这一差别的最佳捷径,便是注重大脑的开发。

儿童时期是开发大脑的黄金阶段,可谓是一劳永逸。积极开发孩子的大脑潜能,有利于他们的智力、想象力、发散思维的提升发展,能为孩子创造力的发展打下更坚实的基础。

古时有一户人家,世代以耕田为生,祖上五代内没有一个识字的。不过他家的日子倒也过得去。

家中有两个孩子,大儿子长得五大三粗,是家中的壮劳力。他脑袋有些笨,不能独立干活,只能每天跟着父亲日出而作日落而归。小儿子五岁,长得眉清目秀,异常机灵。特别是他的眼睛忽闪忽闪的特别有神,一看就和别的小孩子不一样。

有一天,一家人正在家里吃午饭,小儿子突然哭了起来。母亲问他:"孩子,吃的好好的,你怎么哭了呢?"他一边啜泣一边喊:"我要上学!我要上学!"一家人听了都很惊奇,父亲说:"我家五代内没有一个识字的,你想上学?再说你会写字吗?"小儿子一听,又闹开了:"给我毛笔!谁说我不会写字,我一看就会!"父亲没有办法,只得向隔壁村子里的王秀才家去借。

好一会儿,父亲借回来了一支毛笔,一张纸,还有王秀才刚用过的墨汁。小儿子见有了毛笔纸张,也不再哭闹了。他拿起笔,即刻默写出了《百家姓》。

这时,王秀才也过来了。他听说小孩子要毛笔,也很奇怪,所以过来看个究竟。他拿过孩子写的字,读了一遍,不由得伸出大拇指:"写得好啊,全写对了!"又对着孩子的父亲说:"你家孩子居然知道主动学习,还写得这么优秀,真乃一神通啊!"

一家人听了都很高兴。没想到自己家里竟然出了一个神童。这事很快就传遍了十里八乡。

　　有一天，村子里有一个大户人家举办宴席请客，主人便请孩子去席上助兴。席间有客人要孩子以宴席为题作一首诗。他思索了一会儿，居然出口成章，满座宾客大惊，都高呼："神童啊！神童啊！"

　　渐渐地县里乡里有人家设宴请客，都请那个孩子吟诗助兴。甚至有人跑上门来，花钱请他作诗。

　　但是他的父亲看到这情形，并没有把孩子送进学校，进一步开发孩子的智力，让孩子获得更高的发展，而是决定带着小儿子去拜访那些有钱人，以此来代替每天每天的辛苦劳动，收获些钱财。

　　可是慢慢的，孩子的智力开始退化，再也展现不出惊人的才华了。有人叫他写诗，他要思考大半天，而且写出的诗也缺少文采。最后，甚至变得比同龄人还木纳，每天只是和看着哥哥傻笑。

　　大脑能开发到什么程度，主要取决于早期，故大脑潜能的开发越早越好。调查显示，儿童大脑发育在 6 岁时基本完成，其中 0 至 3 岁是关键期，因为此时是脑细胞发育最迅速的时期。脑结构的发育完成，脑功能的基本完善均是在小学之前，尤其是 3 岁前。

　　3 岁之前的孩子看似混沌，口齿不清，有时候站不站不稳，其实这正是他们大脑各项能力飞速发展时期，亦是脑潜能储存及早期挖掘的关键期。

　　随着脑组织的发育，脑的重量也随之增加，孩子身体还不到成人的四分之一，但 3 岁时脑的重量已达到成人的 80%。

　　现在研究已经证明，孩子 4 岁时已发展出大约 50% 的学习能力，在 8 岁前会发展出另外的 30%，8 岁以后发展不到 20%。这并不是说在 4 岁前，孩子已经吸收了相当于成人的 50% 知识或智慧，而是说在那短短几年里，大脑已经构建了主要的学习途径，摄取了大量的信息，所有以后的学习都将以此为基底发展。

　　将信息存入大脑，累积基础库存，就像两只有爪手的空碗，可以自己去搜索并收取东西，3 岁孩子的碗和成人的碗是一样的，所以越早开始收集事物，放进碗里，它将越丰盛，这也是孩子的优势。另外，孩子的碗更新、更有活力，碗中的好奇心、求知欲、想象力还丰富、明亮的很，切莫白白耽误了，孩子汲取知识的好时光。

孩子在一两岁的时候，接受能力非常强，仅仅两年时间他们就学会了语言，到 3 岁或 4 岁，在语言方面就能运用自如了。当然，并不是说孩子错过了关键期就不能进行教育，因为脑细胞神经网络的联系，在整个儿童期都很频繁，而且有很多机会促进它。父母在孩子儿童期，对其智力和想象力的开发都会是有效的，并且效果惊人。

人们都说天才是九十九分的努力和一分的天赋，但是九十九步等半百，少了一分天赋，创造力的养成也会功亏一篑。而早期对孩子大脑的开发，将更有可能激发那一分天赋。

左脑的开发

积极开发左脑，有利于提高人的分析推理、语言逻辑等能力。另外，理性思维的发展也有利于孩子创造力的有效落实，因为遇事多思考，而不是只靠率性直觉去判断，才能避免盲目、轻率的行动。

关于左脑的快速开发，除了平时多用右手右脚外，还有很多内容需加以注意。

第一，在教育中让孩子多接触推理性问题，引导他们条清缕晰地思考分析。比如当孩子在生活中，遇到一个难题时，可以建议他们把难事写在纸上，列出问题的细节，什么是已知，什么是未知，条分缕析，然后把细节整理，从头到尾梳理一遍，层层深入，逐个击破。

将问题之间的逻辑关系细节，一个一个梳理清楚，养成分析推理的习惯。通常家长给孩子报名奥数班，就主要是对其逻辑推理等理性能力的锻炼。但要注意适度，过分地发展孩子的逻辑思维，会造成孩子个性内向，失去活力。

第二，积极培养孩子做事有计划的习惯。其实，解决生活中的一个具体问题，可以锻炼孩子的计算分析、条理性、组织性和控制力。而事先做好计划，就可以有意识地发展孩子的这些理性思维。

实践固然重要，但没有计划的冒然行动，就会做很多无用功，走弯路；乃至最后破釜沉舟，也只是走投无路后的救命稻草，是客观条件下无能为力时，情不得已之举。故有备无患、万全之策总好过孤注一掷。

比如很多人从小就做事没有计划，想到什么就做什么，做的过程中又感觉和自己想得不一样，有目标但没计划，耽误了工作和自己的时间。

古人云："凡事预则立，不预则废。"所以要让孩子从小养成做事之前，先想清楚任务目标，可以划分为总目标和具体阶段目标，清晰列出自己的做事计划，提高完成效率。

在现实中，不知多少人在实现目标的路上都浅尝辄止，并不是因为奋斗之路有多艰难，而是目标太大、太遥远，把自己都吓到了，从而失去了前进的力气。如果我们具有一点把目标缩小到"0.5厘米"、"一个剧本"那样的智慧，也许会少许多忏悔与喟叹。

他是一名世界跳高冠军，创下了吉尼斯跳高记录，而在一些重大的国际比赛中，他几乎总能刷新那个记录。

他有个绰号叫"0.5厘米王"，因为他总是强调自己成功跳跃的秘诀就是，把每次参赛目标都定位增加哦0.5厘米。当他成功地跃跳过6.3米时，他感慨万千地地说："要是最开始的时候我就把目标定位6.3米，说不定我早就被这个目标吓到而放弃了。"

把梦想分解，逐步实现，与此有异曲同工之妙的还有德国知名作家兼战地记者吉米，二战结束后，他找到了一份写广告剧本的工作。出于信任，广告商也没有硬性要求他必须写多少个剧本。平心定气的吉米一直不停地写，最后剧本的完成数量竟然达到了1500个，他自己对这个成绩都感到吃惊。如果当初广告商要与他签订合同的话，别说1500个剧本，就是500个，他也未必敢接这份任务。

的确，在实现梦想的路上，将梦想缩小，分解成一个个小目标，轻装上阵，才有可能让心灵永久保持活力与热望而减轻疲惫，更有利于稳操胜券。

一个年轻人为自己的人生树立了很多目标，他豪情万丈地开始向自己的目标努力奋斗，但在残酷的现实面前，他总是遇到无法解决的烦恼，最后一事无成。他郁郁不得志，便跑上山去请教一位居住在山上的教授。

他找到正在茅草屋里读书的教授，苦苦倾诉了一番。教授听完，放下书，来回踱步，然后停下来，请他先帮忙烧壶开水。

他看见屋子一角的小火灶上，放着一只大水壶，可是没有柴火。他往水壶里打满水，便出去找柴火。

　　不一会儿，他就拿着一些干柴枯叶回来了，他把柴火点燃，放进小灶里，然后放上壶开始烧水。可最后柴火都用完了，水还是没开，因为那只水壶太大了。他不气馁，随后又跑出去找柴火。

　　可等他回来后，发现那壶水已经变凉了。这次，他没有忙着烧水，而是聪明地跑出去，继续找干柴。最后，他用准备充足的木柴，烧开了那壶水。

　　教授忽然问他："如果必须烧开那壶水，而山上没有那么多干柴，你怎么办？"

　　年轻人想了想，摇摇头，表示不知道。

　　教授说："要是那样的话，让水壶里的东西减少一些，不就可以了吗？"

　　年轻人低头沉思，后又抬起头，好像明白了什么似地望望教授。

　　教授笑笑，接着说："这只大水壶如果装满水，你就必须有足够的柴火把它烧开，否则，要想烧开水，你要不就出去花时间准备柴火，要不就倒出一些水。这跟你遇到的问题是一个道理，起初，你踌躇满志，给自己定下了大量的目标，要想全部实现，就像要烧开一满壶水一样，你必须准备好足够的知识与能力，或者你可以减去一些目标。"

　　年轻人恍然大悟。回去后，他把自己所定的目标，认真筛选了一下，只留下近期内可实现的几个。同时，他还每天抽出时间学习各种专业知识。瞬间，他感觉轻松了许多，而且信心满满。几年后，那位年轻人已经实现了自己大部分的目标。

　　知道自己想要达成什么目标，还要有一个理性的计划，才能给有效行动增加砝码。删繁就简，把目标一点点实现，才能顺利抵达终点；万事记心，只会身陷忙乱，最后一事无成。在一步步向前奋进的时候，也不要忘了加柴点火，让走向成功的路途更平坦。

　　第三，引导孩子辩证地看待问题。比如讲一个故事，引导孩子从不同角度看待故事中的人物、情节等，加强逻辑思维能力，让他们多方面、多角度地看待问题。精细阅读和增加阅读量，也可以提高孩子的语言能力。

　　第四，进行数学、逻辑的抽象思维训练。孩子的形象思维能力发展较早，抽象思维能力发展相对较迟，因此，抽象思维的训练要采用形象、具体的教育方法。比如说，不要一开始就给孩子数一二三四，而是让孩子数苹果、数鞋子等。

学会了数数,再学加法和减法等运算。学习运算也要与具体的事物结合起来,如让孩子思考,爸爸的年龄比妈妈大,妈妈的年龄比姑姑大,让孩子思考,爸爸与姑姑谁的年龄大? 与具体情景相结合,孩子容易接受,具体的运算会转化为抽象思维的能力。

我们生活中经常会遇到各种各样的问题,需要推理、判断。鼓励孩子经常思考,一定能激发孩子的兴趣,培养他们的推理能力,这对开发左脑半球的潜能是很有好处的。

右脑的开发

随着社会的发展,越来越需要创新型人才,要求人们有丰富的想象力和创新思维,以及较高的情商。而这些能力的发展都受人的右半脑控制,可是由于日常生活中,大多数人习惯用右手活动劳作,所以人掌管抽象思维的左半脑,相比控制形象思维的右半脑,要发达得多。

其实最早左撇子和右撇子的数量是差不多的, 因为社会的发展是偏理性的,社会的运转需要规则,过于感性地处理问题会使社会的轶序混乱。所以右撇子就越来越多。

随着对大脑研究的不断深入,人们开始越来越注重右脑的开发。但同时也了解到, 大多数人对右脑的开发力度是不足的。所以要想更好地开发人类的潜能,就需充分对孩子的右脑进行开发。

把美国人造就成"轮子上的民族"的汽车大王福特也是左撇子。他从小就富有创造力,喜欢摆弄机械,对发明很感兴趣。

12 岁时他花了很多时间, 建立了一个自己的机械坊;15 岁时他亲手制造了一台内燃机。

1896 年他制造了自己的第一辆汽车,并将它命名为"四轮车"。之后福特与 11 位其他投资者,凑足了 2.8 万美元的资金,建立了福特汽车公司。

他曾设计的一款车,只用 39.4 秒就开过了一英里。当时的一个著名赛车手,将这辆车命名为福特 999,并带着它周游美国。由于名星效应,于是福特在美国声名鹊起。

汽车大王福特和发明大王爱迪生还有一段特别的友谊。他们第一次见面是因为，早已功成名就的爱迪生，听说年轻的福特在研究汽车，便特地去"挑刺"。但一见面，爱迪生却对年轻的福特大为赞赏，对福特在汽车技术上的预见，给予充分的肯定和鼓励。福特也非常敬仰爱迪生，称爱迪生"在我眼里是一个英雄，是我终生的朋友"。

除了喜好发明，酷爱幽默是两个人的共同点，他们会面时少不了要比试幽默。这也正与左撇子不谋而合。

然而，他们的交往面临一点小障碍。老年的爱迪生耳朵有些失聪，福特每次去拜访爱迪生时，事先总在衣袋里准备一些，写有幽默素材的小纸条，轮到福特讲话时，他就把写好的纸条递给爱迪生，这种较量往往要进行到深夜。备纸条和失聪者交流斗智，我们不能不钦佩左撇子福特的机智。

左半身的活动有利于右脑的开发；反之，右脑发达也会使得左半身活动灵敏自如。左撇子是右脑发达的标志之一，古今有很多大家都是右脑发达的左撇子，比如福布斯、居里夫人、米开朗琪罗、亚里士多德等等。

人们开始关注右脑是从一些艺术大师开始的，如达·芬奇、米开朗琪罗、毕加索等习惯于使用左手，这种相似之处引起了人们的兴趣，因此有研究人员认为，是右脑功能促进了艺术创造性的产生。

绘画艺术大师达·芬奇是世界历史上最耀眼的大师之一，也是一个左撇子。他喜欢用左手翻书，习惯于从右往左写字。他有一项为人瞩目的"镜像书写技术"，也就是他的文字作品，要用镜子反射才能阅读。达·芬奇左手书写为自己的成就锦上添花，因为这种书写方式让他以不同的角度和方式思考问题。

爱因斯坦说过：我思考问题时，不是用语言进行思考，而是用活动的，跳跃的形象进行思考，当这种思考完成之后，我要花很多时间把它们转化成语言。

显然，伟人是在用右脑的记忆和图象演算机能，结合左脑的推理和语言，这样独特的思考方式，炼成了天才般的最强大脑，并创造出一个个光辉成果。

比尔·盖茨的名字可谓是家喻户晓，这个名字就是财富的象征，他是世界首富，也是一位左撇子。为了方便身为左撇子的同道中人，带有平滑侧按键、两手都可用的鼠标的创意源自微软，据说发明人就是这位创始人。

比尔·盖茨用自己的经历告诉我们，可能右脑的记忆能力是左脑的一百万倍。小时候的比尔·盖茨酷爱读书，并且有惊人的记忆力力，人们都叫他"左撇子神童"。

幼年的盖茨活泼好动，喜欢思考，更酷爱读书。他经常读的书可不是一般儿童喜欢的连环画，也不是童话故事，而是《拿破仑传记》，并且为拿破仑也喜欢用左手而惊喜。

父母发现小盖茨有超人之处，便决定给他一些发展智力和思维的培养。比如他们用比赛来决定谁洗碗，家里便不断地出现各种新游戏，从棋类到拼图比赛，几乎所有的益智游戏都玩，每天吃完晚饭，比赛就开始了。

阅读和游戏，锻炼了比尔·盖茨非凡的记忆力和应变能力。有一天，父亲的朋友泰勒来做客，泰勒是一位牧师，他听说盖茨读了很多书，就想考考他。

"盖茨，你读过《圣经》吗？"泰勒问。"读过。"小盖茨得意地回答。"那你能给我背诵一段《登山宝训》吗？"这是《圣经》中最冗长、最难懂的一段。有几万字的篇幅，没有非凡超群的记忆力，是很难一字不漏背诵下来的。泰勒还没有遇到过一位能够背诵《登山宝训》的人。

只见小盖茨坐在沙发上，摇着小脑袋，用他那悦耳的童音开始背诵："耶稣看见这许多的人，就上了山，既已坐下，门徒就到他跟前，他开口教训他们说……"

听着盖茨朗朗的背诵，泰勒惊呆了。"他真是一个具有特殊才能的孩子，我无法想像一个年仅11岁的孩子，具有这么高的天赋，真是不可思议。"泰勒说。

在学校里，小盖茨更是超出了同龄人许多。他总是用最少的努力得最高的分数，老师和同学们都把他视为天才，因为小盖茨是个左撇子，同学们就都叫他"左撇子神童"

长期以来人们都重视抽象思维的发展，即重理性的思考和推理；而忽视形象思维的培养，即轻视右半脑的开发。但是右脑具有接受音乐的中区，负责可视、综合、几何和绘画的思考行为，它处于大脑感知世界的前沿。另外，人的大脑所储存信息，大部分在右脑。右脑的储存信息量是左脑100万倍。

右脑如同一本字典，字典中再划分章节，层层记述，思考的过程是左脑提取右脑的信息,将其变成语言、数字信息。比如在奥斯卡获奖影片《雨人》中,主人公就是左脑受到了损坏,而右脑非常的发达,记忆力非常惊人。

人类在发展中更偏向于理性,逻辑思维要比想象力发达。积极开发右半脑的潜能,要求我们在生活习惯中,从点滴开始改变。

首先,用左手来调动右脑开发,比如左手写字、左手刷牙、左手拿剪刀、左手用餐、左手用鼠标等等。美国相关调查结果曾显示,经常使用左手的人,不仅掌握了一项与众不同的本领;还能积极提升大脑的聪明度;甚至可以延长寿命。

张晶晶是个名副其实的左撇子,她习惯用左手绘画、用筷子、写作业。

早在小晶晶上幼儿园的时候,妈妈就跟老师讨论过这个问题。老师提出:"是否需要矫正一下,孩子左撇子的习惯?"晶晶妈妈也曾有过这样的想法,但是没有马上回答,而是回去单独询问了女儿的意见。

妈妈问晶晶,看别人做事都用右手,而她却用左手,觉得方不方便、累不累?女儿摇摇头说:"从小到大,我就喜欢用左手,觉得特别有劲儿!右手就觉得很不适应。"

妈妈认真地考虑了一个晚上,最终婉拒了老师的意见,让孩子自然发展。

晶晶妈妈认为:"也许左撇子会在社交活动中遇到麻烦,不过既然女儿认定了用左手,那就尊重她的意见,随她去吧。当然,将来她必须自己承担作为左撇子的不便。"

妈妈没有强行要求女儿改变用手习惯,况且她也听说左撇子都非常聪明,而且也出了很多名人,她相信女儿能够适应左撇子的生活,并且在右撇子占绝对多数的世界里通行无阻。

其次,利用音乐、绘画等艺术活动,刺激孩子右脑的开发。右脑与节奏、直觉、空间感、艺术感以及想象和综合等方面有关,所以,多听音乐,多接触绘画,多看动画片,多想象,也是开发右脑的好方法。

右脑与创造力

右脑掌管着人的感性思维、想象力，对人发展多向思维有着直接影响，因此毫无疑问，右脑的开发与创新思维的培养、创造力的爆发息息相关。

所以，开发孩子的右脑，让他们用不一样的眼光去看事物，也许他们能够找到解决难题的创新方法，而在日常生活中，一贯坚持用左手的"左撇子"，通常被认为是右脑比较发达。

在香港的影视作品中，我们不难发现，受英国的影响，他们的交通制度是左行制。至今全世界大约有90%的国家实行右行制，但很少有人知道右行制的来历。其实，究其缘由还得归因于左撇子拿破仑。

据说，在法国大革命前，法国贵族的马车同样是习惯左行，和欧洲大多数国家一样，法国军队的行军也都是在路的左侧。

原来，鉴于军人右手持矛或剑，为了避免两队军人在路上迎面相遇时矛剑伤人，便要求把左面让给迎面来的队伍。

1789年法国大革命后曾发布命令，却要求所有巴黎的马车和行人一律靠右行驶。因为拿破仑本人是左撇子，他的皇后约瑟芬也是左撇子。

拿破仑掌权之前，就曾反对法国军队右手持枪的传统。当他登上权力宝座后，拿破仑下令法国军队改为左手持枪，并在公路左侧行军。

他在当权时再次下令，明确要他的部队以及大型重车靠右行。右行更加方便他的战斗。此后，拿破仑的军队势如破竹，横扫欧洲大陆，发动了征服欧洲的战争。

法国占领到哪里，就把靠右行规则带到哪里。拿破仑没有占领英国，所以英国沿续了左侧行进的习惯。这样，世界就形成了右侧通行和左侧通行两种规则。

无独有偶，马其顿王国的开创者亚历山大大帝，也是个左撇子。

亚历山大能够见他人所未见，他的成功与名望与左撇子的特殊天赋密不可分。在亚力山大时代，没有太多人会在意左撇子，也很少有人能看到它带给人们的天赋和才能，而这种天赋在其少年时代就已经显现，并随着时间的增长而日益强大。

当时的马其顿老国王腓力，也就是亚历山大的父亲，花了大价钱买下一匹骏马。但是却发现这匹马狂野难驯，手下人谁都上不了它的背，上去了也被它摔下来。

腓力震怒，下令将骏马牵走。这时亚历山大走上前来，与父亲讲："他们对这马无可奈何，是因为他们缺乏理解力和勇气。"他希望父王允许他来试骑这匹马。

腓力最初不答应，经不住亚历山大一再坚持，便问道："如果你制服不了它，那你愿意为你的鲁莽付出什么代价啊？"亚历山大回答说，如果失败，他至少愿意为自己的鲁莽，赔给父亲买马的钱。

在群臣的笑声中，腓力同意打这个赌。结局当然腓力是赌输了。因为亚历山大很聪明，决不会做没有把握的事。

原来他已经注意到，那匹骏马如此野性难驯、不服管束，是因为它被面前地上自己的影子吓住了。亚历山大调转马头，让马面对太阳，同时一直轻声鼓励它，然后一个鱼跃，翻身上马。

据说，当腓力看到儿子制服骏马的举动后，激动地说："我的孩子，找一个与你相匹配的王国吧，马其顿对你来说太小了。"

知道这个故事的很多人都说，这是一个王者的气魄震慑住了野马，让其甘心臣服。但更好的解释是一种思维跳越的智慧。

骑上马背当然需要一定的勇气，然而决定成败的关键因素，在于亚历山大与众不同的眼光不同。他能够从马的角度考虑问题，凭直觉去感知使马受到困扰的因素。这种变通的思维，一定程度上也得益于他发达的右脑。

亚历山大固然集智慧与勇敢于一身，他还用自己的智慧征服了世界。同时我们从他身上还能看到一种与他人心灵相通的能力，或者说感情代入能力，这使亚历山大解决了，连最好的驯马师也解决不了的问题。而这种对于他人情感、想法的想象力与高超感受力，却是左撇子群体的一个显著特点，因为右脑控制人的情感和想象力。

具体来说，由于左右脑的思维方式不一样，左撇子的自身感觉与周遭环境并不完全一致，这种误差常常在心理上造成一种疏离感，会让孩子感到与其他孩子不同。正因如此，左撇子的孩子通常需要学习，如何更好地去适应，这就意味着去了解别人(或是马匹)的所思所想,因为他们的思维、行动方式与其他人不尽相同。

左撇子多出领导者和军事家,英国左撇子首相丘吉尔,曾获选有史以来最伟大的英国人。他是政治家,曾两度连任英国首相,被誉为20世纪最重要的政治领袖之一;他是演说家和作家,曾获得诺贝尔文学奖。还被公认为是世界上,掌握单词词汇量最多的人,被列为近百年来世界上,最有说服力的八大演说家之一。

左撇子的名人枚不胜举,美国石油大王约翰·洛克菲勒和陆军四星上将巴顿将军,也是很值一提的典型代表。

约翰·洛克菲勒,石油大王,有史以来首位亿万富翁,左撇子。他虽腰缠万贯仍象普通人一样,坐火车乘三等舱,住旅店要小房间。

一次有位有钱夫人进站上车,眼看火车就要开了,她看见旁边有位带着简单行装的老人,于是喊道:"给我提行李,我给你一美元小费!"老人用左手提起沉重的行李,在火车即将开动的一刻登上火车。

夫人高傲地付了一美元小费,这时乘务员走过来谦恭地问:"洛克菲勒先生,这次您到哪里旅行?"女士大惊:"您就是洛克菲勒!?我竟然付了您一美元小费!太荒唐了,请您把它还给我好吗?"

老人平静地用左手拿出那一美元,仔细看了看又放回口袋:"谢射,不过这是我应得的。"

而从小就是左撇子的巴顿,生于加利福尼亚州南部一个军人世家。他1903年进入弗吉尼亚军校,1904年进入西点军校。

可能是左撇子的缘故,影响了左脑的开发,以致于在第一学年,巴顿因外语、数学成绩较差,留级一年。但这却成就了他的军事天赋。

巴顿从小爱出风头,立志要成为将军。他的左撇子特征,给他开发右脑带来了不少好处。首先,空间想象能力对于战役的规划与实际执行是非常重要的,而重要的想象力就由右脑掌控;其次,作为将军,他能够站在士兵们的立场上,设身处地想问题,还能够包容、理解各种不同文化,因此在大多数情况下赢得了士兵们的好感;再者,巴顿将军的征服路线与作战方式,在很大程度上是受直觉驱使而决定的,有时候天意是不测的,理性的判断是不够的,这个时候就要凭着直觉来导引方向。

最终,具有军事天赋的左撇子将军巴顿,成为了美国历史上划时代的人物。

虽然没有足够的证据表明,到底是左撇子伟人数量多,还是右撇子伟人数量多,但是左撇子的成功和他们的右脑发达有很大关系。

右脑发达的人,对于他人的思维有一种直觉的领悟力,一般还有着丰富的空间想象力。但是他们也会脾气比较暴躁,比如从古至今所有著名艺术家当中,米开朗基罗是数一数二的坏脾气,他发起怒来连教皇都不放过。不过大多数情况下,他只是一个劲儿地生闷气。

其实,我们的左右半脑都有巨大待开发的潜能。如果只开发右脑,左脑开发不足,可能思想活跃,但人常表现的不成熟;如果右脑没有得到适当开发,那么也会影响人创造力的形成。所以,开发孩子的大脑还是要左右平衡,不要走向任何一个极端。

第九章 卡尔·威特的奇迹

家有神通,智如天才,是每个家长心中的梦。卡尔·威特作为一个有先天缺陷的人,却在父亲的精心培育下,振翅高飞,一举变身为名副其实的小天才。但是老卡尔·威特的教育之道,也告诉我们没有谁能随随便便成功。就让我们跟着天才创造者的行动足迹,一探神通养成记。

你不知道的卡尔·威特

我们知道最终"泯然众人"的小仲永,知道才华用尽的江淹,但却不知道如果仲永接受正确的后天教育,会有怎样决然不同的结局。在地球的另一侧,便有一位天才续写了不一样的命运。

卡尔·威特是《世界吉尼斯记录大全》中"最年轻的博士"记录保持者,他通晓动物学、植物学、物理学、化学,尤其擅长数学;9岁考入莱比锡大学;他八九岁时就能自由运用德语、拉丁语、意大利语、英语、法语和希腊语六国语言;10岁进入哥廷根大学;13岁出版了《三角术》一书;年仅14岁就被授予哲学博士学位;16岁获得法学博士学位,并被任命为柏林大学的法学教授;23岁他发表《但丁的误解》一书,成为研究但丁的权威。他一生都在不断创新、突破,以及众人的掌声中行进。

但就是这样一个伟大的天才,他幼儿时期并非天赋惊人,甚至因反应迟钝,被认为有些痴呆。卡尔·威特之所以能取得如此辉煌的成就,还要归功于他的父亲,老威特对其早期坚持不懈的教育。

老威特52岁老来得子,但是由于早产,儿子小卡尔在婴儿时期,显得有点愚笨。就在连妻子也对这个"傻孩子"绝望时,但坚强的老威特,却没有因此放弃;相反他信心满怀地,对儿子进行睿智的早期家庭教育。

老威特教育孩子十分用心,他自创了一门教育方法,教育孩子寓教于乐,顺应天性,循序渐进,不抛弃不放弃,终于用后天之勤,弥补了先天不足。把小卡尔·威特培养成了著名的天才。人们称之为卡尔·威特奇迹。

老威特认为教育好孩子,父母必须对事物的好坏有一个始终如一的定见,无定见是教育孩子的最大禁忌。

他说,在我的孩子卡尔两岁时,我就开始从细微之处培养他良好的生活习惯。即使在餐桌上,儿子也会受到严格的教育,我告诉他,盛入自己盘中的食物一定要吃光,这样能够培养起他勤俭节约的意识,同时又是一种磨炼。

如果卡尔想吃水果或点心,不论那种诱惑力有多大,我也会让他必须先吃完饭菜。我不会对他有丝毫的通融。

我希望卡尔在成长过程中能够确立有"分寸"的意识,我一直按照这样的原则去教导他。我要求他诚实、守信、准时,因为这些都是作为人应该具有的优秀品质。

父母的言行一致、赏罚分明,会对孩子产生积极的效果。如果你要求孩子不说谎话,你自己就不能采取欺骗吓唬的手段;如果事先与孩子定好了制度,父母就更要认真执行。

有一次散步时,我看见邻居史密斯太太因女儿的裙子被弄脏了而生起气来,冲着女儿大声责骂。女儿大哭之后,她又马上给了女儿一小块点心。我问史密斯太太:"您为什么责骂您的女儿呢?""她总是这样经常弄脏自己的裙子。""可您为什么又给她一块点心呢?是为了表扬她的行为呢?还是为了她受责骂的补偿?"

史密斯太太哑口无言,她不知应该怎样回答我。她这样做,小女孩就不知道母亲为什么会责骂她,更不知挨了骂后她为什么又得到了点心,这对她的成长是相当有害的。

我时常教育儿子,读书、品学优良是为了他们成长,而家务活本身也是每个家庭成员必须履行的职责。如果卡尔有相当出色的表现,我会给他一定的物质奖赏,还会带他去一个他向往的地方。

对儿子的惩罚,我一向讲究原则,一定要让他心服口服,否则惩罚便失去了教育的作用。惩罚之前,我总会给他警告,并向他讲清原因,告诉他我为什么要这样做。

我曾对卡尔说过:"你必须早上按时起床,否则我会认为你是放弃你的早餐,你要为你的行为负责。"有一次,他起床太晚,超过了规定时间,当他来吃饭时我们早已收拾好了一切,并把他的早餐收走了。卡尔看着我,似乎想为自己的过失辩解,但我先开口对他说:"真遗憾!我也很想把牛奶和面包留在你的位置上,但我们有约定,不能破坏它。这只能怪你自己。"

其实,早餐本身并不重要,重要的是要让他知道,我们的约定是认真的,是必须遵守的。

将孩子看成一个聪明的独立个体,明确自己真正的教育要求,用爱和耐心与孩子交流。在老威特对儿子的早期教育中,处处流露着智慧的光芒。他把对小卡尔14岁以前的教育,写成了一本书,这就是著名的《卡尔·威特的教育》。

书中详细记述了这个父亲的教育核心理念:一个人最终能否有所成就,不能否认天生的禀赋起着一定的影响,但不论造物如何弄人,其选择权还是在人们自己手中。后天就是我们选择的余地,因此最主要的还是后天的教育。教育得当,普通的孩子也能成长为天才。教之不当,即使再伟大的天才也会被毁掉。所以,虽然你不是天才,但可以通过明智的早期教育途径,成为天才的父母。

天才是怎么炼成的

天才父亲的教育思想

"我想把他教育成一个真正而纯粹的男人。在我的条件所能达到的范围内,我尽我的知识和经验来帮助他,首先成为一个健康、强壮、积极而快乐的年轻人。"老威特的教育目的是培养身体和精神全面发展的人,让孩子在品德、智力、健康方面,获得全面发展。

首先在智力发展方面,老威特教育的主要原则之一就是:"从一开始就充分发挥孩子的心智能力。这些心智能力包括推理能力、观察能力、理解能力、记忆能力、想象能力等。"

关于究理能力的培养,穆勒曾经说过:"要造就伟人,就要协助幼儿发展追求真理的精神,培养求知的欲望,尽量发挥其智力"。其实,孩子的究理精神从两三岁时就已经开始了,如果不适时、适当地加以教育的话,这种良好的品德就会白白地枯死。

老威特充分认识到这一点后,便认真对待孩子提出的所有问题,并鼓励他不断思考、勇敢提问。直到被问至连自己也答不上来时,他就坦言:"这个爸爸也不会,让我们查查书吧。"于是两人会去图书馆查阅资料,去拜访有名望的学者,一探究竟。这大大激发了儿子穷究其理的乐趣。

陈景润是一个家喻户晓的数学家。他在攻克歌德巴赫猜想方面作出了重大贡献,创立了著名的"陈氏定理"。所以许多人都亲切地称他为"数学王子",然而很少人知道陈景润黯淡无光的童年经历。

1933 年他出生在一个邮局职员的家庭,刚满 4 岁,抗日战争开始了。不久,日寇就南侵至他的家乡福建,全家人仓皇逃入山区,孩子们进了山区学校。

父亲每天疲于奔命,无暇顾及子女的教育;母亲是一个劳碌终身的旧式家庭妇女,先后育有 12 个子女,但在那个年代艰苦条件下,最后存活下来的只有 6 个。陈景润排行老三,上有兄姐、下有弟妹,照中国的老话,"中间小囝轧扁头",加上他长得瘦小孱弱,不善言词,不受父母喜爱、手足善待,也就可想而知。

在学校,沉默寡言、不善辞令的他,处境也好不到哪里去。不受欢迎,遭人欺负,时时无端挨人打骂。被骂作反应迟钝的傻子,更是常有的事。可偏偏他又生性倔强,从不曲意讨饶,以求改善境遇,不知不觉地,他便形成了一种自我封闭的内向性格。

人总是需要交流的,特别是孩子。禀赋一般的孩子面对这种困境,可能会就此变做行为乖张怪癖的木讷之人,但陈景润没有。他发现自己对数字、符号有种天生的热情,他在其中能忘却人生的艰难和生活的烦恼,于是他一门心思地钻进了知识的宝塔,他要寻求突破,要到那里面去觅取人生的意义。

小小陈景润,便开始了自己对自己因材施教。所谓因材施教,就是通过一定的教育方法和手段,为每一个学生创造一个,让自己的特点得到充分发展的空间。

但是,他毕竟还是个孩子。教师的高度,决定了学生的高度,自己对自己的教育就等于原地打转。所以除了埋头书卷自学之外,他还需要面对面、手把手的引导。毕竟,能给孩子带来最大、最直接和最鲜活的灵感和欢乐的,还是那种人与人之间的、耳提面命式的,能使人心灵上迸射出火花的交流和接触。

所幸的是,后来随着家人回到福州老家,陈景润遇到了,他自谓是终身获益匪浅的名师沈元。

沈元是中国著名的空气动力学家,航空工程教育家,中国航空界的泰斗。他本是伦敦大学帝国理工学院毕业的博士、清华大学航空系主任,1948年回到福州料理家事,正逢战事,他只好留在福州母校英华中学暂时任教。机缘巧合之下,陈景润就成了他任教的那个班上的学生。两人成了命中注定的一对师徒。

大学名教授教幼童,自有他与众不同、出手不凡的一招。所谓有教无类,年龄不分大小。针对教学对象的年龄和心理特点,沈元上课时常常结合教学内容,用讲故事的方法,深入浅出地介绍名题名解,轻而易举地就把那些年幼的学童,循循诱入了让人神往的科学世界,激起他们向往科学、学习科学的巨大热情。

比如这一天,沈元教授就兴致勃勃地为学生们讲述了一个关于哥德巴赫猜想的故事。

"我们都知道,在正整数中,2、4、6、8、10……这些凡是能被2整除的数叫偶数;1、3、5、7、9等等,则被叫做奇数。还有一种数,它们只能被1和它们自身整除,而不能被其他整数整除,这种数叫素数。"

像往常一样,整个教室里,寂静得连一根绣花针掉在地上的声音都能听见,只有沈教授沉稳浑厚的嗓音在回响。

"二百多年前,一位名叫哥德巴赫的德国中学教师发现,每个不小于6的偶数都是两个素数之和。譬如,6=3+3,12=5+7,18=7+11,24=11+13……反反复复的,哥德巴赫对许许多多的偶数做了成功的测试,由此猜想每一个大偶数都可以写成两个素数之和。"

沈教授说到这里,教室里一阵骚动,有趣的数学故事已经引起孩子们极大的兴趣。

"但是,猜想毕竟是猜想,不经过严密的科学论证,就永远只能是猜想。"

这下子轮到小陈景润一阵骚动了。不过是在心里。

该怎样科学论证呢?我长大了行不行呢?他想。

"后来,哥德巴赫写了一封信,给当时著名的数学家欧勒。欧勒接到信十分来劲儿,几乎是立刻投入到,这个有趣的论证过程中去。但是,很可惜,尽管欧勒为此几近呕心沥血,鞠躬尽瘁,却一直到死也没能为这个猜想作出证明。"

"从此，哥德巴赫猜想成了一道世界著名的数学难题，二百多年来，曾令许许多多的学界才俊、数坛英杰为之前赴后继，竞相折腰。"

教室里已是一片沸腾，孩子们的好奇心、想像力一下全给调动起来。

"数学是自然科学的皇后，而这位皇后头上的皇冠，则是数论，我刚才讲到的哥德巴赫猜想，就是皇后皇冠上的一颗璀璨夺目的明珠啊！"

沈元一气呵成地讲完了关于哥德巴赫猜想的故事。同学们议论纷纷，很是热闹，内向的陈景润却一声不出，整个人都"痴"了。这个沉静、少言、好冥思苦想的孩子，完全被沈元的讲述，带进了一个色彩斑斓的神奇世界。在别的同学啧啧赞叹、但赞叹完了也就完了的时候，他却在一遍一遍暗自跟自己讲："你行吗？你能摘下这颗数学皇冠上的明珠吗？"

从此，陈景润对这个奇妙问题产生了浓厚的兴趣。课余时间他最爱到图书馆，不仅读了中学辅导书，这些大学的数理化课程教材，他也如饥似渴地阅读。因此获得了"书呆子"的雅号。兴趣是第一老师。正是这样的数学故事，引发了陈景润的兴趣，引发了他的勤奋，从而引发了一位伟大的数学家。

一个是大学教授，一个是黄口小儿。虽然这堂课他们之间，并没有严格意义上的交流，甚至连交谈都没有，但又的确算得上一次心神之交，因为它莫就了小陈景润一个美丽的理想，一个奋斗的目标，并让他愿意为之奋斗一辈子！

多年以后，陈景润从厦门大学毕业，几年后，被著名数学家华罗庚慧眼识中，伯乐相马，调入中国科学院数学研究所。自此，在华罗庚的带领下，陈景润日以继夜地投入到，对哥德巴赫猜想的漫长而卓绝的论证过程之中。

1966年，中国数学界升起一颗耀眼的新星，陈景润在中国《科学通报》上告知世人，他证明了(1+2)！也就是离论证哥德巴赫猜想仅一步之遥的"陈氏定理"。

1973年2月，从"文革"浩劫中奋身站起的陈景润，再度完成了对(1+2)证明的修改。其所证明的一条定理震动了国际数学界，被命名为"陈氏定理"。

不知道后来沈元教授，还能否记得自己当年，对这帮孩子们都说了些什么，但陈景润却一直记得，一辈子都那样清晰。

至于观察能力的培养，老威特教育的一大特色就是，带孩子到大自然中去观察、学习。他还用独特的方法来丰富小卡尔的知识：带他观赏话剧、音乐表演，参观博物馆美术馆、矿山、动物园等等。重要的是他们约定，每次外出回来,小卡尔都要将所见所闻复述给母亲听。因此在开阔了孩子眼界的同时,也大大提高了他的观察与辨别能力。

说到记忆力的培养,老威特遵循雷马克所说的"使用就会发达"的规律,认为早期教育可以大大改善孩子的记忆能力。他提倡依年龄而定对孩子的教育方法,对于3岁以前婴儿的教育是"硬灌时期"。婴儿对多次重复的事物不厌其烦,他们依靠的是连动物都有的直觉,而且他们的注意力非常集中,具有很强的识别和掌握能力,是成人所不能及的。他们的大脑处在白纸般空白状态,更直观地看事物,不像成人那样分析判断。因此,婴儿具有一种不需要理解就能吸收的记忆能力。

其次在品德教育方面,老维特清醒地培养孩子的虔诚和道德,尤其是在培养儿子的善行方面下了很大功夫。从小就给孩子讲述各种满含善意的故事,让他早早受到博爱的熏陶;自己以身作则,以明确的标准定位孩子的要求,允许、表扬合理的要求和行为,断然拒绝、批评非分的要求,做到公平、公正、讲道理;鼓励他记录自己的行为,记录有好事后给予奖励,让他明白善行本身的喜悦,就是最好的收获,让他养成良好的道德习惯。

在卡尔小的时候,家里来了很多人,大家海阔天空地谈论着。

忽然,一条小狗跑了进来,小卡尔像其他孩子一样,一把拽住小狗的尾巴,把它拉到自己的身边。这时老威特立即伸手,抓住了小卡尔的头发,脸色深沉,拽住不放。

小卡尔吃了一惊,把拽着小狗尾巴的手放开了。同时老威特问:你喜欢被别人拽头发吗?小卡尔红着脸回答,不喜欢。

老威特说:如果这样,那么对小狗也不因该这样。只有从点点滴滴的小事中,才能知道一个人是否心地善良、富于感情。如果一个人学识很高但却冷漠无情,他就会变成一台冷冰冰的机器,无论他有多好的才华,也只不过仅能充当机器的小零件而已。

最后在健康教育方面,老威特坚信拥有了健康的身体,就等于拥有了人生的第一财富。因此在卡尔很小的时候,他就让儿子经常到外面去呼吸新鲜空气;让他像猿那样在光滑的木棍上做悬垂运动,让他去抓父母的手指,以此来训练他的大小肌肉和视觉等的敏感性;他还让儿子到开阔的户外去自由地玩耍、奔跑。不管是刮风还是下雨，他都把小卡尔的室外运动做为一项课业坚持下去，给了孩子一份十足的革命本钱。

由此可见，天才的形成有着非同寻常的教育过程，没有哪个人能够随随便便成功。

假如天才父亲在中国

老威特在实际教子中，注重孩子德、智、体的同步发展，还注重培养孩子多种多样的兴趣爱好，小卡尔也的确做到了又杂又专。但是与中国的应试教育相比，教育理论都有相通之处，但是在现实应用中，却可能大相径庭。两者有着差不多的目标，结果却相差悬殊，一个出类拔粹，一个收效甚微。只因在实践中，教育方法和理念截然不同。

比如老威特培养孩子的兴趣爱好，是为了让他拥有丰富的文化知识、良好的品德修养、健康的体魄，让他具有独特的见解和首创精神，坚忍的毅力，以及辨别、究理、求知、审美等各方面的品质，也就是锻炼品质。而中国的大多数家长，也注重对孩子的爱好培养，但往往能把孩子最初的兴趣爱好，培养成孩子最恨之入骨的东西。

老威特非常重视孩子的全面发展，只重视他的身体，孩子将成为四肢发达却愚不可及的人；只重视智力，孩子会变成手无缚鸡之力，而又弱不禁风的病夫，或是成为凭着小聪明而到外招摇撞骗的无德之辈；然而，只重视品德教育，孩子可能依然弱不禁风，抑或是依然愚不可及。这些人对社会、对人类或是百无一用，或是有百害而无一利，所以说全面发展不是要做一个完美的人，而是要做一个德智体健全的人。而我们在现实生活中，却往往不知不觉地过分强调，孩子必须在数、理、化和文、史、外等具体科目上，取得优异成绩，才是全面发展的标志。

其实，对孩子进行多方面教育，让他们获得全面发展，关键还是我们看待孩子的态度要多角度、全方位。

一个心理学教授到疯人院参观，了解疯子的生活状态。一天下来，他觉得这些人疯疯癫癫，行事出人意料，可算大开眼界。想不到准备返回时，他发现自己的车胎被人拆掉了。

"一定是哪个疯子干的！"教授这样愤愤地想道，边动手拿备胎准备装上。

可他发现,下车胎的人居然将螺丝也都下掉了,没有螺丝有备胎也上不去啊!这下事情严重了。

教授一筹莫展。在他着急万分的时候,一个疯子蹦蹦跳跳地过来了,嘴里唱着不知名的欢乐歌曲。他发现了困境中的教授,停下来问发生了什么事。教授懒得理他,但出于礼貌还是告诉了他。疯子哈哈大笑说:"我有办法!"他从每个轮胎上面下了一个螺丝,这样就拿到三个螺丝将备胎装了上去。教授惊奇感激之余,大为好奇:"请问你是怎么想到这个办法的?"疯子嘻嘻哈哈地笑道:"我是疯子,可我不是呆子啊!"

世上有许多的人,由于他们发现了工作中的乐趣,总会表现出与常人不一样的狂热,让人难以理解。许多人在笑话他们是疯子的时候,他们说不定还在笑那些人呆子呢。不要嘲笑傻子,他们只是和你看事物的角度不同,有时候他们才是真正的天才,天才与俗物之差,只是人看事物的角度问题。

古时候大多数人十年寒窗,就是为了功名,但官少而人多,志大才疏者不在少数。很多人没有当官的才能,就怨天尤人,说时运不济,满腹的怨气写成了诗,反而出了名。

能力能限,但才情有余,这就是关系到从什么角度去看一个人。也许一个人治国安邦不行,但通晓诗词歌赋。

词人柳永,才华横溢,由于仕途坎坷、生活潦倒,从追求功名转而厌倦官场,沉溺于绮旎繁华的都市生活,在"倚红偎翠"、"浅斟低唱"中寻找寄托。

柳永中了科举,不曾想到他作的《鹤冲天》中,有"忍把浮名,换了浅斟低唱"这一句,惹了皇帝,丢了官职。

众所周知,进士是要皇帝御笔批准的,然而这词一日传到了宋仁宗耳朵里,宋仁宗很生气,便把柳永的名字从中榜名单中抹去,笑骂:"此人好去'浅斟低唱',何要'浮名'?且填词去。"落榜后,柳永自称:"奉旨填词。"

奉旨填词,何等潇洒!再者一句"人生自古谁无死,留取丹心照汉青",让文天祥留芳百世,但人们对于其生前功迹却少有耳闻,其实他是一个标准的"平时袖手谈心性,临危一死报君王"的典型。还有诗仙李白,"事了拂衣去,深藏功与名",名倒是铺满天下,这"功"可算深深藏几许。

也许从一方面看他们不够出众,但从另一方面看却是天才。全面发展的智慧有时就在于,足以智巧地以一当十。也许你的孩子在某一方面,不如别的孩子,甚至是有所缺陷,就像幼年的小卡尔一样。但只要及时发现孩子的长处,从小开始充发挖掘他们的能力,你相信孩子,不急于求成,通过全面视角认真发现,用心培养,就一定能让他成为出众的人才。

美国的斯特娜夫人用老威特的方法,成功地教育了自己的女儿,她也认为理想的人就应该是品德、健康、才智三位一体的人。她曾说过这样的一段话:"孩子的心灵是一块奇怪的土地,播上思想的种子,就会获得行为的收获;播上行为的种子,就能获得习惯的收获;播上习惯的种子,就能获得品德的收获;播上品德的种子,就能获得命运的收获。"

这无疑正是对卡尔·威特教育目的的充分肯定与证明,说明真正有魅力的人是那些全面发展的人。因此,我们应特别注重对孩子进行全面、健康的教育。

天才父亲的教育方法

老威特重视教育的作用,并且能够持之以恒改进、运用积极的教育方法,终于造就了天才儿子的奇迹。

大多数中国家长都缺少幽默感,在孩子面前威严,而又不苟言笑,缺乏亲子之间的游戏交流。孩子有兴趣爱好,就报班,学习不好,就怨命中注定,从不反思自己,问题出在哪儿。常言道"要想孩子有一碗水,自己应该有一桶水",老威特就是这样的一个人。他精通数国语言,擅长绘画、音乐,拥有深厚的文化底蕴。当然大多数家长不可能身兼数才,但是言传身教,要学着不断地提高。有时家长的高度决定孩子的高度。在孩子的成长过程中,周围的人都是孩子的老师,家长和老师尤其重要,从某种程度上讲,孩子是老师的影子,是家长的翻版。

他提倡寓教于乐,把教育当成游戏。游戏是生物的本能,在游戏中他们的学习是愉悦的,思维是活跃的,想象力是丰富的,只有这样学到的东西才是扎实的。所以不要总是一本正经地要求孩子,时常幽默地进行亲子游戏,能让他们在快乐中生发更大的兴趣,学到更多的东西。

小卡尔的父亲几乎没有给他买过什么玩具,因为他认为孩子不能从玩具中学到太多的东西。如果家长给孩子买一大堆的玩具后，就不负责地把孩子丢在一边，会使孩子变得空虚、无聊，更为严重的是，还可能使孩子过多地在意自己有多少玩具，它们都值多少钱，进而追求更多、更贵，以致形成歪曲的价值取向；另一方面，当孩子心情不好、想要发脾气时，就会把矛头指向这些玩具，把它们当成出气筒，粗暴地敲打和撕扯它们，却不知道要爱护它们，珍惜它们。长此以往还会助长孩子的性格变得暴躁和任性。

但父亲也注意到即使不给孩子买太多的玩具，也不能让孩子失去他应享受的童趣。因此，为了让小卡尔在玩耍中增长知识，他在院子里修了一个大游戏场，并铺上厚厚的一层沙子，周围还种上各种花草和树木，让儿子能在那里观花捉虫，以培养他对大自然的情感；他还专门给小卡尔配置了一套炊事玩具，通过厨房里的游戏来发掘儿子的潜能，如母亲边做饭边耐心地回答小卡尔提出的问题；监督小卡尔用炊事玩具学做各种饭菜；父子扮演"主妇"与"厨师"的游，"旅行游戏"，演出某个故事或书上的某个历史事件等等。

这样在愉快的游戏中，小卡尔就学到了许多有关地理和历史的知识。父亲还给儿子做了许多奇形怪状的木块，让他用这些木块盖房子、建教堂、修塔、架桥等等，在这种建构游戏中来开发他的智力，启发他积极地开动脑筋，认真地思考，在充满爱心的游戏中，给了孩子一个美丽、快乐、烂漫的童年。

值得注意的是，小卡尔的文化学习也是在游戏中进行的。他的父母经常带他到大自然中去观察事物，发现问题，以此来学习有关的自然知识；小卡尔开始学语言时，也是先把要学的内容制作成卡片，通过接龙游戏、抢答游戏、捡豆子游戏等完成的。这种寓教于乐的方法，使孩子在不知不觉中就掌握了许多知识，认识了许多事物，与那种强行地"灌输"相比，其收效要高得多，也很好地保护了孩子弱小的心灵。

另外，在老威特的教育宝典里，还格外注重挖掘孩子多方面的艺术潜能。

诗人歌德说过："为了不失去神赐予我们对美的感觉，必须天天听听音乐，天天朗读点诗歌，天天看点画儿。"

老威特认为让孩子多接触一些艺术是很有必要的，懂得艺术的人生活是非常幸福的。通过艺术熏陶可以培养孩子的鉴赏力、观察力、想象力、高智力。

因此他乐此不疲地教孩子按节奏找鼓点，在孩子的房间挂各种名画的摹本，陈列著名雕刻的仿制品。让孩子从小就在艺术的氛围中成长，自己也和迟钝的儿子,一起享受修炼艺术的快乐过程。

教育之路长漫漫,每位家长都感到任重道远。曾经有人说过:我把培养教育我的孩子,当成一项事业来完成。老威特何尝不是呢?他在教育孩子的路上锲而不舍、坚韧不拔,让孩子在平等快乐的环境下学习、成长。

同为身秉异赋者,天才卡尔·威特不是中国的仲永,但是天才的父亲却是仲永之父的对立面。他重视儿子的后天教育之深切、详尽,让人可敬可叹,不再惊讶于卡尔·威特如何成为天才,也相信这不只是个奇迹,而是桃李不言,下自成蹊的理所当然。

西方教育对创造力的开发

中西教育理念各有利弊,但是我们只有全面认识它,才能了解其借鉴意义,"择其善者而从之,其不善者而改之",因地制宜,让它在自己的半亩三分地里,生根发芽结果。

西方教育学家曾说过:"孩子的身上存在缺点并不可怕,可怕的是作为孩子人生领路人的父母,缺乏正确的家教观念和教子方法。"无可置否,中国家长对孩子要求过高,已经成为一大误区。

5岁的林林已经可以画出多种图形了,而且还会用水彩和油墨画画,幼儿园的老师都夸他聪明!可一到了妈妈这里,就不过关了。

一天放学回来,林林高兴地把自己的得意之作拿给妈妈看。

"妈妈!你看这是我在幼儿园画的画。"他兴高采烈地拿出自己的画。

"哎呀!你画的是什么!就像鬼画符。一团一团黑黑的真难看!"妈妈不满意地说着。孩子伤心地哭了,说:"我画的这两个黑黑的,是两只大象在吃草,因为他们是很好很好的好朋友,他们正在开心地吃着草呀!这很多点点就是草呀!老师都说我画得很棒呢!"

妈妈对孩子要求高,每次都希望他画一些高难度的画。因此画画标准是有无难度,而不是内容是否丰富,这岂能不出错。成人也不能保证不出错,更何况孩子,还遇到这样不合理的要求标准。这个世上能源远流长的东西,都是内容大于形式的,孩子画得创新远比画得像更难得。

几乎所有的家长都对自己的孩子抱有过高期望,希望他们有过高的天赋,他们期望孩子有天赋、聪明、什么都比别人好,最好还是位神童。他们希望子孩子获得成功,所以送孩子去学弹琴、学书法、学绘画、学戏剧,并施加压力,以求不落后于其他孩子。

其实每位家长的初衷都是好的,但首先要对孩子有信心,就像老威特那样,一直相信自己的孩子,从不放弃。其次要明白,孩子不是完人,不可能把什么事情都做得尽善尽美,没有一点差错。懂得抱有期望,但不能操之过急,因为家长对孩子过高的期望值,和超高标准要求,会导致孩子身心都难以承受。

家长们常会忘记一个最显而易见的道理:他们的孩子也是普通人。给孩子幸福,便是让他的天性自然发展。研究表明,若家长给孩子压力太大太早,对孩子要求过高,孩子就会早熟,甚至形成压抑的性格,对孩子身心发展都不利。长期压抑下去,孩子不但不能达到家长理想的状态,严重的还可能走上不归路。

所以,作为爱孩子的家长,给孩子一个适当的期望值,不要用过高的标准来要求孩子,应给孩子松一松绑,还孩子一个自由的天空。相信他们也会像世界闻名的大发明家爱迪生一样,在母亲的教育和恰当的期望下,爆发出惊人的创造力。

爱迪生小的时候曾被老师看成是最"笨"的学生。但他的母亲却认为,老师当面骂学生"笨",恰恰说明了老师自己的无能。她把爱迪生接回家,按照儿童的心理特点进行教育,并千方百计鼓励爱迪生多做各种各样的实验。

父母的期望是家庭教育中一个不可忽视的重要因素。父母的期望应与子女的实际情况相适应,并且要结合孩子的心理特点进行教育,会捕捉成才的敏感区。

19世纪著名的数学家、物理学家麦克斯韦很小的时候,有一次父亲叫他画静物写生,对象是插满秋萝的花瓶。在麦克斯韦的笔下,花瓶是梯形,菊花成了大大小小的圆圈,叶子则用一些奇奇怪怪的三角形表示。

细心的父亲立即发现小麦克斯韦对数学特别敏感，就开始教他几何学和代数，培养他的数学才能。

发育正常的孩子在五六岁时，会对某一方面表现出极特殊的敏感和强烈的好奇心。父母要及时捕捉孩子的"敏感区"，顺势予以引导，为孩子的成才打开通道。

再者，"不让孩子输在起跑线上"，曾是影响了大多数家长的一句教育名言，以致中国的过早教育现象非常普遍。在孩子上学前教孩子识字、算数等知识；让孩子提前学习外语、小学课程等，但效果却并不尽如人意。

西方教育重视锻炼孩子的创造力，对于孩子的早期教育，他们也是成功有道。他们的家庭教育主要是"望子成人"，老威特也是出于这个信念。如果卡尔·威特只是个平凡的孩子，没有先天的不足，那老威特可能就不会专门花那么多心思，用在小卡尔身上。他想让先天不足的儿子，能像正常人一样，让孩子多学些东西以弥补缺陷，孩子却给了他一个大大的惊喜。

在西方很多国家，这个"人"是社会性的人，是个凡人，是父母量体裁衣，根据孩子的兴趣、特长、能力，与孩子一道共同设计的，能伸能屈的凡夫俗子式的"人"。而在中国的大多数家庭中，这个人是人上人，甚至是超人，不比人强，就会矮人一等。在孩子整个成长过程中，父母提供自己所能提供的各种条件，去营造一个个平台和氛围，让孩子自己去成"人"、成才。

西方的家教理念为："我们可以代替孩子做事，但绝对代替不了孩子成长；种子虽然是父母播撒的，但成长还得靠孩子自己。"这话听起来并没什么特别之处，但做起来并非易事。

诺贝尔奖获得者奥托·海因里希·瓦勃格是一位非常伟大的科学家，他的父亲是德国著名的实验物理学家。瓦勃格小的时候，父亲从来不对他说，你要努力学习，将来做一个科学家，更不会规定他做这做那。

父亲只是常常给他讲一些科学家如何发奋学习的故事。在瓦勃格的家里，经常有一些知名的教授学者来访，与他父亲共同商讨有关科学的问题。父亲总是非常自然地让小瓦勃格来听他们的交谈。客人走了以后，父亲就凑到小瓦勃格身边，与他展开讨论。父亲十分认真地倾听小瓦勃格的感受与体会，并不时地给予表扬和赞赏。

慢慢地,小瓦勃格喜欢上了科学,喜欢上了学习。在中学里,他的成绩总是名列前茅,这为他以后成为大科学家奠定了很好的基础。

无独有偶,通过自主获得成功的还有,旧金山美中交流协会,年仅27岁的理事凯文,他也是微软的一名高管,他12岁自己开公司,18岁时公司便有了12名职员。当他自己在管理公司的过程中,发现自己的知识欠缺时,便又返回学校上高中,直至念完大学。

在他这样一个成长过程中,其父母给予他的是:感到困惑时的诱导,遭受挫折时的鼓励,需要帮助时的参谋,出现失误时的指导,以及获得成绩时的肯定等等。凯文的父母说,他们从来没有规划、决定过凯文的人生、选择,即便是在凯文少年就停学开公司之时。

不要擅意主导孩子的生活,给孩子自由,以及实践的机会,他们才能找到属于自己的创造力。

在瑞典,2岁多的小班学生,最初学的单词除了"你好、谢谢"以外,都是森林里的植物及野果的名称。在夏天,每星期中有两天,老师需要带着小朋友们到森林里玩耍或做小试验。

例如,在地上挖几个坑,分别将塑料袋、纸、玻璃、香蕉皮等埋入,过了几个星期后再挖出来,看看发生了什么变化。据此对小孩讲解土地可以或不可以吸收哪些垃圾。像土地不会吸收玻璃,而且还会伤害到人和动物的脚;太阳光反射聚焦还会引起火灾,所以不可乱扔玻璃垃圾。

与理论教育相比,实践教育更加形象、直观,便于儿童接受。让孩子在现实实践中学到的,肯定要强于书本,也更有利于创造力的培养。相比之下,中国的孩子可能没种过树,但却先要写出一本关于种树的作文,而瑞典的孩子可能不用写文章,却能造出一片树林。

卡尔·威特警句摘录

一辆车,发动机坏了,无论前面有多少人拉,后面有多少人推,它跑不起来。一个孩子是一样的,为什么那么多孩子受父母老师千叮万嘱,可还是没劲呢?启动心灵发动机,让孩子心神飞扬!

童年的"价值",不只是为将来的生活做准备,童年本身也是"生活",而且是生命中最美好的"生活"。幼稚园就回家做一两个小时的作业,还叫童年吗?他今天真的没有做作业会差到哪里去呢?

孩子入睡的速度、吃饭的速度与未来上学作业的速度成正比。孩子习惯如果不好,入睡很慢,吃饭很拖,你却希望他(她)作业很快,开玩笑呀。

教育从吃饭睡眠开始!

杀人叫罪恶,那么杀害孩子自信心和自尊心更叫罪恶,它让人一生不死不活,万劫不复!

孩子绝对是没有错的,如果要找错一定可以从老师和家长身上找得到!

12岁以前切不可给孩子定性,什么内向啦、多动啦、文科好啦、脾气不好啦等等,它完全是可塑的!

手捧孩子的自尊心,要像对待玻璃杯那么小心。

孩子个个都是受教的,往往不受教的是成人。

你用错误的方法教孩子,不如放手不教。就如你要向北走,却向南行,会越走越远的。

很少有人承认自己的教育方法有问题,却有太多的孩子不成功。

把打孩子的次数控制在一生六次以内。

教育方法有几十种,最次的方法就是批评,所以要慎用,最好不用。

社会教育要根本改变,需要花大力气先教育家长和老师,这才是治本的方法。

往往妈妈错了,却去责备无辜的孩子,真是可悲可笑。

天才是放对了地方,蠢才是放错了地方的天才。

检验你教育方法的对错,只有一个尺子:如果你很轻松,那就对了,如果你很辛苦,那一定就是哪里错了。

教育工作者手握着大权,掌握着好多人的命运,你敢怠慢吗?你要么是积德的,要么是有罪的,你可得慎之又慎。

每个孩子都是天才,我们只需把它们本来所具有的天才潜能挖掘出来而已。

每个孩子都是九寨沟,如果你不去发现他,他就是一九八五年以前的九寨沟,当你发现出来,他就是世界十大风景区之一,美不胜收!

好的教育不是让孩子要刻苦,而是帮助孩子节约时间,以最少时间去直达目标。

任何的催逼和急功近利的做法只能带来一种结果,那就是毁了孩子。

正确的教育方法是极其重要的。如果实施了错误的教育法,不要说禀赋一般的孩子了,就是拥有高超禀赋的孩子也会被扼杀掉。

对儿童的教育必须与儿童的智力曙光同时开始,从出生开始。

儿童的潜在能力是有着递减法则的。即使生下来具有 100 度潜在能力的儿童,如果放弃教育,到 5 岁时就会减少到 80 度,到 10 岁时就会减少到 60 度,到 15 岁时就会只剩下 40 度了。所以教育孩子的第一要旨就是要杜绝这种递减。而且由于这种递减,是因为未能给孩子发展其潜在能力的机会,致使枯死所造成的,因此,教育孩子的重点就在于,要不失时机地给孩子以发展其能力的机会,也就是说要让孩子尽早发挥其能力。

给 3 岁以前的模式时期"硬灌"些什么呢?大致是两方面的内容:一方面是反复灌输语言、音乐、文字和图形等,所谓奠定智力的大脑活动基础的模式;另一方面则是输入人生的基本准则和态度。

孩子爱吃的食物才是最好的食物。

能够成功地感知孩子的需要,便是父母成功的开始。

人们总以为教育孩子就是教他们读书、识字、学习知识。其实,这些仅仅是教育中必不可少的一部分。一个孩子从初生的婴儿渐渐长大成人,这个过程中的方方面面都可以纳入教育的范畴。

疼爱孩子并非是一味地呵护他,一味地顺从他,我们应该以谨慎的态度,来对待孩子的培养和教育。

世上大多数人都是疼爱孩子的,然而,懂得疼爱孩子的人并不多。

赢得别人重视是啼哭和哀求所办不到的,更重要的是,在得不到别人重视的时候自己也应该为自己找到快乐。

对儿童的教育应该与儿童的智力曙光同时开始，至于智力的曙光何时出现，也许是从第一声啼哭就出现了吧。只要父母们能这样做，再普通的孩子也能成为不平凡的人。

对于孩子的成长来说，最重要的是教育而不是天赋。孩子最终成为天才还是庸才，也不取决于天赋的大小，而取决于他从出生到 5 岁的教育。

学习发音一定要从开始时就正确无误，否则等掌握之后就再难以改正了。

凡是年幼时充分发展了想象的人，当他遭到不幸时也会感到幸福，当陷入贫困时也会感到快活。不幸的人就是不善于想象的人。

能使孩子产生兴趣的教育方法就是最好的方法。

读书、写字是必需的，但不是最重要的，它们只是让我产生智慧的手段，是使我向更高层次发展的工具。

学习不应该成为孩子们的一种工作，也不应该是孩子的一种压力，更不应该是成长中的烦恼，而应该是一个所有人都乐于接受的爱好，应该是为生活增添色彩的美好事物。

在人的一生中，1~5 岁是最有语言才能的时期，如果充分地将这段宝贵的时光加以利用，那么对于人的一生来说无疑是一件幸事。

诚实守信、有责任心、自律、忠诚等等，这些都是良好品德的构成要素。

我们每个人都应该关心他人，因为我们每个人都受到过别人的帮助，我们也应该随时准备着去帮助别人。能减轻他人痛苦，能替他人分忧，是一个人最大的幸福所在。

一个孩子的精力若不用到有益的方向，就会成为破坏的力量；而只要养成了勤恳的习惯，恶魔便无机可乘了。

喜欢听人表扬的人必须忍受别人的中伤。仅仅因为别人的评价而或喜或忧的人是最蠢的。被人中伤而悲观的人固然愚蠢，稍受表扬就忘乎所以的人更是愚蠢的。

人的心就像一个盒子，容积是有限的，如果被坏的德行所占据，就不再有空间给好的德行。所以，一旦有了坏的德行，必须马上赶跑它，否则它便会长驻下来，永远也不走了。

当一个人陷于逆境之时，给予他物质上的帮助远远不如给予他精神上的安慰。物质的帮助是有限而短暂的，帮助一个人恢复信心却是长远而更有意义的事。对于孩子来说,鼓励不仅能让他恢复信心,找回勇气,更能使他形成一种健康的人生观。在他长大成人之后,这种健康的人生观,一种坚信自己能够独立战胜困难的信念,将会为他的人生建立起通向成功的桥梁。

过分的严格会抑制孩子的自由发展,过分的宽容又会造成他们的散漫。这两种倾向都是教育孩子应该避免的态度,真正有效而合理的态度是应该严格的就一定要严格,应该宽容的就一定要宽容。但是,父母的宽容之心必须永远放在最首要的位置上。

无论是怎样卓越的人,无论是哪一个伟大的名字,他们的成就都来源于一个共同的东西:大自然。

什么是最有效的学习方法呢?我认为最轻松的方法就是最好的方法。而且,达到轻松的最佳因素就是兴趣。

任何兴趣都需要培养,任何热情都需要善于控制。兴趣得不到良好的培养便会变得无趣,热情如果不得到合适的控制便会很快消失。

只有在快乐的心情中方可能达到最有效的学习效果。

年幼的孩子,两个小时是一个界限。大多数时候,超过了这个界限,无论再有多长的学习时间,孩子也不能有两个小时内那么集中精力。虽然时间加长了,但效率却不高。这样的结果只能是对时间和精力的浪费。

会玩的人才是最善于学习的人。

无论自己怎样优秀,怎样突出,也千万不要把自己当成"神童"或"天才",而骄傲地区别于同类人之外,因为这会成为一种不良的精神负担。

即使你再怎么热爱学习,也应该尽力为自己安排足够的休息时间。休息不仅仅是为了解除疲劳。更重要的是在休息中缓和大脑的紧张状态,为下一步的学习作更充分的准备。

在学习过程中的休息最长不能超过 10 分钟,因为这种学习中间的休息时间过长,会使本身比较兴奋的大脑变得迟钝起来。大脑的活动以及它的兴奋需要合理的调整,不休息会使大脑疲劳,过多的休息又会停止大脑的兴奋。不休息和过多的休息都是导致学习效率低下的原因。

父亲从小对我独立能力的着重培养,使我自然而然地形成了自立自强的品质和独立自主、毫无依赖意识的精神和人格。

我是想把孩子教成具有创新精神的人。这是成为一个优秀的学者、艺术家、科学家、政治家、军事家,甚至商人和农夫的必备精神。

人的生命是有限的,必须做出严格而详细的安排,只有这样才会让你充分地利用时间而不会在不经意中浪费时间。

遵守时间是一种高尚的品德。

无论做任何事都永远不要为自己找借口，无论做什么事都要以精益求精的态度严格要求自己。因为只有这样，你才有可能做好你想做的每一件事。

能够掌握大量知识又有实际生活能力的人才是真正高尚的人。那种不能劳动也不热爱劳动的人，即使他有聪明的头脑，即使他拥有广泛的知识，也不算是一个高尚的人。

每一个人都有弱点和毛病，只要能容忍的就尽量容忍。不能容忍的你可以向他指出，但一定要注意方法，一定要给他回旋的余地。如果确实不能友好相处，你可以不理他。这对你没有任何害处。

金钱本身并不是罪恶的渊源，人对金钱的欲望才是罪恶的渊源。虽然人人都说金钱是万恶之源，可谁也否认不了它对于人的生活是不可或缺的。既然孩子早晚都必须面对这个东西，为什么不早一点教他们认识它呢？

金钱具有控制人心的特质。适当的对待金钱，等于合理地操纵自己的精神。

教会孩子如何用钱的最好办法，莫过于让他参与家计的经营管理。因为理财是最实际的能力，所以光讲道理没什么用，实际体验才是最有效果的学习方式。

人必须节俭，但不能为攒钱而节俭，而应为更有意义的事而节俭。

真正有意义的生活是去帮助所有需要帮助的人，是从事创造性的事业，是不计成败得失地追求真理和知识。

人际关系本身并不是不好的东西，关键在于如何正确地引导孩子。如果采用合适的方式让孩子对人际关系有所真正的认识，无疑对他们的将来大有好处。

对于人世的唯一防备，就是彻底懂得世情。这里面有种绝大的智慧，不是泛泛地用点思考，或者多读一些书就可以得到，而必须依赖于导师的指导。总而言之，一是找到一位合乎理想的导师，二是谨慎地择友。

寻找一项自己热爱的体育运动并投身其中，这样你会在追求真理以外发现另一种乐趣，体会到与自然融为一体的感受。

有了健壮的身体，可以享受到很多乐趣，旅行就是其中之一。旅行不仅能磨炼我们的身体和意志，也能增长见识，补足从书本上学不到的那部分学问。

爱的教育力量，就在于爱是人对人的一种美好的义务，它意味着用心灵去感知，人的哪怕最细小的精神需要。这种用心灵感知人的能力，不能用语言传达，只能通过父母的榜样展现给孩子。

第十章 影响孩子创造力的因素

孩子创造力的发挥受到多方面的影响,比如家庭、学校、社会等环境因素,以及孩子个人的内在因子。通常来说只有各种因素良好配合、相互促进、共同发展,才能给孩子一片希望的蓝天。但是家庭是孩子的第一环境,也是孩子展现真实自我度最高的舞台,所以家庭教育对激发孩子的创造力,有着至关重要的作用。

开辟发展创造力的家庭沃土

孩子有着天生的创造力,但是能否成功发掘出来,受到多方面的影响,其中家庭因素格外重要。家庭是孩子成长的摇篮和避风港,更是孩子的第一所学校,是他们人生启蒙教育的第一步。家长的教育观念会直接影响孩子创造力的发展,它是众多因素里的重中之重,亦是首屈一指的一个因子。

家庭教育是一对一的专项训练,对孩子价值观的形成起决定作用,直接影响到孩子未来人生的发展。怎样开辟好家庭这块土壤,让它变成孩子自由生长的沃土,我们可以从培养孩子的独立与自信开始,用心耕耘。

培养孩子的独立意识,并自觉地承担起这一责任,家长要知道独立不只是生活和学习上的,还包括人格、自尊和精神等内在的独立。它包含一个人对自我的认识态度,可以影响人一生的行为。

首先,"自然后果"是卢梭的一条重要教育原则,在培养孩子的独立意识中,也可以灵活运用,即要让他学会对自己的行为负责。比如尽量少干预孩子在生活中所做的决定,让他们自我分析、选择,并在他们作出决定后,鼓励其大胆地去做,让孩子在所做事情的后果中,品尝成功的喜悦和失败的痛苦。

聪聪的妈妈常检查孩子的作业,但不告诉孩子,而要求孩子每次作业后自我检查。

　　上小学二年级时,有一天聪聪的妈妈回来的较晚,孩子已经写完作业躺在床上,准备睡觉了。妈妈打开她的作业本检查一下,发现老师给一道题打了个叉,写着"重做"两个字。

　　妈妈看了看后面,是重做了,可是怎么和原来的一样。再检查一遍,两次做法的确都一样。如果是对的,为什么老师打叉又让重做呢?

　　妈妈找到课本一看,原来是题抄错了。当时天气已经很冷了,妈妈还是立即从被窝里把孩子叫起来。也没告诉她是题抄错了,只是让她再检查一遍。

　　孩子看了看说:"我没错。""没错?那老师怎么让你重做?"妈妈让她再仔细检查一下。她诧异地看着妈妈说:"是没错嘛!"妈妈仍然平静地说:"老师不会搞错的,你再好好想想。"她披着衣服,两眼瞪着那个红叉叉,足足愣了有20分钟,猛然想起来,打开课本一对,发现是题抄错了,便马上改正过来。

　　妈妈并没有批评她,而是表扬了她,因为她经过独立思考,提高了判断能力、增强了自信心,得到了一次自我锻炼。

　　其次,孩子的独立意识表现在精神和物质独立两方面。因此从小培养孩子独立的经济意识,让他们通过诸如洗碗、送报等方式自己赚钱,并独立支配这笔"财富",认识到金钱的实际价值和用处。这样,在这些看似微不足道的小事中,逐渐发展起孩子依靠自我、自我决策、自我努力的独立意识。

　　在孩子独立意识的培养问题上,许多父母的实际做法往往背道而驰。"长幼有序"、"家长制"式的"以孩子为中心,但向家长独裁看齐"等家庭观念,由来已久。它强调子辈对父辈的绝对服从,乃至今天在家庭教育中还有不小的影响。

　　这种"长幼有序"的思想,在当今有了新的呈现形式,那就是父母对孩子的一切"代劳"行为——父母的选择便是孩子的决定;在物质方面,父母更是子女的"私家银行"。这样以来,孩子从小到大始终摆脱不了对父母的依附性。

　　人们对"啃老族"一词并不陌生,独立生活的子女回妈家连吃带拿、遇事就向老人要钱,搞得二老步入晚年也不得安生。年迈的父母像单位一样,每月都给孩子开工资,赶上不独立的子女,活得不知道有多累。

　　邻居老俩口,生有三个儿子,老大今年50岁,老二今年45岁,老三今年也有 35 岁,均已成人,自立门户。老大生有一子正读大二,老二生有一女正在念高三,老三结婚晚,生个儿子正在上幼儿园,由奶奶接送,包吃包住。

常言道:儿孙满堂,多子多福。可这对老俩口已经活了 70 来岁了,三个儿子都还没断"奶"。

10 年前,老大、老二所在的附属企业破产或被兼并,厂里鼓励自谋职业,二人"下岗"后练个摊,也蹲过马路丫子、给别人打打临工,混到现在,连个长工活儿都没找到,每年 1000 多元的养老保险金,都是二老帮助缴纳。

仨兄弟当中,还算老三有个稳定的收入来源。老三在超市工作,每月管交养老保险金能开 1200 元。媳妇给别人卖服装,每月能开 1000 元,加之又是独生女,暂住在丈母娘家,生活也不富裕。

老俩口既不是大款,又不是高干,每月的退休金加在一起,也就 3000 多元。说实话,仅老俩口花,是满够了,但儿子有困难,又不能不管。

不知从何时开始,老俩口给仨儿子立了一个规矩:变平时零打碎敲的接济为一次性开资。老俩口每月 15 日开退休费,同时为给三个儿子开工资的固定日。每到 15 日,三个儿子、儿媳、孙子、孙女回到老人跟前,热热闹闹吃完晚饭,父亲拿出饷袋,给大儿子 500 元、二儿子 500 元,给三儿子 350 元,少 150 元,可能是小孙子给奶奶带着的缘故。老三每次接过 350 元,都要从父亲的饷袋里再抽出 100 元,"爸,给我摩托车加油。"这个惯例已经持续好几年了。

其实,老人不给儿子开工资,他们的生活还是勉强过得去的。老大夫妻吃低保,每月已涨到 500 多元,妻子给一个单位食堂打工,每月有 800 元的固定收入,供儿子上大学的学费够了。但老大本人不想到外面吃苦了,每月从父亲那里拿到 500 块钱"工资",转身就找老头、老太打麻将去了。老二好点,他不打麻将,有个高三的女儿,花钱的时候在后头,他从父亲手中接过 500 元钱,转身就交给妻子,一分钱都舍不得花。

"儿孙自有儿孙福"道理上是这么说。但是,邻居老人,自从退休就没有看到他们脸上有过笑容,逢人就唉声叹气,不是挂念儿子、就是念叨孙女,哪个地方也不让他们老俩口省心。

其实"啃老族"、"不断奶"的横行,本质原因就是子女人格心理上的不独立,乃至遗留后患,父母老年受累。

从小培养孩子的独立意识,让他们从做出决定到取得结果,都自行负责,经历独立地、主动地思考和自我负责的过程。一个对自己不负责的人,做什么事业都很难坚持到底,一个连对自己都不负责的人,又怎么会对别人负责。

发掘创造力的过程,路漫漫其修远兮,不独立的人是很难走到终点的。儿童时期是孩子性格、习惯形成的重要时期,很多孩子缺乏独立的精神,大都是受家庭因素的影响。家庭太独裁,或太溺爱,都会让孩子养成从生活到精神的依赖性。久而久之,习惯养成,孩子就会产生一种惰性。

培养创造力最大的敌人就是惰性,不能自立,一切靠别人,懒得思考,懒得实践,就不会有创造力。

发展孩子的创造力,还有一块重要的基石,那就是重视孩子自信心的建立。自信是积极探索、开拓创新的重要前提,是通向成功的第一桥梁。自信心有利于孩子,做出选择并勇于坚持;也有利于孩子正确认识各种各样的挫折,而不会轻易地灰心放弃。很难想象一个内心自卑的孩子,会有什么发明创造。

但是大多数家长在现实生活中,并未重视"建立孩子自信心"这个问题,甚至在无意中还会有很多让孩子自卑的做法。比如受传统"家长制"的影响,不少人为了维护自己的"尊严",而牺牲孩子的信心,认为孩子还小,什么都不懂,什么都做不成。还把孩子的"探索活动"视做"胡闹"而加以制止;总觉得孩子的探索行为很麻烦,"好孩子"的标准就是"不打架,不到处乱走,认真听讲,让老师满意,麻烦事越少越好,总之听话就好"。

在孩子成长过程中,不是积极地发现其优点、重视他们的进步,而是处处挑剔他们的缺点和不足,大加批评。孰不知,如果孩子什么都不做,就永远做不成什么,而在家长不相信的斥责声中,孩子却丧失了探索世界的勇气。

所以积极肯定孩子的自我探索成果,鼓励他们在生活中提出自己不同的见解,并对其中的疑问进行积极的探究,即使父母感觉孩子的某一行为,并不具有积极的效果,也不要过多地干涉,让他们在自行探索中逐渐认识到自己的问题并予以纠正。让孩子从小就认识到自己的价值,使他们对自己的能力充满信心,并能够沿着前进的道路勇往直前。

学校是转化创造力的动力机

在成长过程中,孩子的大多时间都在学校里度过,学校教育可谓是孩子发展创造力, 最明显的影响因素。学校教育就像是孩子潜能的动力机,实施好了,可以将孩子的潜能顺利转化为能力。那怎么开启这个庞大的动力机呢?或许对比其他国家,先进的教育方式,我们能有所反思。

有人对中美学生做过对比测试, 发现中国学生在高中前, 数学等基础知识,比美国学生要好。但进入大学后,美国学生的创新能力方面,超过中国学生。也就是中国的基础教育做得比美国好,但高等教育不如美国。

幼儿期是孩子发展社交、能力、创新思维,养成良好的生活态度、习惯的黄金时期。中国教育在这个阶段,占用了大量的时间进行知识教育。中国学生基础知识方面,当然比美国学生强,但到了一定程度就会遇到瓶颈。单纯的知识积累会束缚思维的发展,使得创造力发挥的空间变小。所以从教育规律来看,美国更重视高等教育有一定的道理。

有这样一个真实的故事。一个大学刚毕业的学生,回福建,搭错车到了江西,手机没带,身上就几十元钱,又不善沟通,最终流落街头,中暑加食用霉变食物倒在街头,被警察救助。

这很令人不可思议,一个成年人,接受了十几年的教育,连基本生存沟通能力都没有。这个可能是特例,属于极个别,但其中也隐含着一定的共性。将其放大,扩伸到以后的工作中,如果缺少沟通能力,就更谈不上创造性解决问题的能力了。

解决问题的能力都没有,这就是教育因素影响的结果。知识,早学、晚学都没问题;能力,早培养、晚培养就会有差距。合适的阶段做合适的事,中国的教育制度将高考前,变成了一场战备竞赛,使孩子没有足够的时间和精力,发展创新思维和探索习惯。

学校的教育要与人们的生活紧密相连,不能遗世独立、自成一派。脱离人们生活、脱离社会、不落实到生活细节处，自导自演、闭门造车的教育，就不是成功的好教育。

一位满怀热情又热爱教育工作的教师，为了提供一个更有情趣的学习环境，让学生更好地学习，新学年他对教室进行了一番精心的布置。在教室内周围的墙上，张贴了各种各样、生动有趣的图画，窗台上还摆上了花草、植物，使教室充满了生机。

结果上级教育领导经过多方取证，分析讨论得出，这位热情的教师出发点虽然很好，但事与愿违，反而造成了分散学生注意力，影响学生专心学习的后果。

根据无意注意的规律，有趣的图画，室内的花草、植物这些新异的刺激物，在无形中吸引了学生的注意。尤其对于低年级学生来说，他们容易把注意力转移到欣赏图画、花草植物上，而影响专心听课。

课堂要以知识为主，花草都要作出让步，于是课堂上又恢复原貌，严肃认真，庄严肃穆。可是孩子的注意力还是一样不集中，而且越来越死板，越来越了无生趣。

其实花草分散孩子的注意力，只是表面原因，改变外界环境也是治标不治本。关键还在教育的方法和理念上，如果用正确的教育观念和方式，引起孩子积极提问、学习的兴趣，那么说不定花草还能成为孩子们求知的动力。

一所英国的学校，学生上学可以不背书包，课本、文具等也全由学校提供并保管；校服不强求统一；为了保证学生第一节课不恹恹欲睡，都是九点钟才上课。课堂上最大的不同在于，学生上课的时候觉得好像在玩游戏。

他们很强调班级不能太大，教学方法要因人而异。上课气氛很轻松，学生们分组围坐在小方桌旁，听老师讲课。老师讲课的时间不多，课堂以孩子们的分组活动为主，包括讨论、辩论、实践活动等等形式。学校一周只要求做一次家庭作业。

英语课的授课方式多种多样，老师常带他们到学校外的商店、广场等公共地方，进行实践，把所学的东西活学活用。平时老师对学生都是以肯定和鼓励为主，学期末的成绩单评语也多为鼓励性的，从来没有排名的做法，这样可以保护差生的自尊心。

还有一点很大的差异就是，英国的学校重视对学生进行"山野教育"。因此上课时学生缺勤是普遍现象，他们大都随家人去旅游了。其意义就是让学生增加阅历，训练他们的体能、冒险精神和生存能力。然而在中国的很多学校，大都是整个学期，仅有难得的一两次社会实践机会。

在加拿大的学校课堂上，老师从不对孩子们进行大量的知识灌输，而是想方设法让孩子的大脑充满疑问，有意识地培养他们提问的能力和勇气。

他们不让孩子去死记硬背大量的公式和定理，而是千方百计地引导学生，怎样去思考问题，以及面对问题如何寻找答案。也就是教会他们解决问题的思维方式，以待日后学生遇到这样或那样的问题时，他们可以自己独立妥善地处理。另外，培养这样的思维方式，有利于学生养成独立思考的习惯，实现思维的突破。

"授人以鱼，不如授人以渔"，这句中国的古训，倒是被外国的学校教育，运用得恰到好处。而中国教育的最大问题，就像有人曾说过的那样："中国衡量教育成功的标准是，将有问题的学生教育得没问题，'全都懂了'，所以中国的学生年龄越大，年级越高，问题越少；而美国衡量教育成功的标准是，将没问题的学生教育得有问题，如果学生提出的问题，教师都回答不上来，那算是非常成功，所以美国的学生年级越高，越富有创意，越会突发奇想。"

其实，家长和老师教育孩子，可以有很多技巧。强输硬灌是下品，循循善诱是中品，解放天性是上品。比如利用汉字的结构和意义教孩子认字，告诉他们如何区别"买卖"两个字时，可以说："多了就卖，少了就买。"孩子便能很快分清这两个字。还有的孩子把"干燥"写成"干躁"，把"急躁"写成"急燥"，就可以教孩子记住："干燥防失火，急躁必跺足。"从此以后，孩子对这两个字再也不混淆了。

教育孩子要时时注意灵活、变通，让他们积极开动脑筋，解放天性，引起他们的兴趣，从思维上改变了，学习才更有意义。

在课堂上，教师让学生"列举砖头的用处"时，学生小东的回答是："造房子，造仓库，造学校，铺路"；学生小天的回答是："盖房子，盖花坛，打狗，敲钉"。答完之后，老师的脸色沉了下来，明显对打狗这个答案不满意，虽然没批评小天，却表扬了前者。

小东回答砖头的用途，都是沿着用作"建筑材料"这一方向想出来的，思维单一，几乎没有变通性。而小明的回答，不仅想到了砖头可作建筑材料，还走出砖头属性的限制,另可作防身的武器,敲打的工具。这样的发散思维变通性很好,新的思路和想法,有利于创造性思维的发展。

还有一些教师对学生作业,采用"漏一补十"、"错一罚十"的做法。家长在家里也争相效仿,其实这种做法违背记忆规律,也是行之无效的。

学生识记的效果和识记材料的性质和数量有关,在一定的时间不宜过多。否则,易引起学生过度的疲劳,降低记忆的效果。同时,"漏一补十"、"错一罚十"的做法,易使学生丧失学习兴趣和主动性,对进一步学习制造了心理障碍,反而会产生反作用。

知识什么时候都可以学,而一旦将孩子对知识的兴趣和热情弄丢了,那可不是说找回就能找回的。

无独有偶,教育是门艺术,不同的理念、方法能产生截然不同的效果。是明智地善用教育技巧,还是按部就班地原地踏步,不懂得选择、改变,其实就在一念间。

一班的张老师正在上课,突然,从窗外传来一阵急促的警笛声,结果一石击起千层浪,教室里顿时喧闹起来。紧接着,像有谁下了一道命令:"向左看齐",所有的学生都向左边看去。

这是怎么回事,还没等老师喊出话来,坐在靠窗边的同学已经站起来,趴在窗台上向外张望。其他的同学更是着急,他们有的站在椅子上,有的一蹦一跳,脖子伸得老长,平时上课就坐不住的学生,索性冲出座位,涌到窗前。

最后场面失去控制,学生们你扒我,我推他,争先恐后地向外张望——原来是两辆红色的消防车,由南向北从窗前驶过……

教室里恢复平静后,张老师灵机一动,计上心来。他放弃了原来的教学内容,而是让学生们把刚才的所见、所闻、所想说出来,写下来。结果,同学们个个情绪高涨,说得头头是道,写得也很精彩,乐得老师喜笑颜开。

二班的韩老师面对同样的情境,则是铁面依然,坚持维持纪律,控制场面,让学生回到座位上,继续原来的教学。而学生却余兴未止,沉浸在刚才的氛围中无心听课,有的还在讨论。老师不愿意放弃原来的教学内容,而继续讲课,而听者寥寥无几。

韩老师的教学是一种"插秧式"的教学，这种教学其实就是试图维护严格的，甚至苛刻的课堂秩序，即极端的课堂纪律，通过这种方式来确立所谓的教师权威。

韩老师"以知识、学科为本位"，把学生当做"学科人"，而不是真正的"生命、成长中的完整的人"。他力图完成教学内容和任务，剥夺了学生作为学习主体的地位和权利，忽略了学生的兴趣、需求、情感，不重视学生的身心发展特点，是一种传统的教学活动。

张老师突破预定计划而"创造性地教学"，依据学生的兴趣、爱好和个性化选择，来拓深、拓宽课程的内涵和外延；尊重学生的兴趣、情感，培养和爱护学生的求知欲。

他会利用孩子的天性，来调动其积极性，捕捉了突发的偶发事件，把它转变成培养学生观察能力的活教材，引导学生看、听、说、写；指导他们学会了正确、全面、有条理地观察事物。课堂上的一个随机应便，结果反客为主，收获了意想不到的教育效果。

社会是发挥创造力的催化剂

创造力终要通过实践的检验，孩子终要走上社会，适应世界。而社会环境对孩子发挥创造力，有着最广泛的影响，可以说它是孩子通过行动，实现创造价值的催化剂。

在社会环境方面，对孩子创造力影响最大的就是文化。中国的教育制度，一套高考试题，一套标准答案，全国统一标准；以分取仕，上有好者，下必甚焉。首先分数就是能力，其次分数就是面子，最后分数就是命运。久而久之，"好学而不知思"、"好问而不知疑"的文教风气形成了。

因此在中国教育的大环境下，学生的创造力被大大限制，他们变得固步于统一的模式，更加趋向于盲目相信权威。以至于大多数孩子看书时埋头，做事时摇头，大人说什么都点头。因害怕批评、指责难以提出自己大胆的观念，创造力也慢慢消失。

社会氛围对个人的发展有着潜移默化的影响，人在不知不觉中会被社会大众舆论同化,向大众观点妥协,淹没自己的个性,从而逐渐丧失创造力。比如,一个中国女孩儿在欧洲打拼,认识了一个外国的摇滚青年,这个女孩儿说:"我帮你在中国,找一份正经的工作吧。"摇滚青年很诧异,反问道:"你不觉得做音乐是一份正经的工作吗?"创新需要突破,突破社会环境影响,更要突破在并不完善的社会环境中,耳濡目染的自己。

据说他是一个让人疯狂的人。他每年会在全球 10 所大学演讲,他曾在哈佛讲台上与诺基亚总裁激烈辩论,最终赢得了台下 1000 多名听众长时间的起立鼓掌。

他是一个善于创造奇迹的人,全球商人热烈地追捧他。他的网站阿里巴巴两次被哈佛、斯坦福商学院选为 MBA 案例,掀起全美研究热潮。

阿里巴巴从 1999 年成立至今,全球十几种语言、400 多家媒体对它的追踪报道从未间断,并连续第 5 次被《福布斯》评选为全球最佳 B2B 网站,其排名甚至领先于全球电子商务巨擘亚马逊。

这个人是马云!

和所有的互联网精英不一样,马云从小就没有生活在顶尖的那部分人当中,他活在平常的普通人当中。马云称自己脑子笨,从小功课就不好,数学考过 1 分,只有英语特别好。他不仅没有上过一流的大学,连小学、中学都是三四流的。所以,马云一直对员工说,如果光看智商,世界上有 70% 的人都可以获得成功!

而 1995 年他开创企业黄页网站,每天出门对人讲互联网的神奇,请人家心甘情愿同意付钱把企业的资料放到网上去。人们却不知道互联网是什么东西,更没有人相信他。在那段时间里,马云过的是一种被人视为骗子的生活。

有人在杭州的大排档里见到马云。马云喝得微醺,十足一个跟一大帮人神侃瞎吹的小市民。在他身上完全看不到杭州人的安静和从容。但是,马云的网站为上网的企业带来了客户,他的网站盈利了。

在中国互联网大潮风高浪急之时,马云开始有了自己的想法。他决定做一个和世界上所有电子商务网站不同的 B2B 网站,他不做那 15% 大企业的生意,只做 85% 中小企业的生意。"如果把企业也分成富人穷人,那么互联网就是穷人的世界。"马云在接受某媒体采访时如是说。在网上,对大企业和小企业的服务收费是一样的,他要为互联网服务模式带来一次革命!

1999 年初,他为网站起了一个众所周知代表财富的域名"阿里巴巴",然后他对他的团队说:"我要回杭州创办一家自己的公司,从零开始。愿意回去的,只有 500 元工资;愿意留在北京的,可以介绍去收入很高的雅虎和新浪。"他说用 3 天时间给他们考虑,但不到 5 分钟,伙伴们一致决定:"我们回杭州去,一起去!"这就是被阿里巴巴员工戏称为"十八罗汉"的开山元老。

马云在杭州的家中创办了阿里巴巴公司。他和他的"十八罗汉"没日没夜地工作,地上有一个睡袋,谁累了就钻进去睡一会儿。而要做到与众不同,阿里巴巴网站必须迅速覆盖全球,否则只做国内就会变成没有买家的卖家,失去第一就失去了意义。

这一次为了阿里巴巴,马云决心向全球出击,到各个国家去展示他那绝世口才。他到各个大学去做演讲,到电子商务网络会议和论坛上宣讲他的 B2B 模式。怪异的长相、极具煽动性的口才和超越全球的商业思想,竟然交融在这个枯瘦弱小的中国人身上,听众无不为之惊讶。海外媒体开始对马云表现出极大的热情。

但马云再有魅力,不管在演讲的时候如何意气风发,他还是要回到现实:阿里巴巴缺钱,庞大的运营费用将马云压得喘不过气来。幸运的是,马云马不停蹄地在全球的巡回演讲,起到了一箭双雕的作用——一是吸引客户,二是吸引风险投资。

风险投资商慢慢从马云的演讲中,对他的阿里巴巴有了兴趣,随着 AB 公司副总蔡崇信,考察阿里巴巴并加盟阿里巴巴之后,数十家风险投资商与马云接洽商谈。拒绝 38 家风险投资后,马云接受高盛为首的投资集团 500 万美元的投资。

就在该笔资金到位的第二天,马云飞赴北京"见一位神秘人物"。见面才知,那人是雅虎最大的股东、"全球互联网投资皇帝"、日本软银公司的董事长孙正义!原定 1 个小时的讲述,马云刚讲了 6 分钟,孙正义就说:马云,我一定要投资阿里巴巴!而且用我自己的钱。2000 年 1 月,双方正式签约,孙正义投入 2000 万美金。据说孙正义事后判定阿里巴巴会成为一家和雅虎一样伟大的公司。

2000 年,《福布斯》评价马云:有着拿破仑一样的身材,更有拿破仑一样的伟大志向!很快,马云和阿里巴巴在欧美名声日隆,来自国外的点击率和会员呈激增之势!从此,阿里巴巴开始被业界公认为全球最优秀的 B2B 网站。

2001 年 12 月 27 日,中国供应商会员达到 100 万人,成为全球第一个达到此数目的 B2B 网站,并在当月实现盈利。这意味着,阿里巴巴真正开始赚钱了!对马云、对阿里巴巴、对中国互联网企业、对全球电子商务而言,这都堪称是一个伟大的时刻!它正式向全世界宣告,马云创建的电子商务 B2B 模式是正确的、可行的。

不管是在创业初期的"开荒牛",还是今天的"空降兵",加盟阿里巴巴完全是被疯狂的马云和阿里巴巴所吸引。无论是挑战也好,梦想也罢,人总是需要有些狂热的东西鼓动自己,来到这里不是因为阿里巴巴有一眼可见的前景,而是因为阿里巴巴是一个不知道未来的巨大的梦想。正因为有太多的变数,反而使马云和阿里巴巴讨得了这帮天才的欢心。

正如马云在接受某个媒体采访的时候所说:如果一个决定是 100% 正确的,就没有执行的意义;如果一个决定引起极大的争议,才值得去执行。马云一拍脑袋认定的事情,每每引起无数人的争执,让所有人觉得他是个疯子,却吸引了众多的顶尖人物。

阿里巴巴一位管理人员说,他们之所以始终如此信任马云,是因为马云从来没有让他们失望过,他无与伦比的高瞻远瞩的眼光,已经赢得了所有员工的心。

在当今社会环境下,无论是经济、文化还是教育都是相对保守的,注重稳步前进。所以很多家长,受社会主流价值观念的影响,眼光不够长远,对孩子的创造力培养,并不十分关注。但事实证明,只有那些敢于冒险、勇于创新的人,才能在今天的社会里脱颖而出。比如马云、李开复、马化腾等互联网英雄,看到传统老路已经站满了人,挤是挤不过去了,便另辟蹊径冲到前边去,尽显创新精神与创造力的传奇魅力。

在成长中发掘孩子的创造力

成长是一种美丽的痛,要想让孩子破茧成蝶,享受成长的百般美好,拥有一个蓄满创造力的成长过程,家长首要应该了解孩子成长发育的规律,掌握有创造力的教育方式。对于家长来说,不要求每一个人都成为教育专家,但要有创造性的思维,给孩子一个相信自己有无线潜能的成长环境。

东东刚进入初一年级学习。每天放学，他回到家里总是喜欢盯着电视不放，妈妈问他作业做得怎么样，他总是说，早在学校就写完了。因为在家里从不读书，所以，他学业成绩也一般。

东东很聪明，但最令家长头痛的就是孩子不爱读书。东东的妈妈也一直在思考：如何培养孩子读书的兴趣和习惯？但苦于一直也找不到一个好办法！

有一天晚上放学后，孩子带着笑声回到家。一家人在吃饭的时候，东东的妈妈突然冒出一个念头：何不让孩子当自己的老师呢，用这方法试试，说不定孩子能有兴趣学习。

吃完饭后，忙完了家务，妈妈坐下来让儿子当自己的老师，培养他读书的兴趣和习惯。她对东东说："儿子，妈妈读英语不多，所以不懂英语，你来教妈妈，当妈妈的老师，行吗？"

儿子不自信地说："不行，我又懂得不多！"

"行的，儿子。在学校，老师教你什么，你回家就教妈妈什么，妈妈保证能学会。儿子老师，不相信你的妈妈啊？"

"那我就教你学单词好了。"

"儿子，你也得把日常用语也教一下吧，要不然，妈妈学会了单词，却不会对话，你让妈妈怎么说英语呀！总不能和人家对话，要妈妈我一个一个单词拼吧！那样人家就会说儿子没学好，教不了妈妈！不好吧？"

"行，我学啥教啥，每天教你一小段。"

妈妈高兴地说："真是好儿子，妈妈也会做个好学生的，不会让老师失望的。"

就这样，每天妈妈都跟儿子读半个小时的英语，虽然学得很吃力，但看到儿子教得那么认真，而且对每篇课文都能熟读成诵，成功的喜悦在母亲的心头融化开来！

一学期下来，东东终于养成了一回家就读书的好习惯，而且每门功课成绩都为优秀。

学习习惯的培养比学习成绩更重要，没有好的学习习惯，学习成绩也是虚空的。其中培养孩子的阅读兴趣是重中之重，大量的研究表明：阅读能力是人学习能力的基础和核心，不会阅读就不会学习，而且在中小学阶段培养阅读能力尤其重要。

　　家长重视孩子读书习惯的培养,大胆尝试,让孩子做自己的老师,从而使孩子产生极大的好奇心理和强大的兴趣,并逐步养成了良好的读书习惯。这种方法和策略符合儿童的心理,值得大家借鉴。不过,运用这样的方法不能凭一时心血来潮,要坚持一段时间,才有效果。习惯都与教育有关。

　　另外,根据孩子的心理成长规律,教育专家指出,孩子是否能很好地爆发创造力,就他们自身来说,有着一定的内在因素。

　　要想好创意源源不断,让创造潜能变成实实在在的创造力成就。我们要了解智力是创意的基础,智力在创造力中起到综合、分析、实践的关键作用。人需要运用智力去洞察信息的加工过程,以一个新的角度看待问题。能够把旧的知识和理论以新的方式结合,是创造力发展的关键步骤。个体必须在大多数人还没有意识到的时候,形成或发现一个观念的价值。例如"便利贴",3M公司的一个工程师在研发一种强力胶水时,发现了一种不那么粘的物质,但他并没有将之随手扔掉,而是为它找到了一个新的用途。

　　然而,知识又是创意的翅膀,要想变得有创意,就需要掌握一定的知识。例如,印度有位被认为是有史以来最伟大的数学家,他几乎与世隔绝,因此不知道自己耗费了大量时间的重要发现,早已被西方数学界所解决。假如他事先对所研究的领域有所了解,就不会做这么多无意义的尝试。由此可见,在没有掌握知识的过程中,盲目钻研,耗费了不必要的精力和时间,是十分愚蠢的行为。因此,要发挥自己的创造力,首先需要掌握足够的知识。

　　思维风格决定创造方式,思维风格是运用智力的方式,人们的思维风格既可以促进创意的产生,也可以阻碍创意的发展。思维风格是指人们倾向采用何种方式来完成任务,而不是完成质量的好坏。并且不同的任务情境下,人的思维风格也会产生变化。思维风格很大程度上是社会化的结果。然而思维风格并没有好坏之分。一个擅长用全新视角看待问题的人,一旦形成了对某种问题情境的偏好,就可能产生定势,以后也难以再以新的角度看待问题了。

　　人格特质也影响着创造力的发展,人格可以看作是一个人与环境交互作用的方式。正如科乐思系统的发明者,他也曾被玩具公司拒聘,而如今科乐思已被认为是玩具市场上最具想象力的设计。他将自己的成功归于自己倔强的个性,这种个性让他承受住巨大的挫折。一些最具创造潜力的人,由于缺乏耐性或其他原因,从未发现自己的潜力。

动机是创意的驱动力,要超越潜能真正地表现出创造力,个体需要动机,需要目标明确。对于创造性工作而言,外部动机和内部动机都很重要,因为它能使个人全力以赴。但是大量的实证研究一致发现,外在动机会毒害个体创造力。例如,有研究者以 32 名高中生为被试者,让其完成两个创造力试验任务(写故事并为其命名),对其中一组被试者许诺将给予奖赏,对另一组则没有任何承诺,结果发现,在没有许诺奖赏的条件下,被试者表现出了更高的创造力水平。

由此可见,创造力的影响因素是相互影响、相互作用的,它们像是会七十二变一样,以多种形式呈现,可以说生活的大大小小细节都影响着创造力的发展。但是万变不离其宗,只要我们善于发现孩子大大小小的细节表现,认真对待他们的每一件事情。在此过程中,满怀信任、平等、鼓励,自然地做好孩子的早期教育,孩子的创造力自然也就来了。

丰子恺是中国现代艺术史上一颗璀璨的明星,他在绘画,音乐,文学等多个艺术领域有着显著的成就,尤其是他的漫画,看似随意之作,却是意味深长,寥寥数笔,便已将神态,韵味表现得淋漓尽致,开创了中国漫画的先河。

其实丰子恺自幼便喜爱绘画,家中又开小染坊,他便常常向染坊司务要了颜料,为《千字书》上的单色画涂色,后被父亲发现,还被教训了一次,可是这并没有阻止他继续画画。偶然的一次,他在父亲晒书的时候,发现了一本《芥子园画谱》,便偷偷藏了起来,日后时时背着父亲描画,印画的技术也大大提高。

进了私塾以后,丰子恺在课余之闲,为同学画画。一天,由于两个同学为争夺他的画而打了起来,被先生知道了,丰子恺的绘画才华才被发现。先生并未惩罚他,反而让他为私塾画了孔子像,后来还画了一条龙旗作为班上春游踏青的旗帜。自此,丰子恺便得了"画家"的绰号,街坊邻居亲戚朋友也开始慕名而来,找他画画。

有人说他就是为艺术而生的,天生就有艺术创造力。他从小在接受传统的私塾教育之余,也受西方文化的影响和熏陶。因为他的母亲深知,在未来不接触外边世界的文化,是不行的。

在丰子恺的教育经历中,他还有一位不得不提的恩师,那就是李叔同先生。在学校里,李叔同先生教他们美术和音乐,而丰子恺在先生的课堂上,也真正体会到了绘画的乐趣，并一度为了画画而抛弃了其他学科的修习。

后来在与李叔同先生的一次谈话后，丰子恺终于确定了将他一生奉献给艺术的选择。此后，李叔同先生更加注重培养丰子恺，并从多方面提高他的艺术素质和道德品质。从此，丰子恺真正地接触到了绘画艺术，并在这时，展开他艺术蓝图的描绘。

除了很好的家庭、学校教育环境，精彩有趣的童年生活经历，也为丰子恺的艺术创造力打下了良好基础。

丰子恺小的时候，跟自家染坊铺的小伙计们一起玩。孩子们都生性顽皮、鬼主意多，虽然经常闯些小祸，但他们都乐在其中，甚至于忘我。

他们在玩的时候学到、看到很多新鲜好玩的东西，如用洋蜡烛刻雕塑，用豆荚做成笛子等等。还可以去许多很有意思的地方，在郊外、树林，看很多花鸟鱼虫。每一次都像是一场探险，所他们每次都乐此不疲。

丰子恺还跟着长辈采桑叶、吃桑椹；采茧做丝时，又可以天天吃枇杷软糕。养蚕的每一幕，都是丰子恺童年甜美的回忆。

另外，当地的民风民俗也一直感染着丰子恺幼小的心灵，比如清明的迎花灯。当时一把把彩灯，做工精细，点缀淡雅，不仅触动了儿时丰子恺的心，还大大激发了他对艺术的兴趣。这些也都成为他以后，无论是在文学还是在漫画创作中最好的素材。

在这种充满无限乐趣，又多姿多彩的成长环境中，儿时的经历丰富了丰子恺的视野，让他有了更多想象的空间。

一个孩子来到这个世上，带着无限种可能，在后来的环境中更多地接触某些新事物，他的艺术天赋便被慢慢培养起来了。

有人说"没有长不好的庄稼，只有不会种庄稼的农民"。农民怎样对待庄稼，决定了庄稼的命运；做父母的怎样对待自己的孩子，同样也可能决定了孩子的命运。

给孩子提供一个积极的成长环境，还应注意和孩子平等交流。有交流的家庭是最好的教育环境，有沟通才能发现问题，发现问题才能思考解决方法。多和孩子交流才能发现他们身上的特长和潜能，平等、信任就是亲子交流环境中的氧气。

家庭生活中做到平等相处，有利于家庭民主气氛的形成，有利于孩子的身心健康，有利于孩子在学校及社会交往中养成良好的品德和气质，对孩子今后的成长有着不可估量的影响。对家长而言,不失为一种自我教育和鞭策。

　　每一位父母都爱自己的孩子,许多人愿意为孩子付出一切、包揽一切。可孩子是一个具有独立人格的人,他用自己的童心去观察、理解和探索世界,他从小就有摆脱对父母的依赖、按照自己的意愿去做事的冲动。比如说,家中来了客人,我们无意中对孩子说:"大人说话小孩别插嘴……"之类的话,孩子就会立刻变得很沉闷而躲向一边。其实这就在无意中抹杀了孩子的"表现欲",相反孩子的"表现欲"越强可以锻炼孩子大胆的一面,这对将来孩子走上社会适应竞争会有一定的帮助。对孩子正当的行为要及时给予肯定和鼓励,有不良的行为要讲明道理,加以制止而不能简单粗暴。

　　有一次妈妈和孩子在家玩耍。正当高兴的时候,孩子突然冒出的一句话:"我们今后在一起时总像今天这样好吗?"

　　妈妈听后很是惊奇,便回答道:"可以!"同时问道:"平时我做得不好吗?"

　　"你有时发脾气就会骂我、打我,我却不能那样对你。"孩子"将"了妈妈一军,当时家长无言以对。

　　事后妈妈对儿子的那句话感触颇深,并且受到了很大的教育启发。平时的家庭教育中,妈妈一再告诫孩子要有爱心,要爱一切有生命的东西,要和同学友好相处,不要打骂人,但她自己有时却违反了。

　　尽管因为孩子不听话,忍不住骂上几句,打上几下,大人自己感到无可非议,可在孩子看来,就是打人骂人,伤了他的自尊心。

　　平等相处是个外交辞令,也是育儿的真谛。平等相处,是孩子自尊、自信、自强心理的本能要求。当"三自"心理得不到满足时,他们就会在行为上表现出"反常规",以期引起大人的重视。而一旦心理需要得到充分满足时,他们的言行举止就会表现出快乐和十分配合。

　　家庭成员应和睦相处、平等待人、互相关心、互相信任、互相体谅。和睦的家庭,能够满足孩子的归属感,在家庭中孩子能感到被爱和被尊重,也学习到如何爱他人,如何尊敬他人,从而增强自尊和自信。当孩子遇到困难、挫折,灰心而沮丧时,可以从充满爱的家庭中吸取力量,得到指引。

　　要想孩子具有良好的心理素质,家长必须创造一个和谐美好、充满爱意的家庭环境,让孩子从小就感受到亲人的情、亲人的爱,让孩子今后无论在生活中,还是学习、工作上都会充满爱心,善待他人。

第十一章 走出培养创造力的误区

从小培养孩子的创造力，对他们未来的发展极为重要。但在这个过程中，我们会遇到各种各样的具体问题：孩子是不是越早进行课程教育越好？孩子过分淘气不听话，能不能严厉打骂？孩子的分数到底意味着什么，有多重要？孩子做不了的事，父母能不能代劳？

面对这些问题，很多家长的管教方法都存在着一定误区，但只要清醒认识到自己的问题，相信孩子和自己，再找到一些实用的方法指导，定能走出培养创造力的误区。

给孩子一片自己的天空

"父爱比山高，母爱比海深"，天底下最伟大的情，莫过于父母对孩子的爱。父母爱孩子，出乎天然，超出本能。但世间无论哪种情爱，都是过犹不及，有时候父母对孩子的爱，也是一种伤害，这就是溺爱。

父母爱孩子，爱之有度。做父母的大都知道溺爱孩子有害，但是往往在无意识中，表现出溺爱，不由自主地想代劳孩子处理一切问题，帮他们走过一切泥泞，给他们撑起所有的天空，不忍心让他们受一点伤害。

"溺"，词典上解释为"淹没"的意思。人被水淹没了叫"溺毙"，如果父母的爱横溢泛滥起来，那也会"淹没"孩子的。溺爱是一种失去理智，直接摧残孩子身心健康的爱。它对孩子创造力的培养更是一种破坏。

从某种意义上讲，创造力是一种习惯，要先给孩子机会，让他们独自去飞，让孩子在独立完成事情中获得自信，懂得坚持，然后慢慢习惯独立去思考、实践。

对孩子的过度保护和照顾，实际上是剥夺了他们实践锻炼的机会，会使他们形成强烈的依赖心理，在学习上缺乏强烈的求知欲和寻求不同方法的精神,也缺乏把事情干到底的决心,遇到什么事都要请求别人的帮助,体验不到克服困难、解决问题的乐趣。不懂得独立思考,而没有独立思维,那谈何创新思维,发挥创造力。

今年一开学,老师发现学校脑瘫班的一个学生,现在连路都不怎么会走了,他觉得非常奇怪,因为上个学期期末的时候,那个孩子走路非常好,虽然时不时会摔倒,但是完全可以自己独立地行走。大家都夸她练习认真,成果明显。结果这个学期怎么突然就退缩了呢?

老师询问学生的保姆,才得知原来这个暑假,保姆应学生姐姐的要求去照顾姐姐的孩子去了,没有时间照顾这个学生,因此学生的生活都是由爸爸妈妈亲手负责的。而学生的父母由于孩子的缺陷,非常的自责,对孩子便非常迁就。哪怕是学生说"无论我说什么,无论我说的是对的还是错的,你们都不准反驳",父母都没有任何的意见。

在家里,学生称王称霸,家里人不敢说半个不字。因此寒假的一个月时间里,学生就整天坐在家里看电视,从来没有好好地锻炼自己的身体,更别说专门去练习走路了。

所以,在父母的娇宠下,一个月不练习的结果就是:现在连走路都有问题。

对孩子无条件的迁就,会直接造成他们缺乏必要的生活自立能力,以及独立活动和解决问题的能力。并且对孩子的溺爱和娇宠是孩子独立性格形成的最大障碍,任何时候都处于父母保护照顾下的孩子,一遇到需要自己想办法去解决的问题,只能束手无策,坐以待毙。

创造力是孩子的天性,惰性也是孩子的天性,二者择其一,所有家长都会选择前者,但具体到教育生活中,大多数家长都不知不觉地走向了后者。总喜欢以孩子还小为由,包办孩子的事情,从吃饭到睡觉,从学校到家里,从作业到家务,不管孩子乐不乐意,一手包办,从小就养成了他们的依赖性和惰性。

一个刚上初中的女孩,仅因被新班主任批评了一次,竟出现了焦虑症、失眠症,无法继续学习。原来,这跟她的生活经历密切相关。

她是家里唯一的孩子,两岁多时,因为不小心把额头碰了个口子,从此,家里人就杯弓蛇影,再也不放心让她一个人出去玩耍了。在家里,她除了读书、做作业和玩耍之外,从来不做家务。

在这种家庭环境下,孩子无法做自己想做的事,碰到的尽是"这样不行"、"那样不准"。在家长的过度保护下,孩子物质条件养尊处优,但是做什么事都战战兢兢、如履薄冰。

空虚无趣的童年经历,使她形成了自尊心强,承受能力差,动手能力和生活自理能力差,自信心严重不足,想自立又克服不了依赖性的矛盾性格。

她上小学五年级时,留校寄宿。在学校里什么事都要自己做,但什么事都做不好。她感到很不适应,因而被同学们讥笑为"笨蛋"。因不会而笨,因笨而被嘲笑,因嘲笑而自卑,因自卑而不合群,因不合群而更自卑、更受嘲笑、更笨。如此恶性循环,孩子要想生活上自立都难,更不要说创造力了。

为此,她经常暗暗哭泣,总想回家,躲开一切。孩子在逆境中不知如何面对,性格也变得越来越孤僻、内向,总是感觉焦虑不安。

随着年龄的增长,她总是拿自己和别人对比,只要发现别人比自己强,心里就更加不安。一方面羡慕,一方又无能为力。

到了初中以后,虽然学习成绩很好,但她总觉得自己不如别人评价得那么好。为了维护自己的荣誉,她又时时处处掩饰自己的短处,这又使内心与外在表现自相矛盾,极不协调。她常常为此感到痛苦、忧郁和焦虑。

父母的大手为其挡住了风雨,却没想过她稚嫩的小手,明天能否撑起自己的一片蓝天。如果家长不学着放开手,又能扶着孩子走多远呢?就算能走远,那你又能扶孩子迈多高呢?创造力不是蹒跚学步,创造力是跑,是跳,如果站都站不稳又怎么会跳呢。

其实,要使孩子在日后能适应社会的需求,独立地生活、工作,就必须从小培养他们独立生活的能力,让他们学会尊重他人和自我克制,知道对自己的行为负责任。

保护伞打得太好,就会连阳光也享受不到。在溺爱中成长的小孩,因为一切都来得太容易,便不懂珍惜,或者容易陷于欲求不满。忍受不了自己的需要得不到满足的状态,不满之余还不能积极努力地,付出行动满足自己的需要。

虽然父母口头上责备孩子的动手能力,但行动上却毫不犹豫地帮助他们,连孩子自己想做的事也抢着去做。这样一来,小孩也认为自己不会做事而缩手缩脚,没有机会锻炼思考能力和做事技能,更不能养成克服困难的毅力。所以家长无论多么爱小孩,也不能包办代替。让孩子学会独立,自己为自己负责。

有的父母诉苦说:"这小孩什么也不会"。其实,是家长什么都不懂,于是家长什么都不会,不给孩子机会,让孩子尝试第一次实践,让孩子多接触新鲜事物。人生的尝试就像一场交易,不能怕赔本、怕被骗,就一步不前;无论输赢,都是经验的积累,也许这一步输了,但至少向前走了一步。真正的创造力就是深一脚,浅一脚走出来的,而且是从小事做起一步一步锻炼出来的。过分的溺爱,只会让孩子们四体不勤,五谷不分。不敢放手让孩子去尝试,他们就不会长大,没有尝试,就不会有创造。

总之在父母的溺爱、包办下,孩子自己的行动意愿被否认,也就不再想自己思考问题,变得无精打彩、毫无热情、任人摆布。他们的行动是被动的,虽然给人的印象是"好小孩",但是性格太软弱,自己无法克服困难。

家长虽然有时也不想包办代替,但过去的习惯已经造成了小孩的软弱,于是只好继续给予无微不至的照顾。这种情况持续下去,孩子就会以家长意志为转移,而不是自己去思考和行动。他们只习惯于按成人的命令去办事,这样就会少犯错误,而且失败以后,自己也用不着承担责任。

因此,习惯性依赖和思维懒惰,会使孩子成为既没有创造的动力,也没有创造的能力,既不想创造,也不会创造的人。父母懂得放手,接受并乐于看到孩子的自我独立和自我成长,还给他们一片属于自己的天空,他们才有力量挥洒出独特的创造力。

万般皆下品唯有分数高

"分、分、分,学生的命根;考、考、考,老师的法宝",我们都知道这种教育现象有大不合理之处,但在现实生活中,此教育理念已积重难返,不是一朝一夕就能更新的。我们的所为,也在不自觉、无意识中,将对孩子的要求与不合理的统一考试标准靠齐,可以说只求高分的想法,在无孔不入地侵蚀着教育生活。

多年来一考定乾坤,分数至上已成铁律。高考一战不是天堂口,就是地狱门,十年磨一剑,最后只争朝夕。成则大成,败则大败。直面于此大形势,谁还会考虑孩子的德智体全面发展，谁还会顾及孩子的兴趣爱好，一门心思都在琢磨怎样提高孩子的考试成绩，待鱼跃龙门，一锤定音。

先不说高考成功，是否真的能改变孩子的命运，单就家长教育孩子，认为取得高分就能提高创造力而言，就陷入了深深几许的误区。

如今家长越来越迷信分数，认为自古华山一条路，成功的大路上，高考是必过的一关。分数高，考个好大学，将来就能为社会创造财富，就等于拥有了创造力。其实不然，高分低能已成为社会上一种常见的现象，更多的人苦学只是为了找到一份安稳的工作。人想法都不成熟，思维更是扭曲，就不要说提高创造力了。

事实证明"华山这一条路"走的人太多，路又太挤，真正能上山的人不多。而且时代在变，到达成功山顶的并不只有这一条路。有的人可以坐缆车，有的人可以开直升机，有的人还可以乘热气球，不一定非要一步步走上来。发现新途径、新视角，这就是创造力。而很多家长看不到这一点，想法太过于单一，非常执拗。他们认为大多数人都这样，自己的孩子要不如此，就是不正常。

2006年，一位高三学生的发明在国际中学生创新成果展上，被授予"最佳国际优秀项目奖"的最高荣誉。他就是潘立群，他成为本届创新展评中，获此殊荣的唯一中国选手。

那是一个可解决色觉障碍者，驾驶车辆时分辨交通信号灯的发明。为这一发明，潘立群花费了大量时间，但创新的快乐很快被沉重的心情所代替——潘立群高考落榜了。

2006年高考，潘立群只考了379分，而济南市本科三批理科分数线为507分。潘立群尝试着向北京、天津、江苏、广东等地，一些进行自主招生的高校推荐自己，但这些高校的自主招生，多在每年三四月份就结束了。尽管他的发明引起了一些高校的兴趣，但最终因为各种规章制度，没有一所学校敢破格录取他。

潘立群的爸爸无奈地说："儿子为搞这个发明付出的代价太大了，想起来令人寒心。"

搞发明之前，潘立群了解到全国色障患者有近6500万人，因为色障的缘故，分不清红绿，他们不能考取驾照，有的甚至连过马路也成问题。于是他就想能不能发明一种交通道路信号灯，解决色障者的识别问题。

就是这个偶然的发现，点燃了潘立群创造的火花。在接下来的几个月里，他到马路上研究各种信号灯的闪烁规律，上网搜寻国外相关的研究报告，后来，又三天两头往医院跑，了解色障者和正常人的异同。

半年后，潘立群拿出了设计产品：他通过改变电路，在红灯中加入"X"图形，在黄灯中加入"—"图形，绿灯保持不变。这样，红灯亮时"X"同时闪烁表示禁行，黄灯亮时"—"同时闪烁表示等待，绿灯不变表示通行。这使得色障者可通过灯的闪烁和图形识别，来看到"红绿灯"。

潘立群的发明得到专家们的高度赞赏：这个看似简单的发明，难在设计思路的创新上。首先，它符合各国信号灯的使用惯例和有关的国家标准，而且不需要增加成本；其次，它既不影响大多数人的使用，同时又能满足色障者的识别需要。该项目有广泛的实用性并具备推广价值。

这个世上总是先有无聊的问，然后创意就随之而来，像牛顿的苹果之问，达尔文的起源之问，还有潘立群的红绿灯之问。但是高考为什么无法容纳这样一个创新者，只因为创造力不等于高分数？

其实，分数并不能说明一切，创造力不等于高分，那么取得高分数也不代表有创造力。而众所周知，社会发展最需要的是创新型人才。

人是情感动物，人的思维是复杂的，是创新的，是不断进步的，不能仅拿数据来分析一个人的能力。

曾写就经典美文《背影》的朱自清，是诗人和散文大家。其炉火纯青的文字功底，为"五四"时期的新散文创作增添了亮色。

朱自清还是一代国学大师，他的古典文学研究成绩斐然，起到了引路先锋的作用。而朱自清考北京大学时，数学考了零分，最终被破格录取。

无独有偶，文化大家钱钟书考大学时，虽然英语和国文成绩极佳，但数学是零分。然而招生人员破格录取了他。若没有这个破格，中国很可能就没有这座"文化昆仑"了。

当年钱钟书问到校友季羡林，考清华时数学答了多少分，季老先生没有说多少，只说了"很低"两字。后来有人去查了清华大学的档案，发现百分制的数学考卷，季老只考了4分，而且他的第一志愿填的居然是数学系，真是令人难以想象。但这丝毫不影响他们成为世界级的文学大师。

吴晗当年报考北京大学时数理化成绩都很差,数学成绩也是零分。如果北大拒收吴晗,我国也许就少了一位伟大的历史学家。

臧克家在参加了一年补习班学习后,就紧接着进行了正式高考的考试。考试成绩发布后,他吃了一惊,数学为零分,他以为被录取无望了。想不到他的一篇只有三句话的作文,却救了他:"人生永远追逐着幻光,但谁把幻光看成幻光,谁便沉入了无底的苦海。"

按今天的评分标准,绝对是一个极低分。可这篇三句话杂感,偏偏被主考人闻一多先生所看中并欣赏。闻一多从中发现了臧克家身上潜伏的才气,一锤定音破格录取。没有这次破格,可能中国现代文学史上就少了一位大诗人。

其实分数在一些父母心中的重量,远远超出了它在现实中应有的分量。与其强迫自己和孩子去迎合制度,不如去找属于自己的一片天空。

有些孩子虽然在某一方面有特长,但文化成绩可能会"瘸腿",很难考进满意的高校。这个时候,现实是不能改变的,那是不是就意味着,没有前途,没有发展了呢,答案当然是"否"。这个时候就要看家长的态度了,是愤然地强求改变,死盯着分数不放,还是和孩子一起"将错就错",反败为胜。

对于孩子来说,创造力远比分数更重要,但在现实生活中,分数绑架了家长的教育理念。他们的思维拘囿在笼子里,只盯着孩子的分数不放,好像孩子的成长别无他径。这种教育思想十分不利于发现创新人才。

高分固然可以激励学生们学习知识,并测验其对知识的掌握度,但是以不正确的心态看待分数,却可能像一把利剑,抹杀孩子的创造力。如果唯分是图,以分当命,以功利的心态求知,那么你把分数看得多重要,它对孩子的伤害程度就有多深。它会如恶洞般,吸食大人和孩子的注意力,让人们忘了为什么学习,使学习变得不是为了掌握知识、提高自己,而是为了应对每一次的考试,进而导致孩子用不恰当的学习方法和心态去求知,并且白白葬送了真正属于孩子的时间,他们本可以做自己最合时活动的时间,比如社交、游戏、课外阅读和实践等。

分数只是孩子进步的必要非充分条件,也就是说孩子找回自己的活力、动力、创造力,分数自然会提高。但是如果逆施倒行,单纯地要求孩子高分,那也只是一时气势,并不会持久,还可能使他们丢掉最可贵的自我提高能力和创造力。

家长强硬专制只会适得其反

"己所不欲,勿施于人",同样,教育也不能强权主义。大人总会在无意中,使用家长的权威,硬性要求、规定孩子必须做什么、怎样做,甚至把自己的理想强加于孩子。孩子不听话,如有叛逆违背,便控制不住自己的火爆,动辄打骂。

许多人一旦为人父母,或因自己小时受过棍棒教育,深有体验,觉得唯此方法可行;或因自己缺乏育儿常识,无从着手,觉得非此无从管教;或因自己性格脾气急躁,难以自控,觉得以此训子自然。于是墨守成规,采用强硬专制的手段,滥施家长的权威。孩子尚小,不听话者,骂之,孩子闯祸,不懂事者,打之;孩子成绩下降,不及格者,罚之。家长总以为,如此严厉的管教,定能教育好子女,殊不知,采用动辄打骂体罚的野蛮凶狠的态度对待孩子,其结果必然适得其反;而换一种方法,积极支持、鼓励、引导孩子,对于促进其创造力的发挥,可能有意想不到的效果。

高斯是德国数学家、物理学家和天文学家,他出生于一个贫苦家庭。他的父亲先后当过护堤工、泥瓦匠和园丁。

父亲对高斯要求极为严厉,甚至有些过份,常常喜欢凭自己的经验,为年幼的高斯规划人生。高斯尊重他的父亲,并且秉承了其父诚实、谨慎的性格。

在成长过程中,幼年的高斯主要是得力于母亲和舅舅。舅舅富有智慧,为人热情而又聪明能干,并投身于纺织贸易颇有成就。他发现姐姐的儿子聪明伶利,因此他就把一部分精力花在这位小天才身上,用生动活泼的方式开发高斯的智力。

正是由于舅舅慧眼识英才,经常劝导姐夫让孩子向创造者方面发展,才使得高斯没有成为园丁或者泥瓦匠。若干年后,已成年并成就显赫的高斯,回想起舅舅为他所做的一切,深感对他成才之重要。他想到舅舅丰富的思想,不无伤感地说:"舅舅去世,使我们失去了一位天才。"

在数学史上,很少有人像高斯一样,幸运地有一位鼎力支持他成才的母亲。母亲性格坚强、聪明贤慧、富有幽默感。高斯一生下来,就对一切现象和事物十分好奇,而且决心弄个水落石出,这已经超出了一个孩子能被许可的范围。当丈夫为此训斥孩子时,她总是支持高斯,坚决反对顽固的丈夫把儿子变得跟他一样无知。

母亲真诚地希望儿子能干出一番伟大的事业,对高斯的才华极为珍视。然而,她也不敢轻易地让儿子投入当时尚不能养家糊口的数学研究中。在高斯19岁那年,尽管他已做出了许多伟大的数学成就,但母亲仍向数学界的朋友波尔约问道:"高斯将来会有出息吗?"波尔约说她的儿子将是"欧洲最伟大的数学家",为此她激动得热泪盈眶。

强制教育只会适得其反,这是家教误区中的一类——粗暴型,即教育孩子时表现出的简单鲁莽,急于求成,以势压人之态。让孩子学习,固然需要督促、引导,但最好的老师是兴趣。

17岁香港少年陈易希,2004年发明"智能保安机械人",获得第55届美国国际科学与工程大奖赛二等奖,成为首个获此殊荣的中国学生。那个只有一尺多高的机械人,利用红外线感应器及摄录机运作,会在室内执行巡逻,一旦有盗贼入屋或发生火警,就可以自行报警。

2005年,美国麻省理工大学林肯实验室,将一颗编号为20780的小行星命名为陈易希,使他和杨振宁一样,拥有了自己的一颗星。这颗小行星位于木星和火星之间,直径3至7公里,相当于月球直径的千分之一,绕太阳一周需4.05年,肉眼无法看到。自此,"星之子"、"明日之星"、"摘星少年"等诸多桂冠纷至沓来。在众多的赞美声中,大多家长更想了解,是什么样的方法成就了一个17岁的孩子的创造力。

自小就有"科学梦"的陈易希,小时候被家人称为"每事问"。他活泼、好动、爱拆玩具,最爱逛的地方就是科学馆和天文馆。虽然很早就开始了单亲家庭的生活,但他却并没有因此而学坏,相反,一个人总是在家整天捣鼓各种发明创造,研究到很晚。

陈易希喜欢科学发明,得到了父亲的全力支持。父亲觉得值得买给他的玩具、电子零件、工具或参考书,无论多贵,都从不吝啬。为了方便儿子研究发明,父亲曾花8000元买下一台迷你车床,让儿子可以在家中工作,不必跑到学校实验室。这对于一个普通汽车喷漆技工的父亲来说，是一笔不小的花费。陈易希记得，父亲看到一本由台湾出版教儿童做简单实验的图书，薄薄的一本要 60 元，但他也立即买下来。

13 岁时，陈易希醉心于发明创造，想去读初级电子技术课程，但那门课要求参加者必须在 16 岁以上。于是他央求父亲代自己上学，回家再教他。没想到，父亲一口答应"代子从军"。只有小学文化程度的父亲捡起了丢下几十年的书包，每天下午 6 点下班后，匆匆忙忙赶去上课。半年上了两个电子课程，其中一个还因为听不懂而重复上了两次。

小学六年级时，制造一个会走动的机械人是陈易希的梦想。他的第一个机械人，就是在父亲的协助下完成的。在他的自传《摘星少年》中，他这样写道，"爸爸为了替我制造这个机械人，连续多日通宵达旦为我烧焊，因为我个子小，他还特地为我做了一个支架来支撑机械人，方便他教我烧焊等工序。因为我长得瘦小，可以蜷曲着身子，钻进机械人的内笼。我记得当机械人接好电源，在车房里走动时，我忍不住拍手大叫起来：没有爸爸就没有我们。"

在老师的鼓励和支持下，他开始不断地有新的发明，参加各种科技比赛，屡获成功。那个最终获奖的机械人，便是两年持续不断改良的结果。他做了四代，不断增加功能，第四代机械人可以认出人脸部的影相，分辨出是家人还是陌生人，并且可以自动追踪人的脸部，拍照记录。"我的娱乐就是发明。"虽然也喜欢 K 歌，溜冰，和同龄的少年一样，但有新想法的时候，他常常每天只睡 5 个小时，8 个小时都在研究。和他一起在中学科学组的同学说，他对科学的兴趣已经成为他生命的一部分。同学都认为他很"潮"，用的电话，mp3，游戏机，手提电脑，都是紧跟潮流，但他不是喜新厌旧，而是习惯把新买的电子产品拿来研究一番，当成是另一种学习。中学时候，陈易希经常到深圳的华强电子进入中学，陈易希真正开始了他的科学梦。在老师的鼓励和支持下，他开始不断地有新的发明，参加各种科技比赛，屡获成功。那个最终获奖的机械人，便是两年持续不断改良的结果。他做了四代，不断增加功能，第四代机械人可以认出人脸部的影相，分辨出是家人还是陌生人，并且可以自动追踪人的脸部，拍照记录。

他对科学的兴趣已经成为他生命的一部分，有新想法的时候，他常常每天只睡 5 个小时，8 个小时都在研究。他习惯把新买的电子产品拿来研究一番，当成是另一种学习。

发明和学习虽然需要平衡时间，但并不矛盾。反而是因为对发明有兴趣后，自己必须去学习，才去看很多艰深的英文资料。如果想让产品电流稳定，就必须有很好的数学知识，也正是这种驱动力，让他的学习成绩慢慢好起来。

从心理学角度而言，高压之下，性格倔犟的孩子，常表现出顽强的抵抗意识，对父母产生对立情绪。并在父母粗暴态度影响下，变得性情暴躁，行为粗野；性格怯懦的孩子，则会产生恐惧心理，表现出软弱的顺从意识，在父母面前萎萎缩缩，胆小怕事。富有灵性的孩子，会用欺骗和撒谎的手段，来对付父母的训斥，达到免受打骂的目的，从而，变得年少虚伪，失去童真。

"棍棒之下出孝子"、"不打不骂不成人"，都是中国的古话。言下之意是说训子需严，打骂见效，只要儿时尝尽皮肉苦，长大必成孝子贤孙。这样的教育名言，代代相传，一直沿袭至今，成为传统的家教经验。其实，这样的教育理念要因人而宜、与时俱进，现今绝大多数的情况下，强制性教育会走进提高孩子创造力的误区。

不要忽视孩子的早期教育

根据卡尔·威特的"潜能递减法则"，孩子的能力是越早开发越有成效。创造力也可以学龄后开发，但效果就不会那么明显，潜能也越来越有限。

早慧的孩子不是天禀异赋的，他们的成才离不开父母的早期教育。再传奇的神童背后，也有自己漫漫的受教之路。

有个杭州少年，16岁时以优异的成绩，考入了中国科技大学少年班；19岁时由大学三年级，提前两年考取该校天体物理系研究生；21岁又以优异的成绩，考取天体物理博士学位。他就是中国教育史上有名的神童冯珑珑。

冯珑珑出生于1963年末，当时正是三年自然灾害后的经济复苏时期，小珑珑无论是在母体中或是生下来后，摄取的营养都不会比别的孩子好。珑珑的家庭也仅仅是一个普通的知识分子家庭，作为普通教员的父亲和无线电厂技术员的母亲，也许还不能给予小珑珑超常的遗传基因。那么究竟是什么原因使冯珑珑早慧、早成才呢？其实关键就在于，家长对他在婴幼儿时期的思维能力开发，即"后天"早期教育的结果。

婴幼儿时期是培养孩子感知自然的大好时机。冯珑珑还不会说话的时候，他的父母就着眼于，对孩子进行观察力的早期培养。

每逢节假日，大人都要抱孩子到公园里走一走，让孩子认识那儿的花草树木，动物园里的飞鸟走兽。到闹市区去逛一逛，见见商店里琳琅满目的商品。尽管他说不出来，但大人还是边看边告诉他，这是什么，那是什么。他稍大能讲话时，父母又特意带他到郊区农村或繁华市区亲戚家住些日子，让他看看农村孩子和大城市孩子起居生活情况。回到家里，孩子兴致勃勃地谈论他的所见所闻，这样他的观察能力提高了，认识丰富了。

光观察事物还不够，为了启发孩子的思维，珑珑的父母十分注重引导他观察事物的特点。譬如，孩子初到一株树下时是高兴的，东张西望，但过了一会儿，他就再无兴趣呆在树下了。这时，他的父母就用手去拨一下树枝，使其摆动起来，孩子就又感到有趣了，甚至举起小手也想亲自拨动。这就留给孩子一种印象：静止的东西用手去动一动就可以摇摆起来。再如到动物园看鸟，看了站着吱吱喳喳叫的鸟儿，再用手一扬，众鸟就在宽敞的鸟笼中飞翔。诸如此类的事，都在珑珑的脑海里留下深深的烙印，使他后来总爱思索事物之间的关系。

幼儿对周围事物都有亲手实践的兴趣和欲望，父母为了满足珑珑这种欲望，常常给他买些需要动脑筋的玩具玩，如积木、魔方、七巧板等。开始，珑珑习惯于照图玩，大人就鼓励他：自己多想想，撇开图纸按自己的想法来造型。有时大人和他一起玩，启发他一边摸索，一边搭。经过反复的练习和探索，珑珑慢慢可以独立地构思出富有实用性、艺术性的造型了。

画画是培养孩子思维能力、想象能力和创造能力的一种好方法，因为画画过程就是复杂的思维过程。珑珑从 1 岁起就很喜欢画画，其父母就有意识地培养孩子对画画的兴趣，给孩子买各种颜色纸和蜡笔、铅笔等，2 岁起教孩子练笔学画，3 岁时画简单的线条画，4 岁时教孩子画构思画。先教画静物，后教画动物，再画人物。自从孩子会画线条画起，父母就规定他每天必须画几张画，并经常对孩子予以鼓励和表扬。

为了帮助孩子积累画画的素材，大人有意带孩子去观察某一事物，或者去逛公园、游名胜古迹……回家后，让他把见到的事物描绘出来。由于年幼，孩子的观察能力是有限的,画出来的画往往只是个似像非像的轮廓,或者画的景物结构不全面,大人就一一指出。有时有意提出一件事物,让孩子添加在已画好的图案中,或者启发他看看图中还能增加点什么。一段时间后,他构思的能力越来越强,不仅能把汽车、坦克画得逼真,而且还构思出汽车比赛、坦克大战等情景。

在幼儿时期,珑珑学会了铅笔画、蜡笔画、水彩画,能画植物、动物;小学阶段又学会画毛笔画、人物画等。直到今天他还保持着浓厚的兴趣。珑珑的家长教他画画,不在于要孩子将来当画家,而更重要的是通过学画画,锻炼孩子的观察力、记忆力、想象力和创造力。

冯珑珑的父母还很重视对孩子语言能力的培养。在平时孩子的穿衣、吃饭等起居活动中,适时地训练孩子的语言表达能力。例如他父母带他上街、游公园时,总是引导孩子认识街道两旁的景物、商店的招牌和商品的类别等。这样既丰富了孩子的知识,又锻炼了孩子说话能力,也增强了孩子的记忆力。因而在这样的家庭早期教育下,冯珑珑从小就能把书上的语言与实物的形状、变化联系起来。如大雁飞的"飞"字,他是与画上大雁飞翔的画面联系在一起,从而也就记住了。于是也就很快提高了他对书本知识的理解、记忆能力,孩子越学越聪明,家长对孩子的早期教育也就越有信心。

当珑珑具备了一定的学习能力和学习兴趣时,家长又逐步向孩子提出新的和更高的要求,鼓励孩子不松劲,继续攀登。用他父亲的话说:教育孩子学习,应从小学一年级起,对孩子既要关心爱护,又要严格要求。父亲如发现孩子学习上稍有疏忽,如他数学考试得了九十几分,就要受到既严肃又婉转的批评。这样的批评既不使孩子反感,又激励孩子更加注意和认真。

冯珑珑念小学前,他的父亲就培养孩子预习的习惯。他经常在开学头几周,就几乎把新课本全部预习一遍,即使老师未讲过的内容,经家长稍微点拨一下也能理解。由于他养成了较强的自学能力,平时遇到疑难问题,从不轻易问别人,总是独立阅读、思考、自行解决。

由于冯珑珑养成了自学的习惯,因此,到了小学四、五年级时,课本内容大部能自己看懂,因而老师讲课的内容总不能满足他的需求。老师布置的作业,他一般都能在校内完成,晚上在家主要阅读一些课外书籍,他不仅书看得多,而且作文也好。由于他语文学得好,小学三年级时就能阅读《文汇报》,又一直负责班级的板报工作。在家经常与比他大 3 岁的姐姐一起抢着阅读少年读物。

他从三年级起一直坚持每天写日记，以后改为隔日、隔周写，直到初中。他常自觉地把书本、报纸上好的词汇摘记并积累起来，另外还学会了写律诗，搞些科普小实验，如自制简易幻灯机、学习放电影等。

学习知识可分早晚，但开智力一定要越早越好。学前教育是非常必要的，如果真的要等到孩子上学，把一切希望寄托于老师，那就晚了，也是不现实的。老师是一对多，方方面面都要照顾到，到时候只能择善从之。在家里没有好好地开发孩子的潜能，孩子在学校也不会太出众，因此要好好利用上学前时期，做好学前教育。

中国的传统教育观念多少有些偏颇，因材施教很少真正地落实，大都是教育孩子不分高低良莠，而以统一方法、标准，等而视之。我们教育方法中靠认真刻苦、时间投入、死记硬背、大量做题、反复练习，可以让考试成绩优异，但做事不会找捷径，学习方法死板，价值观单一。不是每个孩子都是考试的天才，被束缚在传统教育观念和制度的夹缝中，他们找不到方向，又伸不开手脚，便走向自卑或叛逆。他们的世界不在这儿，也许早早地插上兴趣的翅膀，他们的天地更广阔。

何凯琳是轰动一时的天才、神童，很小的时候，何妈妈就让小凯琳学识字。两岁学乘法，三岁背唐诗，因此培养出惊人的创造力。

她出身于典型的草根家庭，父亲是冷气工人，母亲是家庭主妇，一家三口全靠父亲不高的工资生活。

她虽然出自草根阶层，但是家教甚严。父母只有初中学历，虽然学业上帮助不大，但不吝啬给她买参考书，并培养她的良好人格。

小时候的何凯琳已"未学行先学跑"，她两岁半已能琅琅上口地背诵唐诗，不久便能背乘数表，其后更懂得九位乘九位的数学。何凯琳只念了五天幼儿，就因为太聪明，被老师指"捣蛋精"而辍学。

何凯琳自小入读家附近的学校，第一年便开始崭露头角。她共跳级 3 次，比同班同学年少两岁多。

何凯琳的读书心得是，将读书变成兴趣，自然会获得应得的成果。如此良性循环，荣获"天才"盛名，她却谦虚地说自己与他人，并无不同，只是感谢上天赐予她读书的兴趣。她建议人们在早上5时起床读书,会特别"入脑"。

何凯林的家人,从不逼她学习,或要求她做自己不愿做的事。大人眼界打开,不会只盯住成绩不放,而是更关注孩子从小培养创造力。

人的创造性与教育有直接关联,有人会说创造性不是教出来的,但是错误的教育理念和方法,却可以把原始的创造性扼杀或者毁灭。我们一直认为到学校就是学知识,教育者职责就是传授知识,这种理念本身可能就有问题。要想培养孩子万能的创造力,在教育目标中少不了要重视发展,孩子的好奇心、想象力和批判性思维能力。

好奇心是驱动力推动我们去探寻,依靠想象力我们拓展思维空间,使探寻超越现实的局限,而批判性思维让我们批判已有知识,让我们寻找新的更好的答案。它们都不是指知识本身,但都是超越知识本身的。

好奇心是推动人类发现的原始动力,诺贝尔物理学奖获得者,一致认为影响科学家发明最重要的因素,不是勤奋、努力、数学基础等,而是好奇心。

在微软总部有一千多名中国人,但很少有人进入管理层。问其原因,微软公司负责人说,中国人在那里是非常好的工程师,但他们很少会提出自己的想法,不敢对老板说"不",没有想象力,开会不发言。

不是说中国人不善于表现自己,而是在于中国人自小受教育影响,太习惯于按照别人的思路去做事,缺乏主见和创新,他们不适合进入管理层。

"想象力比知识更重要,因为知识是局限于我们已经知道和理解的,而想象力覆盖整个世界,包括那些将会知道和理解的。"从小培养孩子的想象力,丰富他们对世界的认识,是伟大创造者爱因斯坦一直强调的。

批判性思维不是对一切命题的否定,而是用分析性、创造性、建设性的方式,对疑问提出新解释、做出新判断。早期教育并不排斥孩子批判,但是有些家长和老师不喜欢被孩子批判,不喜欢被他们质疑,更乐见孩子的尊重,更需要孩子的配合,更要求孩子的服从。如果充满好奇心的孩子,迫于大人的早教态度不敢发问,那么习以为常之后,便不再好奇,对家长和老师认定的观念和现象,就不敢再有不一样的想法,于是不知有多少孩子与创造力擦肩而过。

有这样一个女孩,读小学时,老师在上面讲课,她在下面玩。因此,她不知道被老师轰出教室多少回。可她倒好,老师把她轰出教室,她就兴致勃勃地看蚂蚁打仗。

别人问她为什么不听讲,她说:"老师讲的那点东西,有的我一看书就会了,有的上课听听就会了,可老师呢?反反复复地讲呀,还让反反复复地练呀,烦着呢!"她当时被老师们认为是问题学生。

可就是这个问题学生,最终以优秀的成绩毕业后,远赴美国读本科,一年后又以突出的成绩脱颖而出,在全美的一个化学竞赛中名列前茅。

不管是学校的教育,还是早期教育,我们对孩子创造力的培养都不够重视,甚至在教育中扼杀了以上三个环节。创新源于好奇心,创新源于想象力,创新源于批判性思维能力,如果一个人即使学会了人类的全部知识,但若没有好奇心、想象力、批判性思维能力,他也只能是有知识的容器,而不可能是有创造能力的人。所以走出教育孩子的误区,不要只是致力于灌输知识,而不注重于培养能力,特别是从小对孩子创造力的培养,那样才能给他一个引领时代的未来。

第十二章 益智游戏助推孩子的成长发展

我国现代教育家陈鹤琴先生认为："儿童是以游戏为生活的，他们除睡眠、生病以外，无时不在动作，不在游戏。"游戏是幼儿期的主要活动，他们主要通过游戏获得一些粗浅的知识和生活经验。幼儿时期的游戏活动，可以闪烁出智慧的火花。幼儿通过游戏发展智力，培养自己的感觉、知觉、记忆力、思维能力、想象力和操作能力。

游戏是培养创造力最好的老师

游戏，可以说是人类的本能之一。在上古的时候，游戏作为一种交流方式，是善意的表达，能有效让气氛变得轻松，拉近人与人之间的心理距离；后来游戏成为一种智慧，它能给人处变不惊、从容自若、行事自如的力量，让聪明的人更聪明，让愚笨的人也增加几分灵气。

在一起交通事故诉讼案中，一个未满十八岁的男孩撞伤了一位年轻女士，伤情虽不严重，但是女士因为少年的莽撞十分生气。他们对证公堂的时候，女士愤怒地要求法官严惩肇事者。

本来一件可以私下和解的案件，由于女士的愤愤不平，法官也束手无策。就在连办事人员也因此焦头烂额的时候，那名男孩的父亲和善地笑着说："是啊，女士您说的太对了，这个孩子真是罪大恶极，应该严惩，那么怎么重判他呢？我看就判绞刑吧！"

这时，刚刚还难消心中怒气的受伤女士，竟笑着同意不再追究了。

那位父亲正是从理解受伤女士感情的角度出发，懂得幽默的灵活变通性，用游戏的心态，成功地取得了伤者的原谅。

不关输赢,玩儿得就是从智力的角逐中,收获一个快乐的心态,"生活就是一场游戏"的比喻之精妙,可能就源于此。

　　同样,游戏对于孩子也是一根魔法棒。一方面,让孩子在游戏中学习、体验生活,能使他们更懂得轻松、积极地面对人生;另一方面,寓教于乐,孩子在游戏中更能找到学习的乐趣,学习的效率、效果自然非同凡响;再者,游戏更能激活孩子的思维,让他们头脑灵活,多向思考,从而提高其想象力和创造力。

　　而且教育研究者发现,游戏有助于诵读困难儿童阅读,他们指出仅仅玩12个小时的动作游戏——其中不包括任何直接音韵学或正字法的训练——便可以大大地改善患有诵读困难的儿童的阅读能力。

　　该项实验将众多7至13岁的儿童分成两组。研究人员让第一组的小孩玩一款动作游戏:《雷曼疯狂兔子》;另一组孩子则玩一个较为"小清新"的游戏。

　　之后,两组孩子分别接受了统一规格的阅读测试。结果显示,玩《雷曼疯狂兔子》的第一组,无论在阅读速度还是认字及拼音准确率上,都优胜于第二组的孩子。

　　但是,凡事都需掌握分寸,要想让孩子在游戏中真正达到神奇的学习效果,让游戏发挥魔力,关键还在于家长的正确认知态度和积极引导。

　　从某种程度来说,他与妻子是同意儿子玩电子游戏的。他们的想法是,孩子就是一棵正在成长的树,玩游戏是枝叶间的鸟,鸟儿婉转动听的歌唱,也就为孩子这棵树平添了无尽的乐趣。并且它在让孩子有着一个多彩的童年时,也会让孩子长成一棵苍劲的大树……

　　孩子最初接触游戏是在1991年。那时社会上开始兴起学习机,这可是一个具有时代气息的东西,他和妻子都乐于接受新鲜的东西。

　　有了学习机,儿子的学习如鱼得水,儿子在快乐中学习成长,人格外精神,学习成绩也日渐提高,他和妻子十分高兴。

　　事情往往给人猝不及防的变化,且事实证明,越是聪明的孩子,一旦与游戏接触后,就更容易沉湎其中。他们的儿子也是这样。最初,他们以玩游戏作为驱动孩子学习的动力,他们规定,每天玩游戏的时间不得超过两个小时,而且是写完作业再去玩游戏。

　　一开始,儿子为了玩游戏,一放学就认认真真写作业。可是,那游戏中打打杀杀的刺激、过关的挑战,远比学习软件和做作业有吸引力得多。

原来做完作业再玩游戏的规定,在儿子的一贯努力坚持中,他与妻子也有了松动,儿子玩游戏超过了他们的预期,学习成绩受到影响。中考前,儿子的成绩尽管仍是班上的前10名,但位次明显下滑。

这时,他与妻子有些坐不住了,如此下去,不说上不了好初中,也极有可能只上一个二三流的高中。夫妻二人商量:依然不可打压,只能继续引导。

从此,儿子放了学,或者节假日,父亲会与儿子一同玩游戏,一同闯关,父子俩还不时交流。原来,早在两年前,父亲也玩过游戏,他决定"重操旧业"。他和妻子的想法是,要让儿子改变自己,从沉迷中走出来,他就必须得进去。

有了父亲的相伴,儿子玩游戏的水平不断升级,儿子不再满足于简单的动作游戏,开始向角色、策略等游戏进军。而且,觉得中文版的没意思了,去玩日本原版的……

当然,父亲陪儿子玩游戏不是简单地玩,他常常会问儿子:今天玩了这个游戏你的收获是什么?或者说,我们来探讨一下这个游戏对我们的启示。儿子到底聪明,也肯动脑子,总能说出个"一二三四"来。

父亲决定加快对儿子的引导, 于是开始有意识地和儿子一同玩起了成长型游戏。一次,父子俩在玩一款成长型游戏时,有一个人物被儿子设计了好几种方式都未能满意。父亲说道:游戏中的角色其实映射出玩游戏者的影子,角色的归宿由玩游戏的人掌握着,玩游戏者的知识水平决定了玩游戏的水平,这种水平也就决定游戏中角色的命运。听了父亲这一番话,儿子竟然停止了手中的游戏,不禁深思起来……

第二天,恰好是星期天,儿子邀父亲一同去图书城,他们商量着买了一大堆书,有哲学的,历史的,有人物传记,当然还有各种字典。比如,玩有关春秋战国题材的游戏,儿子就会研读起相关的历史书, 设法弄清楚游戏中人物的复杂关系和结局。儿子还会抱着英语、日语词典使劲查阅,为的是弄懂原版游戏中的关键词。

就这样,孩子从玩游戏入手,对计算机产生了浓厚的兴趣。2006年,儿子以优异的成绩考入了重点大学计算机专业。2010年9月,儿子又远赴日本攻读了计算机系硕士研究生。由于在玩游戏中自学了日语,凭着深厚的日语功底, 竟然一次就通过了国际一级水平考试,这让儿子在以后的求知路上占有极大优势。

其实,世界上没有绝对的好事与坏事,坏事中也会包含着好的因子。既然孩子已经沉迷于游戏中,一时难以自拔,那么父母要做的就是因势利导,将好的一面发扬光大。

游戏有助于把世界缩小到孩子能把握的程度,让他们产生探索外界的兴趣。孩子可能会穿上衣柜里大人的衣服,装扮起大人的模样。从某方面讲,即使孩子只戴一顶帽子,穿一双对他来说过于肥大的高跟鞋,他也能扮演自己心中阿姨们的样子,模仿出他想象中阿姨的举止,这表明他正渐渐把目光投向外界的生活。

游戏能增强一种归属意识,让孩子学会保护他所珍爱的新玩具,或捍卫归他所有的做游戏的领地。如玩布偶、搭帐篷、过家家游戏,都能教会孩子爱护他人的财产和尊重隐私权。

游戏还可以激发孩子的好奇心、独立意识、冒险精神和智力发育。比如机械玩具和七巧板等智力玩具促进孩子思考能力的提高,着色、画画、用粘土造型和安装模型之类的游戏,则刺激了孩子的创造力。当孩子再大一些时,允许他用显微镜、望远镜、化学仪器或魔术师的道具做实验,那些游戏将教他迎接挑战、战胜困难和了解更多的科学知识。

当孩子再大一些时,游戏将教他学会处理问题。也许他心爱的一件玩具被小朋友弄坏了;也许他入法再使自己的玩具汽车跑起来;或者很可能他无法完成自己想要做的事情。所有这一切都有助于教会他如何处理生活中出现的困难。也许有些情况很难抉择,但孩子必须学会做出最后的决定。

游戏还有助于增进孩子对自身的了解,当他大一些时,他会和他人交往,但在他这么做之前,他至少得对自己有所了解。游戏便能帮他发现自己体力、智力上的优势和劣势。

总之,真正地实施"生活中教、游戏中学;教在有心、学在无意;玩中有学,学中有玩"的家庭教育,不要肆意剥夺孩子的游戏时间,使每个孩子在游戏的快乐中成长、学习,不知不觉地养成爱读书和勤思考的习惯,孩子的创造力才会爆发。

不会玩的孩子怎么了

"玩是孩子与生俱来的天性",几乎所有的孩子都喜欢游戏,在游戏中他们能找到无穷的乐趣,并且乐此不疲。但是很多家长都害怕自己的孩子玩,认为快乐的童年一定会带来一个失败的青年、痛苦的中年、悔恨的老年。觉得孩子要想有一个光明的前途,就必须从小奋发、刻苦读书,不能输在起跑线上。

有人总结了中国和欧美教育的区别——中国:小学累、中学苦、高中拼、大学混。玩耍的年龄被逼学习,学习的年龄只想玩耍;欧美:小学玩、中学混、高中学、大学拼。玩耍的年龄就玩耍,学习的年龄才学习。结论得出,小、中、高阶段中国学生一般占优,进入大学阶段,则被欧美学生迅速超越。太看重起点,必将失去终点。

虽然事实正逐渐表明并非如此,孩子最需要的是从快乐游戏中,培养创造力,但在现实生活中,我们大人的心态、行为表现却是无出其右。

有些强硬派父母将玩看成是不务正业,他们认为孩子无论玩什么,尽管是益智游戏,也会浪费学习时间,从而影响前途和人生。所以他们的态度是:小孩子不会玩不重要,长大后会读书就好了。

他们通常在孩子刚有认知和学习能力时,就强行减少孩子"玩"的时间。同时花重金,掏老本,教刚满三岁的幼儿背唐诗、写字、算数、钢琴等。完全忽视了孩子应该从益智游戏中,获得成长的快乐。倘若一旦觉察出孩子有"贪玩"的苗头,就觉得孩子出格了,立即以铁血手腕加以"镇压"。

另有些父母不全盘否定孩子需要玩的时间,但并不真正认可"玩"在孩子成长过程中的重要意义。这部分家长聪明地采取折中迂回法,允许孩子玩,同时也给"玩"设定了界限:"玩"一定要建构在对学习有直接的帮助,任何对学习没有什么好处的、纯粹的玩乐,是不会被允许的。他们偏爱于为孩子买早教类的漫画、拼图、音乐类等玩具,但却忽略了"办家家"等情景游戏的益智作用。他们过于死板地强调,"玩"就是为了学习,而忽视了孩子智力、想象力、创造力的培养。

还有些父母在思想上认可"玩"是孩子的自然性,也给了孩子任意玩耍的机会。但是在毫不吝啬地帮宝贝"买玩具"后，便置之不理，在行动上普遍表现为"你玩你的"。放任孩子随便玩的父母，觉得孩子有了玩具，就会让自己省心，会自己去"玩"了。"瞧，他们自己搭搭积木，摆弄玩偶，不是很开心嘛。"但父母的缺席会让孩子没有安全感，因为缺乏必要的引导，孩子很难从玩乐中培养出一份连贯的兴趣和习惯。

这些父母对于玩的观念，直接导致了孩子不会玩，更远离了恰好合适于他们的益智游戏。致使孩子的心智发育不够健全，也势必会影响他们未来的发展。

在家长们心中游戏就好比一颗定时炸弹，随时会危害到他们的孩子，但在有些专家们心目中，游戏就是能治百病的良药。

曾经有一位成绩优秀的高中生，在申请美国著名大学的留学面试时，被问道："你课余时间玩些什么？"这名学生回答："我是从来不玩的。"

结果老师以"不会玩的孩子往往是书呆子，缺乏创造力，没有发展潜力"为由，毫不犹豫地将其淘汰。

"我的孩子不贪玩"这是一句很多家长引以为豪的口头禅。可是，大人没想到的是，久而久之"不贪玩"的孩子变成"不会玩"的孩子，就好像在笼子里关久了的小老虎，已不会捕食了。让孩子学会玩耍吧，玩都不会的孩子，怎么知道去哪儿找前途？

上周儿子收到了一份礼物《花园宝宝》DVD 片和一本同名刊物。听送礼的朋友说周围的老人们及许多家长都认为，《花园宝宝》中的人物都长得人不人鬼不鬼，极"难看"；一群小人又不会讲人话，整天吱吱呀呀叫不停，怎么看都不懂他们在"玩"些什么。但听说小孩子们却特别喜欢，于是也送了我们一套。

我抽了整整一个周日下午的时间，陪儿子看了头两集，而且每集都看了三遍，可是孩子还是停不不下来。

前天，晚上吃饭时他很神秘地当众"宣布"，他要弹一首新曲子给大家听。他坐上琴凳，用一只手指在钢琴上"爬"出了一段动听的音符。饭桌上没有一个人知道，那是一首哪里学来的新音乐，我却极度激动地大喊："这是《花园宝宝》的音乐。"儿子眼中闪着光芒，然后急着问我："妈妈，吃完饭，我可以看《花园宝宝》吗？"

为什么一个让小孩子爱得发狂的剧目,却让我们父母、长辈认为很难理解呢?

不止是益智游戏,丰富的视频娱乐,也是孩子玩耍、放松、益智的好机会。给孩子自由娱乐的时间,他们就会爆出你意想不到的创造力。

没有游戏就没有童年,因为玩游戏是最适合儿童的认知方式和娱乐方式,玩游戏的过程就是学习的过程和成长的过程。

玩游戏是儿童教育中最重要的价值,也是中国家长们最容易轻视、忽视的环节。儿童的时间不应该被学习、培训挤满,应该有充足的游戏时间,由他们自由支配。无论是独自玩耍,还是与其他儿童一起玩耍,对于儿童的认知、体能、人际交往和情感健康都十分重要。正是在玩耍的过程中,儿童试着用已知的知识去解释发现的疑问,用自己的方法去探索未知的世界,用与他人相处的方式学会处理生活中遇到的种种问题。

"满足孩子玩的天性",这句话我们常说,但始终不愿百分之百地去执行。事实上,"孩子与玩"的辩证关系就像"先有鸡还是先有蛋"一样。只有把"孩子与玩"看作是一种纯粹的与生俱来的"自然"关系时,才能解释孩子这份"玩"的初始情结。不要剥夺孩子玩耍的权利,尤其是幼儿时期的益智游戏活动,为了孩子的发展,给他们更多玩耍的时间和空间,并适时地与孩子一起玩耍!

对于家长来说,需要注意的是,虽然为了确保安全,可以监控孩子玩耍的过程,但整个玩耍的时间,应当是由孩子自己作主;玩耍也应该没有明显的计划性,以方便孩子可以随机地、创造性地投入玩耍;玩耍不要由被动的方式、道具所主导,如电视、电脑游戏,它们没有太多想象空间;玩耍中可以投入由孩子主动控制的方式、道具,如积木、玩偶、沙池、机械玩具,甚至书本;玩耍中可以包括读书、研讨活动,但那是孩子们自己的事,家长不要过多干预。

走进孩子的游戏世界

人创造力的发展始于幼儿时代,每个幼儿都具有潜在或正在萌发的创造力,而这种创造力对促进幼儿的全面发展起着重要的作用。创造能力是智力活动的一种表现,创造能力越高的人,往往具有较好的个性品质和积极的情感体验,表现为自信、自立,兴趣广泛,喜欢探索、情感丰富等,这些品质会对孩子今后的学习生活、工作产生积极的影响。

而创造潜能的挖掘就在于幼儿生活中的游戏。对孩子来说游戏不仅是娱乐,而且还是学习。孩子往往通过游戏来对现实生活进行创造性的反映,游戏的虚构性、象征性、愉悦性符合幼儿的思维特点。

平时除了鼓励孩子进行一些益智游戏外,还有一种与孩子生活息息相关的游戏类别——角色游戏。它形式上就像过家家,其实也属于益智游戏。它能锻炼孩子解决实际问题的能力,大大激发孩子的创造力,并且由于其本身的特点,被认为是发展幼儿创造力的最佳手段之一。

在游戏中我们往往会看到一幕幕这样的画面:孩子像模像样地学妈妈喂宝宝吃饭,有时候嘴巴里还会念念有词"烫吗,妈妈给你吹吹"诸如此类的话;点心店的孩子因为没有生意会主动上门推销,就有了送外卖。

还有很多其他的游戏情境,幼儿的思维是永远摸不透的。每次角色游戏他们都会发现一些新鲜的玩意儿,好模仿、好学,这就是他们创造性的体现。

幼儿角色游戏的主题内容,往往是幼儿所处的实际生活的反映,是幼儿感知生活,或者经过幼儿的思维加工以后,所形成的生活经验的表现。所以幼儿所处的生活经验,是角色游戏的主题内容的直接来源,处于不同生活环境的幼儿会产生不同的主题内容。

如馨馨喜欢做医生的游戏,她打针的模仿动作很逼真,因为她经常看到当医生的妈妈给别人看病的情景,所以对医疗小器械及各种小器械的使用方法比较熟悉;而明明在玩汽车时,嘴里不断发出"呜——"的呼啸声,原来明明最近刚坐过火车,火车上的汽笛声音和感觉给他留下了深刻的印象,他将坐火车的感受和经验用到了开汽车上。

总之,幼儿角色游戏的主题内容是生活经验的再现。其次,根据幼儿思维的具体形象特点,引导幼儿细致地观察和了解身边的父母、老师以及周围熟悉的成人的职业及生活方式,使幼儿对成人的日常生活有了感性的认识,并能进行简单的模仿,为角色游戏提供了丰富的活动素材,为再创造打下基础。

角色游戏是幼儿最自发、最普遍、最喜欢的一种游戏,因为它是一种快乐的、满足需要和愿望的、自发的、不同寻常的行为。著名心理学家维果斯基指出,游戏创造了幼儿的最近发展区,也就是更接近孩子创造力的发展状态。幼儿在游戏中的表现总是超出他的实际年龄,高于他在日常生活中的表现。游戏就像是放大镜的焦点,凝聚和孕育着发展的所有趋向,它可使幼儿在游戏中获得愉快的情绪体验,得到能力的培养。

在角色游戏中,幼儿自己设定目标、方法,玩中学,自主地完成整个活动,表达了孩子的思想和情感体验。同时,角色游戏又十分强调想象和创造的应用,所以它是培养幼儿创造力的有效途径。

在平时的游戏当中,不难发现大人对孩子的游戏,存在着成人化、真实化、功利化的倾向。他们往往以自己的意图代替幼儿的意愿,过分追求游戏内容和替代物的真和像,而忽视幼儿象征性行为的发展。

如有的孩子把雪花片向上抛或向下掷,大人就认为这是不爱护玩具;有的孩子把煤气灶拆掉了,人们就认为那是"破坏"行为,轻者给予批评教育,重者禁止游戏。

其实,将抛雪花片替代为"放鞭炮",用掷雪花片替代为"种花"并予以肯定,引导他们在地上围上"栏杆"。以后,孩子们会发挥更大的创造性,不仅在地上围上"栏杆",还分别用替代物做"一串红"、"花瓶"、"花篮"。可见,孩子们在赋予物品以象征性的过程中,想象力和创造力得到了充分的发展。

著名的教授杨振宁曾提出:"中国的小孩在动手的兴趣和能力方面,明显不如欧洲国家和美国的小孩,主要是没有动手的机会。"动手实践机会和能力的缺乏,很大程度上制约了我国幼儿创新素质的发展。因此,经常组织幼儿一起动手制作游戏材料,在制作过程中,既可以促进幼儿想象力、创造力的发展,同时还通过动手实践,可以使思维和想象变为现实,从而让幼儿看到自己的创新成果,体验到创新的乐趣。

另外,在游戏中替代物的使用,也能充分发挥幼儿的想象。在游戏过程中,幼儿对于成品玩具或教师自制的仿真玩具只有短暂的兴趣,为此,投放大量的半成品,启发幼儿积极地使用替代物,使幼儿做到以物代物,一物多用。可以有效培养幼儿动手动脑的习惯和能力,使幼儿的创新能力逐渐发展,创新意识更加强烈。

其次，不要急于纠正孩子的游戏。例如过家家，游戏中扮演什么角色，有什么样的情节发展，需要说什么话，都需要孩子创造。妈妈的围巾一会儿是宝宝的被子、一会儿是桌布、一会儿又是地毯，作为家长要给予孩子游戏充分的支持，不要嘲笑孩子："你这么小就当妈妈啊。"也不要急于纠正孩子的游戏："你是女孩，怎么能当爸爸？"对于孩子以物代物要给予认可。

游戏是幼儿最喜爱的活动，他们在游戏中也要面对各种各样的"问题"。他们在"问题"前选择，在"问题"中思索，在解决"问题"的过程中一步步成长，进而学会创造性地解决问题，有效提高自己的创造力。

家长对于孩子创造力的培养，往往不得其法，苦求无门。其实，与其绞尽脑汁，不如就地取材，游戏对于孩子创新就是最好的动力。

以往的垒高游戏，幼儿玩得都很开心，也很少有矛盾，可是今天却例外。因为在收拾玩具时，小朋友收拾的动作不熟练，花费的时间过长了。

而高佳佳小朋友是个急性子，她忍不住推开其他小朋友，想独自一个人收拾。但在收拾易拉罐时，小佳佳随意地将罐子叠放在一起，结果放在上面的一次次滑下来，一连放了八九次都没有成功。

老师发现后，适时地提醒她：试试把易拉罐排放整齐。这样不一会儿就叠放好了。高佳佳开心地说："我学会了，只要排放整齐，易拉罐就不会滚下来。"

孩子在游戏时往往自信满满，却因眼高手低，经常会遇到障碍，这是动手能力不足造成的，而动手能力不是一朝一夕就能培养起来的。孩子们在游戏中天天操作、收拾各种游戏材料，从不会到会要走很多的路，在这个过程中，任何的说教、代替都是无效的，需要孩子亲力亲为。不断解决遇到的问题，克服眼前的困难，动手能力也就在日积月累中慢慢得到了提高。

今天的音乐游戏"采茶舞"，要求孩子各自邀请一个好朋友手拉手一起跳舞。亮亮小朋友没能找到朋友，但他没有请求老师的帮助，而是站在原地独自做。

而以往的邀请舞活动中，有些孩子在找不到朋友的时候就会很着急地请老师来帮忙，有些孩子则会站在原地不动。看来亮亮是个非常灵活、会自己想办法解决问题的孩子。

每一个游戏活动，展示给孩子的都是一个变化的、富有挑战性的问题情境。在这样的情境中，有利于幼儿动脑筋、想办法创造性地解决问题。这时我们大人要少干预多观察，少指挥多提醒，少命令多商量。这样幼儿在各种各样的问题情境中就会越来越能干，也越来越会约束自己，不断提高与同伴的交往水平。

区域游戏时三个孩子都选择了"娃娃超市"，可是超市只需要两个孩子，第三个孩子就没有事情可做了，而他们谁也不肯重新选择。面对眼前的僵局，老师走进孩子们中间，开起了现场会。

老师问他们：娃娃超市在以前的游戏中都遇到过什么问题？他们你一言我一语地说：顾客要买的东西超市里没有；买东西的时候有的顾客没有去银行取钱；有的顾客买的东西太多了，其他的顾客就没有东西买了，等等。

老师又问道：为什么会出现这么多的问题呢？他们认为：有的顾客光顾着买东西，忘了游戏规则；因为工作人员太忙了，没有看到个别顾客的违规行为；因为工作人员少，没有专门负责进货的，不能及时增加商品的品种。

经过这样一番商讨，设立一个服务台的游戏情节就自然而然地产生了，三个孩子也都有事可做了。

游戏中丰富情节和发展游戏是需要一定时机的，超市里增加服务台的情节，就是在孩子们产生矛盾后生发出来的。作为服务台的服务员，既要帮助有困难的顾客，约束个别顾客的违规行为，还要抓紧时间去进货、补货，任务比较重。但是因为这样的情节和角色对孩子来说是新鲜的，富有挑战性的，所以三个孩子都争着要当服务台的服务员，游戏时更是玩得不亦乐乎。

发现问题、分析问题直至找到解决问题的办法，是教育者在指导幼儿游戏时的首要任务，也是帮助孩子提高游戏水平的重要途径。

聪聪小朋友是个善于动脑筋解决问题的孩子，他在制作瓶子娃娃时缺少双面胶，便向旁边的天天小朋友借，却碰了钉子。他不急不怒，不争不抢，也没有向大人求援，而是想出了一个好办法，又跟旁边的王奇超小朋友借，终于借到了。

他的办法是：先问王奇超小朋友需要什么，等满足了对方的要求后再跟他借双面胶，王奇超便很爽快地答应了。你看，可儿多么鬼机灵啊！

聪聪小朋友在遇到困难时表现出的机灵劲儿，启示我们，不必担心孩子在交往中，会遇到各种各样的问题和困难，更不要急于干预，甚至包办代替。要相信孩子的智慧和能力，多鼓励他动脑筋想办法创造性地解决问题，孩子的交往经验，也正是在解决各种问题的过程中逐步积累起来的。

大班一位幼儿从家中带来一根跳绳。这根跳绳引起了小朋友们的好奇心，孩子们都想玩这根跳绳。

于是老师鼓励每位幼儿带来一根跳绳，带他们到操场上。这下，他们可忙开了，有的单脚跳绳，有的双脚跳，有的编花跳，有的边跑边跳，有几个小朋友联合起来跳，小朋友玩得热闹极了。

也许有个小朋友想换个玩法，在地上摆了一条蛇。于是，老师对小朋友们说："你们看明明小朋友真能干，在地上摆了一条蛇，你们有别的玩法吗？"小朋友们听老师这么一说，他们的创造热情高涨起来，玩法更多了。

有的把绳当跳高的"竿"、钻爬的"洞"、骑马的"鞭"或缰绳、练平衡的"钢丝"、跨跳的"河"，有的把绳子举过头顶，边跑边转动作"直升飞机"飞翔的动作，有的小朋友联合跳起了"绳舞"等等。孩子们的思维活跃，想象力可真丰富。

在游戏中，不仅培养了幼儿的口语表达能力，而且还激发了幼儿的创造热情，开发了幼儿的创造力。

幼儿好奇心强，而好奇心又是创造的种子，因而利用幼儿好奇心，就能激发幼儿大胆去构思、设计和再创造。只要我们把幼儿当作游戏的主人，就能激发幼儿的创造热情。

利用幼儿的好奇心，发挥幼儿在游戏中的主体地位，激发幼儿的创造热情。走进孩子的游戏世界，将游戏作为载体，你就找到了激发孩子创造力的捷径。